"十四五"职业教育国家规划教材

创新创业教育

主　编◎周　恢　钟晓红
副主编◎翟　娟　孔　震　孙佳莹　肖　飞
编　委◎谭贻群　夏爱玲　田　奕　崔晨秋
　　　　牛月冬　陈　伟

北京理工大学出版社
BEIJING INSTITUTE OF TECHNOLOGY PRESS

版权专有　侵权必究

图书在版编目（CIP）数据

创新创业教育／周恢，钟晓红主编．－－北京：北京理工大学出版社，2019.11（2024.1重印）
　　ISBN 978-7-5682-7981-9

　　Ⅰ．①创… Ⅱ．①周… ②钟… Ⅲ．①大学生-创业-高等职业教育-教材 Ⅳ．①G647.38

中国版本图书馆 CIP 数据核字（2019）第 254268 号

责任编辑：李　薇　　　　**文案编辑**：徐艳君
责任校对：周瑞红　　　　**责任印制**：施胜娟

出版发行 ／ 北京理工大学出版社有限责任公司
社　　址 ／ 北京市丰台区四合庄路 6 号
邮　　编 ／ 100070
电　　话 ／（010）68914026（教材售后服务热线）
　　　　　　（010）68944437（课件资源服务热线）
网　　址 ／ http://www.bitpress.com.cn

版 印 次 ／ 2024 年 1 月第 1 版第 14 次印刷
印　　刷 ／ 河北盛世彩捷印刷有限公司
开　　本 ／ 787 mm×1092 mm　1/16
印　　张 ／ 19.75
字　　数 ／ 375 千字
定　　价 ／ 49.80 元

图书出现印装质量问题，请拨打售后服务热线，负责调换

前　言

二十大报告指出,"科技是第一生产力、人才是第一资源、创新是第一动力。"要求深入实施科教兴国战略、人才强国战略、创新驱动发展战略,开辟新领域新赛道,不断塑造发展新动能新优势。当今世界正面临增长动能、全球发展模式、经济全球化、经济治理体系四方面的深刻转变①,应对这种转变的核心做法就是建设创新型国家,培养更多具有创新精神和创业能力的人才,增强和培养人们适应创新及变革的能力。十八大以来的十年,我国贯彻新发展理论,着力推进高质量发展,推动建立新发展格局,基础研究和原始创新不断加强,进入创新型国家行列。

在职业院校开展创新创业教育,有助于为经济持续增长注入新的活力,也为推动高等职业教育朝着更高质量的办学水平发展提供了抓手。为适应未来社会对高素质人才的需求,培养适应未来职场"核心能力"要求和适应"未来社会"核心素养要求的技术技能人才,给高职毕业生提供最广泛的从业机会和终身发展基础,我们需要立足实际情况推动高等职业院校创新创业教育迈向更高水平——这也是鼓励广大有志青年投身大众创业、万众创新,从而促进创业带动就业,实现高质量充分就业,有效缓解社会就业压力的重要保障;也是促进新动能发展和产业升级,实现经济持续健康发展,促进民生改善和保持社会大局稳定的重要保障。

同时,就业和创业是每一个即将进入社会工作状态的人要面对的问题,也关乎每年数百万青年的健康成长以及自身价值的实现,牵动着亿万家庭的幸福与和谐,因此国家对大学生就业创业问题给予了高度的关注。

联合国教科文组织指出:"创业教育从广义上说是指培养具有开创性的个人,它对于拿薪水的人同样重要,因为用人机构越来越重视受雇者的首创精神、冒险精神、创业能力、独立工作能力以及技术、社交、管理技能。"国际劳工组织(ILO)指

---

① 习近平. 抓住世界经济转型机遇　谋求亚太更大发展——在亚太经合组织工商领导人峰会上的主旨演讲[Z]. 对外经贸实务. 2017(12): 3-5.

出:"创业教育的目的主要包括培养创业意识、正确认识企业在社会中的作用和自我雇佣的益处、提供创办和经营小企业所需的知识技能、提高就业能力四个方面。"因此,高职高专院校创新创业教育要坚持创新带动创业,创业带动就业,创新创业带动人才培养质量提升的理念,以培养学生的社会责任感、创新精神、创业意识和创业能力为核心,促进其转变传统的就业观念,主动将创业作为未来职业生涯的一种选择,以适应全球化、知识经济时代的挑战。

高职高专院校创新创业教育的培养目标是:"培养具有创新创业意识和能力的高素质技术技能人才,使其树立创业意识,掌握创业知识,发展创业能力,培养创业心理品质,提高核心能力和核心素养,成为具有开创性的个人。"其培养规格是:使学生具有创新意识、创新思维,养成创新人格,锻炼创新能力;使学生具备必要的创业知识和技能,通过训练其市场开发和经营能力,锻炼培养其创业心智,并努力使其具备企业家的综合素质,实现自主创业或岗位创业。必须指出,创新创业教育培养的目标定位为"具有开创性的个人",而不仅仅是"企业主"或"小老板",这是因为,创业者的概念已远远不再单指企业主,创业者可以不必拥有传统意义上的企业和雇员,他们可以为自己打工,或者说,他自己就是企业。

课程建设是高职高专院校创新创业教育的核心要素。早在2015年《国务院关于大力推进大众创业万众创新若干政策措施的意见》(国发〔2015〕32号)就指出:"要把创业精神培育和创业素质教育纳入国民教育体系。"因此,高职高专院校要提供全覆盖、分层次、菜单式的课程体系满足各类学生学习的需要。面对全体学生开展创新创业意识教育;对有创业意愿的学生,进行创业指导;对已经开展创业实践的学生,进行企业经营管理方面的训练。在大部分学校抓好创新创业意识等基础文化教育的同时,有条件的学校要抓好创新创业专业的建设,形成中国特色的职业院校创新创业专业课程体系。2019年以来,《国家职业教育改革实施方案》《教育部关于职业院校专业人才培养方案制定与实施工作的指导意见》等新时代职业教育改革发展的政策相继颁布。根据上述文件中的要求,"严格按照国家有关规定开齐开足公共基础课程","高等职业学校应当将思想政治理论课、体育、军事课、心理健康教育等课程列为公共基础必修课程,并将马克思主义理论类课程、党史国史、中华优秀传统文化、职业发展与就业指导、创新创业教育、信息技术、语文、数学、外语、健康教育、美育课程、职业素养等列为必修课或限定选修课",按照北京理工大学出版社的安排,我们编写了这本《创新创业教育》,当作创新创业的"基础文化课程",面向大学一、二年级,面向全体学生使用。

本教材包括学会创新、创业准备、创业实践三个部分,共十一个模块的内容,涵盖了创新意识与创新精神、创新思维与创新方法、创业环境分析、创业与创业者、创业机会与创业模式、整合创业资源、组建创业团队、制订创业计划、创办企业、新创企业经营、成长企业管理等。各单元内容的编排尽量体现职业教育的特色,突出案例教学和实践能力的培养，理论知识的讲解尽可能深入浅出，体现出较强的针对性和可操作性。

本教材紧密结合高职高专院校学生实际，以应用型人才培养为目标，吸收了近年来国内外就业与创业指导的最新研究成果，是一本帮助高职高专学生科学系统地进行创新创业的教学用书。本教材在编写理念和内容编排方面有以下几个亮点：

1. 编写理念新颖。教材充分体现了职业教育培养学生职业能力的基本特点，突出了就业与创业过程中的核心能力，把引导和帮助学生顺利就业或创业作为编写目标。在编排上力求内容简洁、形式新颖、可读性强。

2. 教材呈现形式新颖。教材打破传统的教材编排形式，探寻职业教育教学认识规律，设计并重构教材。首先，提出学习目标，以增强教学的目标性和学习的有效性。其次，以案例导入的方式进入内容知识的学习，在知识讲解过程中穿插案例、知识卡片等进行解释说明，还提供对应的信息化教学资源，帮助学生更好地理解教材中的知识和技巧。

3. 突出实践实训环节。就业与创业都需要学生有较强的实践能力和关键技巧，本教材不是单纯的理论说教，而是通过提供大量的求职与创业的实际案例以及案例分析，让学生从枯燥的理论学习中解脱出来，走向鲜活的现实情景当中。本教材还提供了丰富的活动与拓展训练，紧密结合单元的知识点，通过巧妙的设计，保证活动的可操作性和效果，从而激发学生的学习兴趣，使之从中发现就业与创业的技巧。

本教材的编写团队由从事就业与创业指导多年的一线教师和教育专家组成，编写人员以高度的责任心和严谨的工作态度全身心投入编写过程，保证了教材的教学实用价值和编写质量。同时，编者在编写过程中还得到了有关各方面的大力支持与帮助，特别是借鉴了国内外学者的一些理论研究成果，为本教材的理论知识提供了重要的支撑。但由于时间紧迫以及编者能力有限，教材的疏漏和不足之处在所难免，恳请广大读者批评指正，使本书更加完善，从而为推进我国就业和创业教育共同努力。

编　者
2022 年 11 月

目 录

第一部分　学会创新

模块一　创新意识与创新精神 / 2

　　1.1　创新与创新意识 / 3
　　1.2　培养创新精神 / 17

模块二　创新思维与创新方法 / 26

　　2.1　突破思维定式 / 27
　　2.2　掌握创新方法 / 49

第二部分　创业准备

模块三　创业环境分析 / 82

　　3.1　宏观创业环境 / 83
　　3.2　微观创业环境 / 91

模块四　创业与创业者 / 100

　　4.1　创业与职业生涯发展 / 101
　　4.2　创业潜质与创业精神 / 111

模块五　创业机会与创业模式 / 122

　　5.1　评估创业机会与创业项目 / 123

5.2　选择创业模式 / 131

模块六　整合创业资源 / 140

6.1　获取创业资源 / 141
6.2　创业融资 / 151

模块七　组建创业团队 / 161

7.1　创业团队的结构设计 / 162
7.2　创业团队的建设与管理 / 170

模块八　制订创业计划 / 176

8.1　设计商业模式 / 177
8.2　编写创业计划书 / 192

第三部分　创业实践

模块九　创办企业 / 206

9.1　企业法律形式选择 / 207
9.2　企业的选址、起名与注册登记 / 212

模块十　新创企业经营 / 226

10.1　营销技巧 / 227
10.2　客户资源建设 / 237
10.3　员工管理 / 243
10.4　财务管理 / 253

模块十一　成长企业管理 / 265

11.1　品牌建设 / 266
11.2　风险控制 / 272
11.3　创新成果保护 / 284
11.4　成长管理与社会责任 / 296

参考文献 / 304

后记 / 305

数字资源索引

1. 创业精神的灵魂是创新 / 2
2. 浅析创新意识在创业过程中的重要作用 / 2
3. 为什么要树立创新意识 / 2
4. 中国 TRIZ 杯大学生创新方法大赛简介 / 26
5. 中国创新方法大赛简介＋2022年度大赛通知 / 26
6. TRIZ 理论应用案例 / 26
7. 创业与创业精神 / 82
8. 知识经济发展与创业 / 82
9. 创业与职业生涯发展 / 100
10. 创业精神有哪些 / 100
11. 科技部：多措并举稳增长稳市场主体保就业促创业 / 122
12. 创业风险识别 / 122
13. 创业资源管理 / 140
14. 创业决策风格 / 140
15. 创业团队管理 / 161
16. 2019 年的最新发明 / 161
17. 商业模式开发 / 176
18. 创业计划书写作 / 176
19. 4 大不可思议的新发明 / 206
20. 创建企业必须掌握的企业法律形式 / 206
21. 构筑创业公司的品牌"护城河" / 226
22. 没钱，没资源的公司怎么做品牌？ / 226
23. 2021 年世界五大知识产权局主要统计指标信息图（中文版）/ 265
24. "十四五"国家知识产权保护和运用规划 / 265
25. 企业风险管理参考网站和视频资源 / 265

第一部分

学会创新

模块一　创新意识与创新精神

模块导读

在我国悠久的历史文化中，创新文化、创新思维无处不在。老子在《道德经》中写道："天下皆知美之为美，斯恶矣；皆知善之为善，斯不善矣。故有无相生，难易相成，长短相形，高下相倾，音声相和，前后相随。"这就是一种创新思维。其实，早在商朝，就已经有"创新"的记载。

《礼记·大学》中，汤之《盘铭》曰："苟日新，日日新，又日新。"这是商朝的开国君主成汤刻在澡盆上的警词，旨在激励自己要持之以恒，每天做到除旧图新。北宋的程颐说："君子之学必日新，日新者日进也。不日新者必日退，未有不进而不退者。"他认为，君子学习一定要做到日新，日新就是每一天都要有进步。

创新有三层含义：一是更新，就是对原有的东西予以替换；二是创造新的东西，就是创造出原来没有的东西；三是改变，就是对原有的东西进行发展和改造。创新在经济学和管理学上都有既相关又有区别的含义。创新的过程一般分为四个阶段：准备阶段、思考阶段、顿悟阶段、验证阶段。对于企业来说，创新包括产品创新、工艺创新、服务创新、商业模式创新等。创新意识是指人们在社会活动中，主动开展创新活动的观念和意识，表现为对创新的重视、追求和开展创新活动的兴趣和欲望。创新精神是指要具有能够综合运用已有的知识、信息、技能和方法，提出新方法、新观点的思维能力，具有进行发明创造和改革的意志、信心、勇气和智慧。

本模块主要介绍创新意识、创新精神、创新思维、创新方法的有关内容。

创业精神的灵魂是创新

浅析创新意识在创业过程中的重要作用

为什么要树立创新意识

模块一

创新意识与创新精神

1.1 创新与创新意识

 名人名言

苟日新，日日新，又日新。

——（商）成汤《礼记·大学》

 学习目标

1. 了解创新的含义、基本特征和基本原则；
2. 了解企业的创新领域；
3. 能阐述创新与创意、创业的关系；
4. 能自觉培养创新意识。

 **导入案例**

青年创新：时代动力

党的十八大以来，每逢五四青年节，习近平总书记都同青年一起度过，同青年代表座谈、前往高校考察、寄语新时代青年。习近平总书记不断为青年的成长成才指明方向，激励他们在实现中华民族伟大复兴的道路上奋勇向前。"青春虚度无所成，白首衔悲亦何及。"在习近平总书记心中，青年是苦练本领、增长才干的黄金时期。当今时代，知识更新不断加快，社会分工日益细化，新技术新模式新业态层出不穷。这既为青年施展才华、竞展风采提供了广阔舞台，也对青年能力素质提出了新的更高要求。

伟大新时代，呼唤乘风破浪的弄潮儿。创新，是习近平总书记对青年的殷切期望，在中国航天科技集团公司中国空间技术研究院参观空间技术成就展，在清华大学听取关于增强自主创新能力、助力世界主要科学中心和创新高地建设等情况介绍，在中国人民大学强调"不断推进知识创新、理论创新、方法创新"。青年是整个社会力量中最积极、最有生气的力量，他们饱含创新创造的激情，也拥有创新创造的无限潜力。"要勇于创新，深刻理解把握时代潮流和国家需要，敢为人先、敢于突破，

以聪明才智贡献国家，以开拓进取服务社会。"

带着习近平总书记的教诲，青年一代不断以聪明才智贡献国家、服务人民，奋力走在创新创业的前列。

分析： 青年一代有理想、有担当，国家就有前途，民族就有希望。毫无疑问，在实现中华民族伟大复兴的新征程上，应对重大挑战、抵御重大风险、克服重大阻力、解决重大矛盾，迫切需要创新而上、挺身而出的担当精神。青春由磨砺而出彩，人生因创新而升华。

国家对创新非常重视。"创新是引领发展的第一动力，抓创新就是抓发展，谋创新就是谋未来。"党的十九大报告指出："世界每时每刻都在发生变化，中国也每时每刻都在发生变化，我们必须在理论上跟上时代，不断认识规律，不断推进理论创新、实践创新、制度创新、文化创新以及其他各方面创新"，"创新是引领发展的第一动力，是建设现代化经济体系的战略支撑"。

加快建设创新型国家，要"加强应用基础研究，拓展实施国家重大科技项目，突出关键共性技术、前沿引领技术、现代工程技术、颠覆性技术创新，为建设科技强国、质量强国、航天强国、网络强国、交通强国、数字中国、智慧社会提供有力支撑。加强国家创新体系建设，强化战略科技力量。深化科技体制改革，建立以企业为主体、市场为导向、产学研深度融合的技术创新体系，加强对中小企业创新的支持，促进科技成果转化。倡导创新文化，强化知识产权创造、保护、运用。培养造就一大批具有国际水平的战略科技人才、科技领军人才、青年科技人才和高水平创新团队。"

可以看出国家政策鼓励和支持创新。那么，什么是创新呢？

一、创新的概念和过程

创新，顾名思义，创造新的事物。我国最早的一部百科词典《广雅》中说："创，始也。"新，与旧相对。创新一词出现得很早，如《魏书》中有"革弊创新"，《周书》中有"创新改旧"。在西方，英语中 Innovation（创新）这个词起源于拉丁语，有三层含义：一是更新，就是对原有的东西予以替换；二是创造新的东西，就是创造出原来没有的东西；三是改变，就是对原有的东西进行发展和改造。

创新，是人类特有的认识能力和实践能力，是人类主观能动性的高级表现形式。从哲学角度来说，创新是人类为了满足自身需要的创造性实践行为，是对旧事物所进行的替代和覆盖；从社会学角度来说，创新是人们为了发展需要，运用已知的信息和条件，突破常规，发现或产生某种新颖、独特的有价值的新事物、新思想的活动；从经济学角度来说，创新是人类在特定环境中，以现有的知识和物质改进或创造新的事物并能获得一定有益效果的行为。

创新的过程一般分为四个阶段：准备阶段、思考阶段、顿悟阶段和验证阶段。

（1）准备阶段。找准问题，收集资料，分析问题，找到创新的关键点。

（2）思考阶段。找到创新关键点后，开始寻找解决问题的突破口。

（3）顿悟阶段。在顺着问题的突破口思考的过程中，灵光乍现。

（4）验证阶段。将顿悟得到的创新成果进行实践检验。

（一）创新概念的经济学解释

经济学上的创新概念是由美籍奥地利经济学家熊彼特（Joseph Alois Schumpeter，1883—1950）首先定义的，他在其著作《经济发展理论》中提出，创新是指企业家对于生产要素进行新的组合，从而获得超额利润的过程。熊彼特将其所指的创新组合概括为五种形式：①引入新的产品或提供产品的新质量；②采用新的生产方法、新的工艺过程；③开辟新的市场；④开拓并利用新的原材料或半制成品的一种新的供给来源；⑤采用新的组织方法。熊彼特创立创新理论的主要目的在于对经济增长和经济周期的内在机理提供一种全新的解释，利用创新理论分析资本主义经济运行呈现"繁荣—衰退—萧条—复苏"四阶段循环的原因，说明了不同程度的创新，会导致长短不等的三种经济周期，并确认创新能够引发经济增长。熊彼特对创新的定义，突出之处是强调了经济要素的有效组合，即创新应是信息、人才、物质材料与企业家才能等经济要素的有机配合形成的独特协同效用。

（二）创新概念的管理学解释

1985年，被誉为"现代管理学之父"的彼得·德鲁克（Peter F.Drucker）发展了创新理论。他提出，任何使现有资源的财富创造潜力发生改变的行为，都可以称为创新。德鲁克主张，创新不仅仅是创造，而且并不一定是技术上的。一项创新的考验并不在于它的新奇性、它的科学内涵或它的小聪明，而在于推出市场后的成功程度，也就是能否为大众创造出新的价值。

从企业管理的角度上看，组织创新作为技术创新的平台，推动技术创新成为企业发展的根基，因此，技术创新能力的提升是企业核心竞争力提升的关键。技术创新的管理学解释强调了"过程"与"产出"（将设想做到市场），是指从新思想产生到研究、发展、试制、生产制造直至首次商业化的全过程，是发明、发展和商业化的聚合。在这一复杂过程中，任何一个环节的短缺，都不能形成最终的市场价值，任何一个环节的低效连接，都会导致创新的滞后。

二、创新的基本特征

（一）创新的起点在于问题

爱因斯坦说过：提出一个问题往往比解决一个问题更重要。因为解决一个问题

也许仅仅是一个数学上或实验上的技能而已,而提出一个问题则需要想象力,而且提出问题标志科学的真正进步。发现并提出问题不代表每一个问题都完美、都正确,因为好的思想不是一下子就能在头脑中形成的。不过,我们提出的问题越多,出现好思想的机会也就越多。

(二)创新的关键在于突破

要创新,就要突破常规戒律、突破固有的习惯、突破条条框框、突破已有经验、突破过去的思维定式,创新就是对传统的"背叛"。

(三)创新的本质在于新颖

创新的意义在于"出新",新是创新的本质,是创新的价值所在。所有创新都必须在创新思维的作用下,用新的思路、新的方法去解决问题,从而获得新的理论、新的技术、新的设计、新的方案、新的产品。

(四)创新的基础在于继承

牛顿曾经说过这样一句话:"如果说我比别人看得远的话,那是因为我站在了巨人的肩膀上。"这就很好地说明了新与旧的关系,无旧便无新。新是在旧的基础上发展变化而来的。所以,继承是一切创新的基础,只有在继承的基础上创新,才是科学的。

(五)创新的目的在于发展

创新的目的性很明确,就是要看是不是有利于自然界的发展、有利于社会的发展、有利于人的发展。

三、创新的基本原则

在创新活动中遵循创新原则是提升创新能力的基本前提,是攀升创新云梯的基础。有了这个基础就把握了开启创新大门的"金钥匙"。

创新原则就是指创新活动所依据的法则或标准,是我们在创新过程中需要遵循的原则。

(一)科学原理原则

创新必须遵循科学技术原理,不得有违科学发展规律。

(二)市场评价原则

创新要想经受市场考验,实现商品化和市场化,就要按市场评价的原则来分析,就要考察创新对象的商品化和市场化的发展前景,看它的性能、价格是否具有竞争性。

（三）相对较优原则

创新不盲目追求最优、最佳、最美、最先进。在创新过程中，利用创造原理和方法，会获得许多创新设想，它们各有千秋，这时，人们就需要按相对较优的原则，对设想进行判断选择。

（四）机理简单原则

在创新的过程中始终贯彻机理简单原则，进行如下检查：一是新事物所依据的原理是否重叠，超出应有范围？二是新事物所拥有的结构是否复杂，超出应有程度？三是新事物所具备的功能是否冗余，超出应有数量？

（五）构思独特原则

所谓构思独特指创新贵在独特，可从创新构思的新颖性、开创性、特色性等几个方面来考察。

（六）不轻易否定、简单比较原则

不轻易否定、简单比较原则是指在分析评判各种产品创新方案时应注意避免轻易否定的倾向。在飞机发明之前，科学界曾从"理论"上对飞机进行了否定的论证；过去也曾有权威人士断言，无线电波不可能沿着地球曲面传播，无法成为通信手段。不要随意在两个事物之间进行简单比较，我们应在尽量避免盲目地、过高地估计自己的设想的同时，注意珍惜别人的创意和构想。

以上是在创新活动中要注意并切实遵循的创新原则，这都是根据千百年来人类创新活动成功的经验和失败的教训提炼出来的，是创新智慧和方法的结晶，它体现了创新的规律和性质。按创新的原则去创新并非束缚你的思维，而是把创新活动纳入快速运行的大道上来。

四、企业的创新领域

创新分类的标准很多，不同的标准可以得出不同的分类，了解这些分类有助于我们对创新的理解。例如，根据创新有无原创性来分，可以分为原始创新、集成创新；从创新的内容来看，可以分为知识创新、技术创新、产品创新、服务创新；从创新的影响力来看，可以分为持续性创新、突破性创新、颠覆性创新；从创新的层次来看，可以分为首创型创新、改进型创新、应用型创新；从创新的组织化程度来看，可以分为自发创新和有组织的创新；从科技角度来看，可以分为从无到有（例如，开创一个全新的研究领域）、从有到无（例如，一次性彻底地解决了一个人类历史上的重大问题）、从有到有（例如，纠正前人的错误观点、重新构建一个理论体系）。

创新并非少数天才的专利，一个纪律严明的团队，再加上有效的系统方法，就能更好地实施创新。对于企业来说，创新一般可以分为以下几种：

(一) 产品创新

产品创新是指推出一种能够满足顾客需要或解决顾客问题的新产品，可以分为产品性能创新、产品系统创新两类。

1. 产品性能创新

产品性能创新指的是公司在产品或服务的价值、特性和质量方面进行的创新。这类创新既涉及全新的产品，也包括能带来巨大增值的产品升级和产品线延伸。产品性能创新常常是竞争对手最容易效仿的一类。

2. 产品系统创新

产品系统创新是指将单个产品、服务联系或捆绑起来创造出一个可扩展的强大系统。产品系统创新可以帮助企业建立一个能够吸引并取悦顾客的生态环境，并且抵御竞争者的侵袭。

(二) 服务创新

服务创新是为了提高服务质量和创造新的市场价值而发生的服务要素的变化，企业对服务系统进行有目的、有组织地改变的动态过程。服务创新保证并提高了产品的功用、性能和价值。它能使一个产品更容易被试用和享用，它为顾客展现了他们可能会忽视的产品特性和功用，它能够解决顾客遇到的问题并弥补产品体验中的不愉快。

服务创新来源于技术创新，两者之间有着紧密的联系。但是，由于服务业的独特性，使服务业的服务创新与制造业的技术创新有所区别，并有它独特的创新战略。服务创新可以分为五种类型：服务产品创新、服务流程创新、服务管理创新、服务技术创新和服务模式创新。

(三) 品牌创新

品牌创新有助于保证顾客和用户识别、记住一个企业的产品，并在面对竞争对手的产品或替代品时选择该企业的产品。好的品牌创新能够提炼一种"承诺"，吸引顾客并传递一种与众不同的身份感。

(四) 工艺创新

工艺创新是指企业对产品的加工过程、工艺路线以及设备所进行的创新。例如，新型洗衣机和新型抗癌药的生产过程中生产工艺及生产设备的调整、银行数据信息处理系统相关程序的使用及处理等。工艺创新的目的是提高产品质量、降低生产成本、降低消耗与改善工作环境。

（五）流程创新

流程创新涉及公司主要产品或服务的各项生产活动和运营。这类创新需要彻底改变以往的业务经营方式，使得公司具备独特的能力，高效运转，迅速适应新环境，并获得领先市场的利润率。流程创新常常构成一个企业的核心竞争力。

（六）结构创新

结构创新是指通过采用独特的方式组织公司的资产（包括硬件、人力或无形资产）来创造价值。它可能涉及从人才管理系统到重型固定设备配置等方方面面。结构创新的例子包括建立激励机制，鼓励员工朝某个特定目标努力，实现资产标准化，从而降低运营成本和复杂性，甚至创建企业大学以提供持续的高端培训。

（七）商业模式创新

商业模式包含9个要素：价值主张、消费者目标群体、分销渠道、客户关系、价值配置、核心能力、合作伙伴网络、成本结构和收入模型。商业模式创新是指企业对目前行业内通用的为顾客创造价值的方式提出挑战，力求满足顾客不断变化的要求，为顾客提供更多的价值，为企业开拓新的市场，吸引新的客户群。例如：传统的书店决定利用互联网来销售书籍，即开通网上书店，与传统书店相比，Amazon和当当网就是一种商业模式创新。

1. 渠道创新

渠道创新包含了将产品与顾客和用户联系在一起的所有手段。虽然电子商务在近年来成为主导力量，但是诸如实体店等传统渠道还是很重要——特别是在创造身临其境的体验方面。这方面的创新老手常常能发掘出多种互补方式，将他们的产品或服务呈现给顾客。

2. 顾客契合创新

顾客契合创新是指要理解顾客和用户的深层愿望，并利用这些发展顾客与公司之间富有意义的联系。顾客契合创新开辟了广阔的探索空间，帮助人们找到合适的方式把自己生活的一部分变得更加难忘、富有成效并充满喜悦。

需要指出的是，只选择一两种创新类型的简单创新不足以获得持久的成功，尤其是单纯的产品性能创新，很容易被模仿、超越。企业需要综合应用上述多种创新

类型，才能打造可持续的竞争优势。例如，在当今高度互联的世界里，没有哪家公司能够独自完成所有事情。利用网络对各种生产要素进行整合创新，让公司可以充分利用其他公司的流程、技术、产品、渠道和品牌。

五、创新与创意、创业之间的关系

（一）创新与创意的关系

创意是逻辑思维、形象思维、逆向思维、发散思维、系统思维、模糊思维和直觉、灵感等多种认知方式综合运用的结果，许多创意都来源于直觉和灵感。

创意是创新的基础。人类是创意、创新的产物。类人猿首先想到了造石器，然后才动手动脚把石器造出来，而石器一旦造出来类人猿就变成了人。人类是在创意、创新中诞生的，也要在创意、创新中发展。我们所见到的一切产品都起源于创意，然后才有创新，再然后才有持续不断的重复制造。

1998年，《英国创意产业路径文件》中首次正式提出了"创意产业"的概念，其定义为："源自个人创意、技巧及才华，通过知识产权的开发和运用，具有创造财富和就业潜力的行业。"根据这个定义，英国将广告、建筑、艺术和文物交易、工艺品、设计、时装设计、电影、互动休闲软件、音乐、表演艺术、出版、软件、电视广播等13个行业确认为创意产业。"创意产业"与传统产业最大的区别在于创意为产品或者服务提供实用价值之外的文化附加值，最终提升了产品的经济价值。全世界创意产业每天创造的产值高达220亿美元，并正以5%的速度递增。美国、英国等创意产业发达国家的递增速度已经达到10%以上。创意产业的迅速崛起，正标志着创意经济时代的到来。

案例1.1

太原理工大学创意集市

2016年5月28日，太原理工大学举办了一次大学生创意集市，学生带着自己设计制作的创意展品自由交易，希望以此实现校外创意成果推广转化和价值提升。活动内容主要包括大学生创意作品的展示、定制、销售、拍卖和现场制作体验等。

半月形的陶瓷吊坠是周雪莲团队展台上卖得最好的物件，她和几个同学制作的陶瓷首饰成为创意市集上的"宠儿"。"两天时间我们的销售额达到了两万元，能有这样的结果，一是东西符合学生的审美，二是价格便宜。"周雪莲和同学一直回味着成功的喜悦。

这次在市集上共推出了120多件陶艺作品，"陶瓷茶具标价1000元，一开市就被预订了，很多人还问能不能再多制作几个。"周雪莲介绍，一件陶瓷作品完成需要十几道工序，从揉泥、晾干、修胚再到最后的烧制、打磨，一个环节不合适，整个作品就报废了。

为了能学到陶瓷烧制工艺的精髓,周雪莲还到景德镇拜师学艺。"我们学校在景德镇有一个实训基地,利用 7 周时间我转了好几家工厂,还到车间跟着老师傅学习。"她觉得,陶瓷工艺南方和北方有差异,要取长补短。

(二)创新与创业的关系

创新是以新思维、新发明和新描述为特征的一个概念化过程。创业是人类社会生活中一项最能体现人的主体性的社会实践活动,它是一种劳动方式,是一种需要创业者组织和运用服务、技术、器物作业的思考、推理、判断的行为。虽然创业与创新是两个不同的概念,但是,这两个概念之间却存在着本质上的契合、内涵上的相互包容和实践过程中的互动发展。

1. 创新是创业的基础,而创业推动着创新

从总体上说,一方面,科学技术、思想观念的创新促进人们物质生产和生活方式的变革,引发新的生产、生活方式,进而为整个社会不断地提供新的消费需求,这是创业活动之所以源源不断的根本原因。另一方面,创业在本质上是人们的一种创新性实践活动。无论是何种性质、何种类型的创业活动,它们都有一个共同的特征,那就是创业是主体的一种能动性的、开创性的实践活动,是一种高度的自主行为。在创业实践的过程中,主体的主观能动性将会得到充分的发挥和张扬,正是这种主观能动性充分体现了创业的创新性特征。

2. 创新是创业的本质与源泉

熊彼特曾提出,创业包括创新和未曾尝试过的技术。创业者只有在创业的过程中具有持续不断的创新思维和创新意识,才可能产生新的富有创意的想法和方案,才可能不断寻求新的模式、新的思路,最终获得创业的成功。

3. 创新的价值在于创业

从一定程度上讲,创新的价值就在于将潜在的知识、技术和市场机会转变为现实生产力,实现社会财富的增长,造福于人类社会,而实现这种转化的根本途径就是创业。创业者可能不是创新者或发明家,但必须具有能发现潜在商机的能力和勇于冒险的精神。创新者也并不一定是创业者或企业家,但是,创新的成果经由创业者推向市场,使潜在的价值市场化,然后创新成果才能转化为现实生产力。这也从侧面体现了创新与创业的相互关联性。

4. 创业推动并深化创新

创业可以推动新发明、新产品或新服务的不断涌现,创造出新的市场需求,从

而进一步推动和深化各方面的创新，因而也就提高了企业或整个国家的创新能力，推动经济的增长。

六、主动培养创新意识

（一）创新意识的含义

创新意识是指人们在实际社会活动中，主动开展创新活动的观念和意识，表现为对创新的重视、追求和开展创新活动的兴趣及欲望。它是人类意识活动中的一种积极的、富有成果性的表现形式，是人们进行创新活动的出发点和内在动力，是唤醒、激励和发挥人所蕴含的潜在本质力量的重要精神动力，与创新能力一起贯穿于人的创新活动的整个过程。

（二）创新意识的内涵

1. 强烈的创新动机

创新动机是创新意识的动力源，是形成和推动创新行为的内驱力，是引起和维持主体进行创新活动的内部心理过程，也是创新才能得以施展的能源。人的每项创新活动、每个创新意识都离不开一定创新动机的支配。创新动机明确并且强烈的人，其创新活动成功的希望就大；创新动机肤浅的人，其创新活动成功的希望就小。

2. 浓厚的创新兴趣

创新兴趣是指人们从事创新活动所投入的积极情绪和态度定向。它是创新动机的进一步发展。创新动机来源于对创新的浓厚兴趣，产生创新动机不一定有创新兴趣，而一旦形成创新兴趣则必然伴随着创新动机。创新兴趣是人们从事创新实践活动强有力的动力之一，是投身创新实践的不竭动力。

3. 健康的创新情感

创新过程不仅仅是纯粹的智力活动过程，它还需要引发、推进乃至完成创造性活动的创新情感。

首先，需要稳定的创新情感。现代创新者只有在稳定的创新情感的支配下，才能提高自身创新敏感性，及时捕捉有用信息，对与创新有关的事物充满浓厚的兴趣。

其次，需要积极的创新情感。现代创新者积极的创新情感，可以极大地激发自身的创新意识和创新敏感性，充分调动自己投身于创新活动的积极性。

再次，需要深厚的创新情感。创新热情是一种深厚的创新情感，具有持续性。它是一种能促进现代创新者形成强烈的创新意识，并开展创新活动的心理推动力量。

4. 坚定的创新意志

创新意志是在创造中克服各种困难、冲破各种阻碍的心理因素，具有鲜明的目的性和坚定的顽强性。创新意志首要的是目的性，其次才是顽强性。现代创新者只有对自己的行动目的有明确的认识，才能按既定的目标去行动。创新意志的顽强性指人们在创新过程中能精力充沛、坚持不懈地克服一切困难和障碍，取得创新成果。科学创造是一种艰苦的劳动，只有探索前人没有走完的路，才能产生前人没有产生过的成果。在创造过程中成功与失败并存，只有意志顽强的创新者才能在挫折与失败中不断进取，从而把失败引向成功。

（三）增强大学生创新意识的重要性

1. 创新意识是当今信息时代国家创新体系持续发展的要求

在科技信息高速发展的社会里，高科技产业成为社会的主导产业，科技人才是经济发展的关键资源。对富有创新意识和创新能力的高素质科技人才的培养，是当今知识经济背景下科技进步的要求和科技人才培养的主要目标。

2. 创新意识是高校教育发展的需要

高校的人才质量标准是培养具有创新精神和实践能力的高级专业人才，高校良好的社会声誉要靠自己培养出来的优秀人才和取得的丰硕科研成果来赢得。高校人才质量的优劣直接取决于学生的创新素质高低，创新素质的高低直接影响高校在未来市场中的竞争力。随着那些培养出很多高素质竞争人才的高校社会声誉的与日俱增，学校的生源也就必然会增加，这样必然促进学校的发展。因此培养具有创新意识的创新人才直接关系到高校的生存与发展。

3. 创新意识是高校大学生全面发展的需要

人的全面发展表现为人的能力的全面发展。人的需要的多方面发展，包括人的社会关系的丰富和发展，以及人的个性的发展。从这一理论来看，培养创新意识是实现大学生全面发展的必要准备和保障，是其实现自身全面发展的需要。

（四）如何培养创新意识

1. 好奇心是创新之门

好奇心是人类，乃至很多动物天生具备的东西，它代表了求知欲、喜欢探究不了解事物的心理状态和情感行为。居里夫人说过："很多人都说我很伟大很有毅力什

么的,其实我就是特别好奇,好奇得上瘾。"爱因斯坦也说过类似的话:"我没有特别的才能,只有强烈的好奇心。"

研究表明,大多数伟大成就的创新者都有着独特的好奇心。强烈的好奇心会增强人们对外界信息的敏感性,对新出现的情况和新发生的变化及时做出反应,发现问题,并追根寻源,提出一连串问题,从而激发思考,引起探索欲望,开始创新活动。许多看似偶然的发现其实都隐含着一种必然:发现者必然具有强烈的好奇心理。缺乏好奇心,必然对外界的信息反应迟钝,对诸多有意义的现象熟视无睹,对问题无动于衷,更枉论创造与发明了。

2. 兴趣是最好的老师

孔子曾说过:"知之者不如好之者,好之者不如乐之者。"深厚的兴趣会使个体产生积极的学习态度,自觉克服困难,排除干扰,从而有所成就。兴趣以需要为基础。人们若对某件事物或某项活动感到需要,就会热心于接触、观察这件事物,积极从事这项活动,并注意探索其奥妙。兴趣又与认识和情感相联系。人们若对某件事物或某项活动没有认识,也就不会对它有情感,因而不会对它产生兴趣。反之,认识越深刻,情感越炽烈,兴趣也就会越浓厚。

要保持专注的兴趣和热情,就要建立积极的心理准备状态。大凡有成就的科学家,在其学生时代很少有被困难吓退过的,这既是个人的坚强毅力,更是创造乐趣最酣畅淋漓之时。有人问丁肇中做研究苦不苦,他说,"一点也不苦,正相反,觉得很快乐,因为我心中有兴趣,我急于要探索物质世界的微妙"。这就是持续而专注的兴趣所带来的心理愉悦性。

3. 学会观察

观察力是构成智力的一个重要组成部分,是一种有意识、有目的、有组织的知觉能力。世界著名的生理学家巴甫洛夫,在他的研究院门口的石碑上刻下了"观察、观察、再观察"的名句,以此来强调观察对于研究工作的重要性。达尔文也曾经说过:"我没有突出的理解力,也没有过人的机智,只是在觉察那些稍纵即逝的事物并对它们进行精细观察的能力上,我可能是中上之人。"可见,观察力是十分重要的。

敏锐的观察是创新的有力来源。一旦你开始细心观察,各种见解和机遇都将会在你面前展开。所有真正的科学家、艺术家都是善于观察的人,都有格外敏锐的观察力和较好的表达能力,这能够让他们注意到其他人容易忽略的细微现象。达尔文就是一名出色的观察家。在22岁的时候,达尔文开始了他历时五年的周游世界之旅。在旅途过程中,他凭借细致的观察,仔细记录了大量地理现象、化石和生物体。对达尔文而言,雀类鸟嘴和龟背上的细微差异都是不同物种的标志。回国后,他认真研究自己观察记录的宝贵资料,提出了著名的自然选择理论。

4. 问题意识

没有问题，就没有创新。问题是思维的起点，任何思维过程都是指向某一具体问题的。孔子在很早就提出了"每事问"的主张，强调问题意识在思维和学习中的重要性。胡适在为北大毕业生开的三味"防身药方"中，第一味就是"问题丹"。其实，问题意识也是以观察意识和好奇心、兴趣为基础的，那些对任何事情都不感兴趣的人是不可能提出问题的，那些对事物缺少细致观察的人也很难提出问题。当个体对事物感兴趣，并能够进行细致的观察，通常他就能够发现问题，从而打开创新之门。

兴趣是创新之源
——诺贝尔物理学奖获得者杨振宁谈创新

著名科学家、诺贝尔物理学奖获得者杨振宁在演讲中，与300余位科学家和中科大师生分享了他对科研创新的看法。

"兴趣是创新之源、成功之本。"在演讲中，他谈到世界上多个著名科学家的故事，他们的成功均与早年兴趣有关。1905年，著名科学家爱因斯坦在26岁的时候，就写出了狭义相对论论文，这是人类历史上非常大的、观念上的革命。为什么一个26岁的年轻人，能做出这样的成果呢？杨振宁说，其实爱因斯坦还在读书的时候，在给女友的信中就透露他对电动力学产生了浓厚的兴趣，而这个电动力学，就是后来狭义相对论这一革命性理论的重要基础。

"我一生所做的工作，最重要的就是规范场，这与我的兴趣也有着密不可分的关系。"杨振宁如是说。1954年，杨振宁与年轻博士后Mills共同提出规范场理论，这是杨振宁在物理学领域的最高成就。规范场理论，后来被普遍认为是20世纪后半叶基础物理学的总成就，主导了长期以来基础物理学的研究。

（来源：桂运安，《安徽日报》，2015－09－20）

分析：本例中，杨振宁分享了兴趣在科研创新中的作用。其实，在其他领域的创新中，兴趣也都发挥着重要作用。面对你感兴趣的事情，即使没有任何物质回报，你也会执着地去追求，这是一种心理上的自我追求，也是一种创新意识。

创新意识是创新的愿望、意图等思想观念。在现实生活中，为什么有人能够抓住灵感出现的瞬间，比如被苹果"砸出"万有引力的牛顿，而有些人却对眼前的机遇没有任何敏感，任凭机遇白白溜走？这其中很重要的一个原因就是创新意识。创新意识是创新活动的起点，没有创新意识，其余的都无从谈起。创新意识包括兴趣、

好奇心、观察意识、质疑意识等方面。

  活动与训练

视觉创意构图

一、目标

认识到创新无处不在，简单改变就能形成奇妙创意。

二、过程和规则

1. 教师铺垫："在我们的生活中，照片拍摄就是最容易产生创新成果的地方，同学们动动脑动动手就可以改变现状。"然后展示以下创意照片（如图1-1所示）。

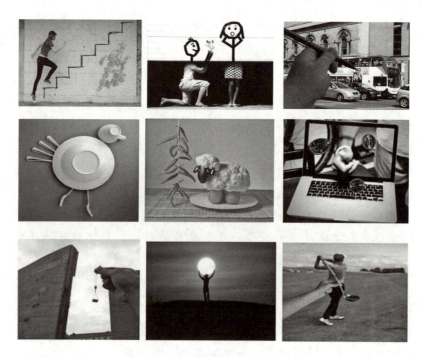

图1-1 创意照片

2. 请学生以"奇思妙想五花八门"为题，关注自己周边的人物，拿起手机拍摄，并且在班级微信群中展示作品，畅谈自己的构图创意。

（建议时间20分钟）

 思考与讨论

1. 如何理解创新？创新的基本特征有哪些？创新包括哪几个阶段？

2. 请通过网络查询，找到技术创新、制度创新、组织创新、文化创新的例子各一个，并进行讨论和分享。

1.2 培养创新精神

名人名言

君子之学必日新，日新者日进也。不日新者必日退，未有不进而不退者。

——（宋）程颢、程颐（《二程集·河南程氏遗书》）

1. 了解创新精神的含义并能自觉培养创新精神；
2. 了解创新潜质和创新能力；
3. 能评估自我的创新潜质。

齐白石老人五易画风

我国著名画家齐白石，曾荣获世界和平奖。然而，面对已经取得的成功，他并不满足，而是不断汲取历代画家的长处，不断改进自己作品的风格。他60岁以后的画，明显不同于60岁以前。70岁以后，他的画风又变了一次。80岁以后，他的画风再度变化。齐白石一生，曾五易画风。正因为白石老人在成功后，仍然能马不停蹄地改变、创新，所以他晚年的作品比早期的作品更成熟完美，也形成了自己独特的流派与风格。

他告诫弟子"学我者生，似我者死"。他认为画家要"我行我道，我有我法"。就是说，在学习别人长处时，不能照搬照抄，而要创造性地运用，不断发展，这样才会赋予艺术以鲜活的生命力。

分析：人不能安于现状，要不断突破与创新，会当凌绝顶，方能领略无限风光在险峰。

一、创新精神

（一）创新精神的概念

创新精神是指要具有能够综合运用已有的知识、信息、技能和方法，提出新方法、新观点的思维能力和进行发明创造、改革、革新的意志、信心、勇气和智慧。创新精神属于科学精神和科学思想范畴，是进行创新活动必须具备的一些心理特征，包括创新意识、创新兴趣、创新胆量、创新决心及相关的思维活动。创新精神是一种勇于抛弃旧思想、旧事物，创立新思想、新事物的精神。例如：不满足已有认识（掌握的事实、建立的理论、总结的方法），不断追求新知；不满足现有的生活生产方式、方法、工具、材料、物品，根据实际需要或新的情况，不断进行改革和革新；不墨守成规（规则、方法、理论、说法、习惯），敢于打破原有框架，探索新的规律、新的方法；不迷信书本、权威，敢于根据事实和自己的思考，向书本和权威质疑；不盲目效仿别人的想法、说法、做法，不人云亦云、唯书唯上，坚持独立思考，说自己的话，走自己的路；不喜欢一般化，追求新颖、独特、异想天开、与众不同；不僵化、呆板，灵活地应用已有知识和能力解决问题。所有这些，都是创新精神的具体表现。

（二）创新精神的培养

1. 对所学习或研究的事物要有好奇心

好奇心是创新精神的源泉。牛顿少年时期就有很强的好奇心，他常常在夜晚仰望天上的星星和月亮。星星和月亮为什么挂在天上？星星和月亮都在天空运转着，它们为什么不相撞呢？这些疑问激发着他的探索欲望。后来，经过专心研究，他终于发现了万有引力定律。能提出问题，说明在思考问题。好奇心包含着强烈的求知欲和追根究底的探索精神，要想创新，就必须有强烈的好奇心。正像爱因斯坦说的那样："我没有特别的天赋，只有强烈的好奇心。"

2. 对所学习或研究的事物要持怀疑态度

不要认为被人验证过的都是真理。许多科学家对旧知识的扬弃，对谬误的否定，无不是自怀疑开始的。怀疑是内在的创造潜能，它激发人们去钻研，去探索。只有对自己所学习或研究的事物持怀疑态度，才能另辟蹊径，寻找新的方向，追求新的目标，采用新的方法，从而实现创新。

3. 对所学习或研究的事物要有求新欲望

如果没有强烈的追求创新的欲望，那么无论怎样谦虚和好学，最终都是模仿或抄袭，只能在前人划定的圈子里周旋。要创新，就要有强烈的创新欲望，并且坚持不懈地努力，勇敢面对困难，直到创新成功。

4. 对所学习或研究的事物要有求异观念

不要"人云亦云"。创新不是简单的模仿，要有创新精神和创新成果，必须要有求异的观念。求异实质上就是换个角度思考，从多个角度思考，并将结果进行比较。求异者往往要比常人看问题更深刻，更全面。

5. 对所学习或研究的事物要有冒险精神

创造实质上是一种冒险，因为否定人们习惯了的旧思想可能会招致公众的反对。冒险不是那些危及生命和肢体安全的冒险，而是一种合理性冒险。只有具备了冒险精神，才能最大限度地挖掘自己的创造潜能。

6. 对所学习或研究的事物要做到永不自满

一个有创新精神的人如果因取得一定的创新成果而就此停止，如果一个人害怕去尝试另一种可能比这种创新成果更好的做法，或已习惯了一种成功的思想而不能产生新思想，那么这个人就会变得自满，就会停止创新。

二、创新潜质和创新能力自我认知

（一）认识创新潜质

创新潜质，有时也称创新潜力，是指一种隐含于个体内的隐性能力状态，主要由某一领域的基础知识和经验、创造性人格和认知风格、创造性思维能力、创造性实践技能等要素构成。研究表明，好奇心、开放、独立、大胆创新、有毅力、有信心等是创造性人格的共同特性。心理学研究表明，创新性认知风格具有以下特点：

（1）思维流畅，即有利于迅速产生连续反应，善于掌握事物的内在联系，不追求唯一正确的答案。

（2）思维灵活，不受事物原有形象或功能的约束，容忍模糊，注意力能够适时转移。

（3）感知敏锐，善于质疑，有很强的好奇心和观察力，注意力能够集中。

（4）不盲从迷信权威，有很强的怀疑精神。

（5）感知全面、客观，能调动各种感知事物，存储丰富的表象，独立性强。

（6）敢于冒险，不怕失败，大胆创新。

（7）宽容地对待各种设想，具有浪漫精神和超现实感。

（8）富有想象力和幽默感，视觉表象丰富，能把两类距离很远的事物联系在一起。

案例1.2

产品缺乏创新　柯达不进则退

拥有130余年历史的柯达的没落堪称是"颠覆性创新理论"的生动案例。正是由于对胶片巨大利润的"路径依赖",使柯达的转型显得犹豫且缓慢,并最终走向了没落。柯达曾经是感光界当之无愧的王者,1930年,柯达占世界摄影器材市场75%的份额,利润则占这一市场的90%。柯达对向数码影像转型犹豫不决,并一再错失良机。由于担心胶卷销量受到影响,柯达一直未大力发展数字业务。随着移动终端的普及和社交网站的发展,个人摄影从记忆工具转换为通信媒介,而柯达却依然错误地认为人们在拍摄完照片后还会继续将其打印出来。结果,一旦出现更为便宜、更为方便的替代品,现有企业便立即瘫痪。

分析: 企业应该由原来被动地适应市场,转变为通过对产品的技术升级为自己创造更多价值。因此,柯达错失的不仅仅是数码相机这一产品,还有新的消费习惯和商业模式。

(二)创新能力的概念及缺失原因

1. 创新能力的概念

创新能力是个体运用已知信息、知识、经验等,产生某种独特、新颖、有社会或个人价值的产品的能力。它包括创新精神、创新思维、创新技能三个部分,其中,创新思维是核心。

(1)创新精神。创新精神是创新的意识、兴趣、勇气和毅力。经验性研究证明,具有创新精神的人常常不满足于现实,有强烈的批判态度;不满足于自己,有持续的超越精神;不满足于以往,有积极的反思能力;不满足于成绩,有旺盛的开拓进取精神;不怕困难,有冒险献身的精神;不怕变化,有探索求真的精神;不怕挑战,有竞争合作的精神;有强烈的好奇心、旺盛的求知欲、丰富的想象力和广泛的兴趣等。

(2)创新思维。创新思维是个体在观念层面新颖、独特、灵活的问题解决方式,创新思维是创新实践的前提与基础。具有创新思维的人常常感受敏锐,思维灵活,能发现常人视而不见的问题并能多角度地考虑解决办法;理解深刻,认识新颖,能洞察事物本质并能进行开创性地思考。

(3)创新技能。创新技能是指将创新活动付诸实施的技巧和操作能力,是一种方法能力。它包括信息加工能力、实验操作能力、技法运用能力、创新物化能力等方面。只有切实掌握创新技能,才能使创新思维落地,使创新活动得到顺利实施,才能够最终获得丰硕的创新成果。

如果一个人不具备创新能力，必将成为庸才；如果一个企业缺乏创新能力，必将在激烈的市场竞争中遭受惨痛的失败。在科学技术飞速发展的今天，创新能力越来越成为一个国家国际竞争力和国际地位的重要影响因素。

2. 创新能力缺失原因

（1）缺乏创新意识和创新欲望。学习上求知欲不足，依赖性强，不注重思考和质疑，缺乏"问题意识"，主观上不注重创新能力的获取和提升。

（2）缺乏创新兴趣。创新兴趣是推动人们积极从事创新工作的动力，是人们在艰辛烦琐的创新探索中的快乐源泉。若创新兴趣缺乏，则难以激发创新潜能，无法满足创新工作需要的广度和深度。

（3）思维惯常定式。在长期思维实践中，每个人都会形成自己所惯用的、格式化的思维模式，当面临外界事物或现实问题的时候，就会不假思索地把它们纳入特定的思维框架，并沿着特定的思维路径对它们进行思考和处理，这就是思维的惯常定式。法国生物学家贝尔纳说："妨碍人们学习的最大障碍，并不是未知的东西，而是已知的东西。"

（4）对科学的崇尚意识与参与行为之间存在较大反差。认识上追求创新，体现出了比较积极主动的精神状态；但行动上不能落实，主动作用发挥不够，投身实践的勇气和能力欠缺。

数字化时代的产品创新

眼下，中国的整个商业世界都被数字化浪潮推动着前行。经过10年的数字化转型，企业的经营方式不再单纯依赖于传统模式，许多商品和服务可以通过线上进行交易，整体商业体系能够正常运营。在新技术快速迭代和集成中，新的产品和服务可以在短时间内取代老的产品。例如，汽车颠覆了马车，智能手机颠覆了功能手机，互联网商业重塑了传统商业和物流。例如小米代表了中国企业未来可能的一种趋势，它在设计和生产出性价比较高的小米手机之后，还在继续思考消费者的更多需求，同时推出了从热水壶到扫地机再到洗衣机的一系列高性价比产品。现在中国很多的制造厂商，例如美的、格力、海尔等企业也在市场竞争中不断革新、不断壮大。

分析： 民族复兴的使命要靠创新来实现，人生理想的风帆要靠创新来扬起。创新，是青春最亮丽的底色，是青春应有的姿态。

（三）创新能力自我评估

1. 组成创新能力的要素

创新能力是由两部分组成的。一部分是智力，包括知识和能力。知识学得越多、学得越活，个人的创新能力可能就越强。能力是理解力、记忆力和想象力，这些构成一个人的智力。创新能力还体现在人在面对复杂的局面时，是否能够迅速地抓住要害，找出办法来，这也是一种能力。这种能力一般包括在复杂的工作中善于发现机遇并抓住机遇的能力。有时可以概括为以下几个方面：一是感知的能力，创新能力最初体现在敏锐的观察力；二是变通的能力，指不拘于定理；三是沟通的能力，指交流中出现思想火花；四是前瞻的能力；五是诊断问题并找出解决方法的能力；六是利用信息的能力。

2. 创新能力评估的维度

（1）学习能力。即获取与掌握知识、方法和经验的能力，包括阅读、写作、理解、表达、记忆、搜集资料、使用工具、对话和讨论等能力。德鲁克说："真正持久的优势就是怎样去学习。"

（2）分析能力。即把事物的整体分解为若干部分进行研究的本领。要做到由表及里、由浅入深、由易到难地认识事物和问题。分析能力与个人的知识、经验和禀赋、分析工具和方法的水平、共同讨论与合作研究的品质有关。

（3）综合能力。即把研究对象的各个部分结合成一个有机整体进行考察和认识的技能和本领。综合能力包括思维统摄与整合的能力、积极吸收新知识的能力和研究分析的能力。

（4）想象能力。即以一定知识和经验为基础，通过直觉、形象思维或组合思维，不受已有结论、观点、框架和理论的限制，提出新设想、新创见的能力。

（5）批判能力。即在学习吸收已有知识和经验时，批判性地吸收和接受。在研究和创新时，质疑和批判是创新的起点，重大创新成果通常都是在对权威理论进行质疑和批判的前提下做出的。

（6）创造能力。即首次提出新的概念、方法、理论、工具、解决方案、实施方案等的能力，是创新人才的禀赋、知识、经验、动力和毅力的综合体现。

（7）解决问题能力。即针对问题，能够调动已有的经验、知识和方法，创造性地组合已有的方法乃至提出新方法来予以解决。

（8）实践能力。即社会实践能力，是为实现创新目标进行的各种社会实践活动的能力。

（9）组织协调能力。即合理调配系统内的各种要素，发挥系统的整体功能，通过沟通、说服、资源分配和荣誉分配等手段来组织协调各方以最终实现创新目标。

（10）整合多种能力的能力。创新人才能把多种能力有效地整合在一起发挥作用。通过学习、实践和人生历练，才能有整合多种能力的能力。

"方便面之父"的创新人生

1958年方便面问世。安藤百富（出生于我国台湾省，原名吴百富）是方便面的发明人。1957年，安藤担任理事长的信用社破产，他经营的其他产业都被用来抵债，剩下的只有位于大阪府池田市的私宅。

当时，日本经济处于开始腾飞的最初阶段，人们生活节奏明显加快，安藤决定研制快速冲泡后食用的拉面。他在家里专门搭出一间小屋，埋头研制方便面。多次失败后，安藤从妻子炸"天妇罗"（日本传统油炸食品，用蔬菜、虾等裹上面粉下油锅炸成）中得到启发，发明了"瞬间热油干燥法"，用这种方式炸面条，水分能快速挥发，面条上还会出现细孔，用开水一泡，水分能迅速渗入面条，恢复面条的弹性。继而，安藤对调味料进行反复调配。1958年8月25日，世界上第一份方便面"鸡肉拉面"正式上市，定价35日元。从当时日本物价水准来看，方便面定价不菲，但在市场宣传、免费品尝等攻势下，方便面很快在日本掀起热潮。

1966年，安藤在美国考察时意识到，欧美饮食中没有碗、筷等东方人普遍使用的餐具。为适应欧美市场，安藤发明了"杯面"和"碗面"。1971年9月，世界首份"杯面"上市，至今已累计卖出200亿份"杯面"。

（来源：冯武勇，《经济参考报》，2007-01-10）

分析： 安藤百富具有的创新精神让第一份方便面诞生，又让杯面、碗面问世。创新精神是一种勇于抛弃旧思想、旧事物，创立新思想、新事物的精神。它不断追求新知、不断进行变革、不迷信书本和权威，更不人云亦云。

测评创新潜质

一、目标

通过创新潜质测试，了解自己的潜质。

二、规则与程序

步骤一：学生做自测题。

下面的每道问题,如果符合你的情况,请在括号里打"√",不符合的则打"×"。(建议用时:20分钟)

1. 你平时说话、写文章时总喜欢用比喻的方法。(   )
2. 你在做事、观察事物和听别人说话时,能专心致志。(   )
3. 你能全神贯注地做自己喜欢的事情。(   )
4. 你并不认为权威或有成就者的某些观点一定正确。(   )
5. 当你终于解决了一道难题或完成了一项任务时,总有种兴奋感。(   )
6. 喜欢寻找各种事物存在的各种原因。(   )
7. 观察事物时,向来都很认真,能够注意到细节方面。(   )
8. 能够从别人的谈话中发现问题的所在。(   )
9. 在进行带有创造性的活动时(如写作文、画画、做手工等)常常废寝忘食。(   )
10. 能主动发现一些别人不在意的问题,并发现与问题有关的各种联系。(   )
11. 平时都是在学习或琢磨问题中度过的。(   )
12. 好奇心比较强烈。(   )
13. 如果对某一问题有了新发现时,总是感到异常兴奋。(   )
14. 在通常情况下,对事物能预测其结果,并能通过自己的研究得出结果。(   )
15. 平常遇到困难和挫折时,表现得都很顽强。(   )
16. 经常思考事物的不同于原来的新答案和新结果。(   )
17. 有较强的洞察力,能够一针见血地指出关键问题。(   )
18. 在解题或研究课题时,总喜欢在解题方法上求新、求异。(   )
19. 遇到问题时能从多个角度、多个方面探索解决,而不是固定在一种思路上或局限在某一方面。(   )
20. 脑子里总是能够涌现一些新的想法,即使在游玩时也常能产生新的设想。(   )

步骤二:评估学生成绩。

备注:打"√"得1分,打"×"得"0"分。得分20分,说明创新能力很强;得分16~19分,说明具备较强的创新能力;得分10~15分,说明创新能力一般;得分小于10分,说明创新能力较差。

步骤三:教师点评,激发学生学习创新的欲望。

思考与讨论

1. 请结合网络搜索资料，举一个实际创新案例，并运用创新的类型和基本原则进行分析，以此来增强对创新类型的实际感受。

2. 请谈谈各种网络时代的商业模式（如电子商务、手机网络、跨境电商和互联网＋等）的最新进展，并简要概述对你而言其中蕴含哪些现实的创新机会。

3. 回顾世界发明史，举出一项你认为最伟大的发明，并且给出推荐理由。

4. 在荒无人迹的河边停着一只小船，这只小船只能容纳一个人。有两个人同时来到河边，两个人都乘这只船过了河。请问：他们是怎样过河的？

5. 有人不拔开瓶塞就可以喝到酒，你能做到吗？（注意：不能将瓶子弄破，也不能在瓶塞上钻孔）

模块二　创新思维与创新方法

🌸 模块导读

国家的发展需要创新，个人的成长需要创新。经济合作与发展组织（OECD）发布的《为21世纪培育教师提高学校领导力：来自世界的经验》报告中指出，21世纪学生必须掌握以下四个方面的十大核心技能：一是思维方式，即创造性、批判性思维、问题解决、决策和学习能力；二是工作方式，即沟通和合作能力；三是工作工具，即信息技术和信息处理能力；四是生活技能，即公民、变化的生活和职业，以及个人和社会责任。其中，掌握无定式的复杂思维方式和工作方式最为重要，这些能力都是计算机无法轻易替代的。

创新思维就是突破传统思维和知识范围，从而产生解决问题的新想法的思维。创新思维具有对传统的突破性、思路的新颖性、想法的流畅性、视角的灵活性、程序的非逻辑性、内容的综合性等特点。创新思维主要包括发散思维、收敛思维、逆向思维、联想思维、组合思维和灵感思维等不同的思维方式。创新方法主要有模仿创新法、头脑风暴法、创意列举法、奥斯本检核表法和组合法。

本模块主要阐述人们在生活和工作中经常会应用到的各种创新方法，包括强迫联想法、逆向思维法、奥斯本检核表法、组合法、列举法等。同时，还介绍目前广泛应用的五个思考工具：头脑风暴法、思维导图法、六顶思考帽法、TRIZ 理论和设计思考。最后，还安排了一些创新思维训练游戏。

本模块这些理论都经过实践验证，是非常有价值的科学思考与学习方法，对于个人突破原有的思维障碍、提升自己的创新能力有极大的帮助。

中国 TRIZ 杯大学生
创新方法大赛简介

中国创新方法大赛
简介+2022 年度大赛通知

TRIZ 理论应用案例

模块二 创新思维与创新方法

2.1 突破思维定式

名人名言

重大创新是无人区的生存法则,没有理论突破,没有技术突破,没有大量的技术积累,是不可能产生爆发性创新的。

——任正非

学习目标

1. 了解常见的思维障碍及其负面影响;
2. 掌握常见的创新性思维的特点并能进行简单应用;
3. 了解互联网思维的内涵和特点。

导入案例

华为的创新领航

华为迈向基于愿景驱动的理论突破和基础技术发明的创新 2.0 时代。创新 2.0 是基于对未来智能社会的假设和愿景,是实现理论突破和基础技术发明的创新,是实现发明和创造的创新。针对业界的瓶颈和挑战,华为的创新战略是:从基于客户需求的技术和工程创新的 1.0 时代,迈向基于愿景驱动的理论突破和基础技术发明的创新 2.0 时代。

分析: 面向未来,华为不迷失方向,不错失机会。同时,开创颠覆主航道的技术和商业模式,确保华为主航道可持续竞争力。智能世界,道阻且长。今天的中国企业,需要理论的突破,需要新的基础技术的发明。创业家将继续去探索未知的新世界,勇敢地航向前人所未至的领域。

实践证明,无论何时都不能忽视创新。通常来讲,创新包含创新思维与创新方

法两个要素，二者相辅相成，互相促进。创新思维是指对事物间的联系进行前所未有的思考，从而创造出新事物、新方法的思维方式。创新方法是指人们通过研究有关创造发明的心理过程，在创造发明、科学研究或创造性解决问题的实践活动中总结、提炼出的有效方法和程序的总称。二者中，创新思维是创新的核心与灵魂，创新方法是创新的成果与工具。在模块中，我们将首先探讨创新思维的特征及训练方式，再探讨创新方法的演进与应用，增强大家对创新技能的掌握。

一、打破思维障碍

思维是人脑对客观事物的概括和间接的反应过程。如果人总是沿着一定方向、按照一定次序进行思考，久而久之会形成一种惯性，我们称之为"思维惯性"。如果对于自己长期从事的事情或日常生活中经常发生的事务产生了思维惯性，多次以这种思维惯性来对待客观事物，就会形成较为固定的思维模式，我们称之为"思维定式"（Think Set）。思维惯性和思维定式结合起来，很容易形成思维障碍。我们要进行创新，首先就需要突破思维障碍。

常见的思维障碍一般有以下几种：

（一）思维障碍的类型

1. 习惯型思维障碍

习惯型思维障碍会使人们不由自主地犯错误。虽然通过习惯型思维解决一些简单的问题可能会节省时间，但对于比较复杂的问题如果也使用习惯型思维，就会使我们犯错，或者在面对新问题时一筹莫展。

2. 直线型思维障碍

直线型思维障碍的人普遍认为：是即是，非即非，除此之外都是错误。他们往往对是中有非、非中有是，对中有错、错中有对，失败中包含成功、成功中包含失败等情况认为不可思议。

案例2.1

给电扇换个颜色

日本的东芝电气公司1952年前后积压了大量的电扇卖不出去，7万多名职工费尽心机，也想不出办法。有一天，一个小职员向董事长石坂提出了改变电扇颜色的建议。当时，全世界的电扇都是黑色的，而这个小职员建议把黑色改为浅色。公司采纳了这个建议，结果大获成功，而且从此以后，世界上的电扇就不再是一种颜色了。这样一来电扇的世界也变得丰富多彩起来，人们在使用的同时又可以选用自己喜欢的颜色。

分析： 换种颜色，看似简单，但是能够在同质化严重的竞品中走出新路，确实值得推荐。敢于破旧立新，才是企业发展的动力之源。

3. 权威型思维障碍

有人群的地方就会有权威，权威是任何时代和社会都实际存在的现象。有不少人习惯引用权威的观点，不加思考地以权威的是非为是非，一旦发现与权威相违背的观点或理论，便想当然地认为其必错无疑，并大加贬低。

小泽征尔在权威面前坚持己见

世界著名交响乐指挥家小泽征尔在一次欧洲指挥大赛的决赛中，按照评委会给他的乐谱在指挥演奏时发现有不和谐的地方，他认为是乐队演奏错了，就停下来重新演奏，但仍不如意。这时，在场的作曲家和评委会的权威人士都郑重地说明乐谱没有问题，是小泽征尔的错觉。面对一批音乐大师和权威人士，他思考再三，突然大吼一声："不，一定是乐谱错了！"话音刚落，评判台上立刻报以热烈的掌声。原来，这是评委们精心设计的"圈套"，以此来检验指挥家们在发现乐谱错误并遭到权威人士"否定"的情况下，能否坚持自己的正确判断。

分析： 前两位参赛者虽然也发现了问题，但最终因为趋同权威而遭淘汰，只有小泽征尔能坚持自己的想法。最终，他在这次世界音乐指挥家大赛中摘得桂冠。

4. 从众型思维障碍

从众，就是跟从大众、随大流，它是思维障碍中最常见、最重要的类型之一。这种少数服从多数的心理常常会压抑人的创造性。

劳尔赫质疑菠菜的含铁量

德国化学家劳尔赫无意中发现，菠菜的实际含铁量只有食品营养化学手册所记载数据的十分之一，劳尔赫很是诧异，怀疑试验是否具有偶然性。于是他找来各种各样的菠菜叶子，一一加以分析化验，但并没有发现哪一种菠菜叶子的含铁量比别的蔬菜高特别多的情况。他开始寻找所谓菠菜含铁量高"传说"的根源。通过追踪，他发现原来是90年前印刷厂在排版时，不小心把菠菜含铁量的小数点向右错移了一位，从而使它的含铁量扩大了 10 倍，于是人们便将错误传了下来。

5. 书本型思维障碍

许多人认为一个人的书本知识多了，比如上了大学，读了硕士、博士，就必然拥有很强的创新能力；还有人认为书本上写的都是正确的，如果发现自己的情况与书本上不同，那就是自己错了。这种一味地迷恋和盲从"书本"就是书本型思维障碍。

书中写的未必全对

公元前 2 世纪，古罗马有位名医——盖伦，他一生写的 256 本医书，长期被西方奉为神明，连书中的错误也被以讹传讹，认为是对的，如书上写道：人的大腿骨是弯的。后来经过生理解剖，人们发现人的大腿骨是直的。可是这个本该纠正的错误仍难以纠正，居然有人辩解说：古罗马时期的人穿裙子，所以腿骨是弯的，人们开始穿裤子以后腿骨才直了。

6. 自我中心型思维障碍

自我中心型思维障碍包括两种：一是过于迷信自己，秉持一己之见，自以为是，刚愎自用，听不得不同声音和不同意见；二是存在着反面类型的"自我中心"，如存在自卑、麻木、偏执、浮躁、懒惰、封闭、怯懦、侥幸等心理。

马谡自以为是失街亭

三国时，蜀国大将马谡自作主张地将大军部署在远离水源的街亭山上。魏国军队切断水源，然后纵火烧山。蜀军不战自乱。马谡失守街亭，战局骤变，被诸葛亮挥泪斩首。

（二）破除思维障碍

1. 保持对世界的热情

爱迪生也曾经说过，有史以来，没有任何一件伟大的事业不是因为热忱而成功的。热情就是让人在面对困难坚持下来的精神力量，它激励和鼓舞着一个人继续努力；热情让人能够精力充沛，达到废寝忘食、忘我的境界，充分激发内在的潜能。因此，打破思维障碍离不开热情。创新者需要保持内心的激情和童真，能够始终对世界充满热情。你期望什么,你就会得到什么,你得到的不是你想要的,而是你期待的。

2. 换个角度看世界

科学家贝尔说,创新有时需要离开常走的大道,潜入森林,你就肯定会发现前所未见的东西。同样的一件事情换个角度去观察和思考,会有不同的收获。换一个角度看待世界,是一种突破、一种超越、一种创新;换一个角度看世界,世界无限广大。万物皆变,变则通,这是世界演化的不变的法则。

3. 放飞想象

爱因斯坦指出,想象力比知识更重要,因为知识是有限的,而想象力概括着世界的一切,推动着进步,并且是知识进化的源泉,是破除思维障碍的动力。

二、发散思维

创新性思维使人能突破思维障碍去思考问题,从新的思路去寻找解决问题的方法。发散思维和本文后续陆续介绍的收敛思维、逆向思维、侧向思维都是常用的创新性思维。

(一) 发散思维的概念

发散思维(又称辐射思维、放射思维、扩散思维和求异思维)是常用的创新性思维方法,它是根据已有的某一点信息,运用已有的知识、经验,通过推测、想象,沿着各种不同的方向去思考,重组记忆中的信息和眼前的信息,产生出新的信息的一种思维方式。因为发散思维不依常规,寻求变异,对给出的材料、信息从正反两极进行比较,因而视野开阔,思维活跃,可以产生大量独特的新思想。

(二) 发散思维的特点

1. 流畅性

流畅性指在尽可能短的时间内产生尽可能多的方式和方法,表达出尽可能多的思想和观念。流畅性反映的是发散思维的速度和数量特征。

2. 变通性

变通性就是克服个体已有的思维框架和定式,按照某种新视角、新观念、新途径来思考问题的思维特征。变通性需要借助横向类比、触类旁通等方法,使发散思维沿着不同的方向扩散,从而表现出思维的多样性和多面性。变通性是发散思维的关键。

3. 独特性

独特性指人们在思维过程中做出不同寻常的新奇反应的能力。独特性用以表现发散思维的新奇成分,是发散思维的最高目标,也是创新思维的标志。缺少独特性的思维活动不是创新思维。

4. 多感官性

发散性思维不仅运用视觉思维和听觉思维,而且也充分利用其他感官接收信息并进行加工。发散思维还与情感有密切关系。如果思维者能够想办法激发兴趣,产生激情,把信息感性化,赋予信息以感情色彩,会提高发散思维的速度与效果。

发散思维有助于我们找到问题的许多答案,但一定要注意,在解决面临的实际问题时,真正高水平的发散思维是在短时间内找到正确答案而不是许多答案。

(三) 发散思维的方法

我们倡导用发散思维打开童心,让思维向四面发散开。但是,在开始发散前,先要确定一个出发点,就是要有一个辐射源。具体来说,一般具有以下 8 种方法:

1. 材料发散

材料发散是以某个物品作为"材料"发散点,设想它的多种用途。据说南非人菲利普给出了一个煮得半熟的鸡蛋的 40 种不同的用法。

例如:请尽可能多地列举出粉笔的各种用途。

[参考答案:写字、剪裁衣服用的画粉、当打鸟子弹、当武器掷人、颜料、飞行棋棋子、表演道具(香烟)、磨成粉防御等。]

2. 功能发散

功能发散是以某种事物的功能为发散点设想出实现该功能的各种可能性。

例如:在寒冷的冬天如何御寒?

[参考答案:多穿衣服、包裹棉被、穿高分子发热材料衣服、抱团取暖、摩擦、运动、武打、追赶、喝酒、喝热水、吃热的食物、吃辣、烤火、开暖气、开空调、烧壁炉等。]

3. 结构发散

结构发散是以某种事物的结构为发散点,设想出利用该结构的各种可能性。

例如:请尽可能多地列举出"立方体"结构的物体(已发明或自己设想出来的)。

[参考答案:工具箱、行李箱、收纳盒、收纳凳、包装盒、保鲜盒、香烟盒、火柴盒、车厢、

集装箱、船舱、房间等。]

4. 关系发散

关系发散是以某种事物为发散点，尽可能多地设想这种事物与其他事物之间的各种联系。

例如：请列举出与学校有关的人。

[参考答案：学生、家长、老师、食堂工作人员、清洁工、上级管理部门、社会服务机构、企业、社区、地方政府等。]

5. 形态发散

形态发散是以某种事物的形态（如形状、颜色、音响、味道、气味、明暗等）为发散点，设想出利用某种形态的各种可能性。

例如：请尽可能多地列举利用铃声可以用来做什么。

[参考答案：表示一段时间、警告提示、回收废旧、马队驼队经过等。]

6. 组合发散

组合发散是以事物之间的组合为发散点，尽可能多地设想不同事物之间的不同组合可能会产生的新的功能或价值（或附加价值）。

例如：请尽可能多地列举出音乐可以同哪些东西组合在一起。

[参考答案：战争、医疗、节日、流浪、卖艺、赚钱、骗人、号角、信号、铃声、维修、摩托、汽车、笔、礼物、音乐盒、布娃娃、玩具等。]

7. 方法发散

方法发散是以人们解决问题或制造物品的某种方法为发散点，设想出利用该种方法的各种可能性。

例如：请尽可能多地列举出用"摩擦"的方法可以做哪些事情或解决哪些问题。

[参考答案：生火、发声、站立、固定、起电、抓痒、搓污垢、磨刀、使物体光滑或粗糙、取暖、产生音乐、捆绑包扎、闭合、抓动物等。]

8. 因果发散

因果发散是以某种事物发展的结果为发散点，推测造成该结果的各种原因；或以某种事物发展的起因为发散点，推测可能发生的各种结果。

例如：请尽可能多地列举出语文学习成绩好的各种可能的原因。

[参考答案：勤奋、感兴趣、爱阅读、和老师关系好、老师重视、学校重视、自己重视、同学帮助、语文易学、爱写作、感兴趣、爱祖国语言、语文好可以帮助其他学科学习、考虑到工作生活

需要、有助于就业、便于写信写文章、对谈恋爱有帮助、可以让口才变好、可阅读更多其他书籍等。]

案例2.6

曲别针的用途

一次学术会议上，日本创造力研究专家村上幸雄先生拿出一把曲别针，请大家动动脑筋，打破框框，想想曲别针都有什么用途，比一比看谁的发散性思维好。

回答者许国泰说："把曲别针分解为铁质、重量、长度、截面、弹性、韧性、硬度、银白色等十个要素，用一条直线连起来形成信息的横轴，然后把要动用的曲别针的各种要素用直线连成信息的竖轴。再把两条轴相交垂直延伸，形成一个信息反应场，将两条轴上的信息依次'相乘'，达到信息交合……"于是曲别针的用途就无穷无尽了。例如可加硫酸制氢气，可加工成弹簧，做成外文字母，可做成数学符号进行四则运算，等等。

（来源：佚名，《中国思维魔王的发散思维》，2016年第18期）

三、收敛思维

钱学森说过："集大成，得智慧。"思维创新，需要综合运用各种创新思维。思维高度灵活的综合互补性是思维的重要特征，如发散思维和收敛思维互补综合、抽象思维与形象思维的互补综合、理性思维和非理性思维的互补综合。

（一）收敛思维的概念和特点

收敛思维又称聚合思维、聚焦思维和集中思维。它是指以某个问题为中心，运用多种方法、知识或手段，从不同的角度，将思维指向这个中心点，经过比较、排除、综合分析后，找到一种思维方法，这种思维方式是解决问题的最合理的方案。

收敛思维要求从众多可能的结果中做出判断，得出结论。运用收敛思维进行创新，首先要明确目标。确定搜寻目标（注意目标）后，进行认真观察，做出判断，找出其中的关键。围绕目标定向思维，目标的确定越具体越有效。如果说发散思维的思考方向是以问题为原点指向四面八方的，具有开放性，那么，收敛思维则是把许多发散思维的结果由四面八方集合起来，选择一个合理的答案，具有封闭性。

（二）收敛思维训练

请思考下面的问题：

（1）请说出家中既发光又发热的东西，找出它们的共同点。

[参考答案：家里既发光又发热的东西有白炽灯、日光灯、红外线取暖器等，它们的共同点是：

都用电。]

(2) 请写出海水与江水的共同之处，越多越好。

[参考答案：都是水、都会蒸发、都可养鱼、都可造福人类。]

(3) 鸽子、蝴蝶、蜜蜂与苍蝇有什么相同之处？

[参考答案：会飞、吃东西……]

(4) 铜、铁、铝、不锈钢等金属有什么共同的属性？

[参考答案：传热、导电……]

(三) 收敛思维与发散思维的关系

发散思维是为了解决某个问题，从这一问题出发，想的办法、途径越多越好，总是追求还有没有更多的办法。收敛思维也是创新思维的一种形式，与发散思维不同，它虽然也是为了解决某一问题，但是在众多的现象、线索、信息中，向着问题一个方向思考，根据已有的经验、知识，寻找最优、最好的解决办法。

收敛思维与发散思维是一种辩证关系，既有区别，又有联系，既对立又统一。没有发散思维的广泛收集，多方搜索，收敛思维就没有了加工对象，就无从进行；反过来，没有收敛思维的认真整理，精心加工，发散思维的结果再多，也不能形成有意义的创新结果，就成了废料。只有两者协同动作，交替运用，一个创新过程才能圆满完成。

四、逆向思维

(一) 逆向思维的概念

逆向思维是一种和人们通常考虑问题的思维方向恰恰相反的思维方法。运用这种"从反面倒过来看问题"的思维方法，需要人们有极大的胆略、智慧和魄力，他要与众不同，不怕孤立，要兼顾正反两个方向的可能性，以达到出奇制胜的效果。逆向思维以悖逆常规、常理或常识的方式去寻找解决问题的新途径、新方法，在理论创新、技术创新、产品创新上都有出奇的作用。生活中处处潜藏着看似不可能的随机应变，关键是要习惯运用一种逆向思维的方法。

案例2.7

付费表演

一位老人在学校附近买了一间简陋的房子。住下的前几个星期还很安静，不久有三个年轻人开始在附近踢垃圾桶闹着玩。老人受不了这些噪声，出去跟年轻人谈判。"你们玩得真开心。"他说，"我喜欢看你们玩得这样高兴。如果你们每天都来踢垃圾桶，我将每天给你们每人一块钱。"三个年轻人很高兴，更加卖力地表演"足下功夫"。不料三天后，老人忧愁地说："通货膨胀减少了我的收入，从明天起，只能给你们每人五毛钱了。"年轻人显得不大开心，但还是接受了老人的条件。他们每天继续去踢垃圾桶。一周后，老人又对他们说："最近没有收到养老金支票，对不起，每天只能给两毛了。""两毛钱？"一个年轻人脸色发青，"我们才不会为了两毛钱浪费宝贵的时间在这里表演呢，不干了！"从此以后，老人又过上了安静的日子。

（二）逆向思维的分类

逆向思维主要分为四类，即结构逆向、功能逆向、状态逆向、原理逆向。

1. 结构逆向

结构逆向是指从已有事物的结构形式出发所进行的逆向思考，通过结构位置的颠倒、置换等技巧，使该事物产生新的性能。

2. 功能逆向

功能逆向是指从原有事物的功能出发进行逆向思考，以解决问题，获得创意。

风力灭火器是消防员在扑灭火灾时使用的一种灭火器。在一般情况下，风常常是有助火势的，特别是在火力比较大的情况下；但在有的情况下，特别是对付小股分散的火焰，风可以将大股的空气吹向火焰，使燃烧的物体表面温度迅速下降，当温度低于燃点时，燃烧就停止了。

3. 状态逆向

状态逆向是指人们根据事物某一状态的反向来思考，从中找出解决问题的办法或方案。在过去，木匠都使用锯和刨来加工木料，木料不动而工具动，实际上却是人在动，因此人的体力消耗大，质量还得不到保证。为了改变这种状况，人们将加工木料的状态反过来，让工具不动而木料动，并据此发明了电锯和电刨，从而大大提高了效率和工艺水平，降低了人的劳动强度。

4. 原理逆向

原理逆向是指从相反的方面或相反的途径对原理及其应用进行思考。意大利物理学家伽利略曾应医生的请求设计温度计，但屡遭失败。有一次他在给学生上实验课时，注意到水的温度变化引起了水的体积的变化，这使他突然意识到，是不是可以倒过来想，由水的体积的变化也能看出水的温度的变化？循着这一思路，他终于设计出了当时的温度计。正向思考与逆向思考相结合是人们进行创新思考的有效途径。通过两者的对立、统一，达到良好的互补效应，从而使思路更加开阔、灵便，促进创意和创新的产生。实践证明，逆向思考是可以在正向思考建立的同时形成的。

逆向思维应用

在动物园里面，动物被关在笼子里面，人走动着观看。能不能把这个状态反过来，人被关在笼子里，动物满地走？于是就有了开车游览的野生动物园。再比如，火箭都是往天上发射的，那能不能反过来往地里发射？苏联由此研究了一种钻井火箭，能穿透岩石、冻土，重量更轻，能耗更低。

启示：换个方向思考往往能够解决老问题。

（三）逆向思维的特点

1. 普遍性

逆向思维在各种领域、各种活动中都有适用性。由于对立统一规律是普遍适用的，而对立统一的形式又是多种多样的，有一种对立统一的形式，相应地就有一种逆向思维的角度，所以，逆向思维也有无限多种形式。如性质上对立两极的转换：软与硬、高与低等；结构、位置上的互换、颠倒：上与下、左与右等；过程上的逆转：气态变液态或液态变气态，电转为磁或磁转为电等。不论哪种方式，只要从一个方面想到与之对立的另一个方面，都是逆向思维。

2. 批判性

逆向是与正向比较而言的，正向是指常规的、常识的、公认的或习惯的想法与做法。逆向思维则恰恰相反，是对传统、惯例、常识的反叛，是对常规的挑战。它能够克服思维定式，破除由经验和习惯造成的僵化的认识模式。

以废旧的报纸为例，新闻报纸的特点是及时新鲜，而当一张报纸看完后，它作为报纸的价值就没有了，也就变成了废纸。可我们换一个角度，它作为报纸传播新闻的价值虽然被用完了，可它依然具有作为纸的价值，可以除尘、装饰房间等。再如我们避之不及的垃圾堆，生活垃圾经过一系列除臭、粉碎、杀菌、搅拌后，和生物试剂及辅料混合，再通过多功能制砖机打制后，制作成各种建筑材料。所以在我们看来没有用的东西最后很可能变成一种资源。这些从住、行、用、玩、穿等物品展开想象和创意技术的问世也得益于"变废为宝"这样一个逆向思维。

3. 新颖性

循规蹈矩的思维和按传统方式解决问题虽然简单，但容易使思路僵化、刻板，摆脱不掉习惯的束缚，得到的往往是一些司空见惯的答案。其实，任何事物都具有多方面属性。由于受过去经验的影响，人们容易看到熟悉的一面，而对另一面却视而不见。逆向思维能克服这一障碍，往往出人意料，给人以耳目一新的感觉。

司马光砸缸救人是大家熟悉的故事。在缸大、水深、人小，救人困难的情况下，他急中生智，不直接拉人出水，而拿起石头砸破水缸，让水流出，使落水的孩子得救。有人落水，常规的思维模式是"救人离水"，而司马光面对紧急险情，运用了逆向思维，果断地用石头把缸砸破，"让水离人"，救了小伙伴的性命。

（四）逆向思维的方法

1. 反转型逆向思维法

客观世界上许多事物之间都是相互作用的，甲能产生乙，乙也能产生甲。如：化学能能产生电能，据此意大利科学家伏特1800年发明了电池。反过来电能也能产生化学能，通过电解，英国化学家戴维1807年发现了钾、钠、钙、镁、锶、钡、硼等七种元素。

1901年，伦敦举行了一次"吹尘器"表演，吹尘器以强有力的气流将灰尘吹起，然后收入容器中。一位设计师反过来想，将吹尘改为吸尘，岂不更好？根据这个设想，吸尘器被研制出来。

一般正向思维是沿着人们相关性的思路思考，而反转型逆向思维是对司空见惯的似乎已成定论的事物或观点反过来思考的思维方式。在运用这种思维方式的时候，必须认清事物的本质，所谓逆向不是简单的、表面的逆向，不是别人说东，我们就说西，而是真正从逆向中做到独到的、科学的、令人耳目一新的、超出正向效果的成果。坚持思维方法的辩证统一，正向和逆向本来就是对立统一、不可截然分开的，所以以正向思维为参照、为坐标进行分辨，才能彰显其突破性。

2. 因果逆向思维法

因果逆向思维法在生活中的应用是极其广泛的。有时，某种恶果在一定的条件下又可以反转为有利因素，关键是如何进行逆向思考。

最辉煌的案例应当是人类对疫苗的研究。早在我国的宋朝，人们就开始想到用事物的结果去对抗事物的原因。据文献记载，当时人们把天花病人皮肤上干结的痘痂收集起来，磨成粉末，取一点吹入天花病患者的鼻腔。后来这种天花免疫技术经波斯、土耳其传入欧洲。直到1798年英国医生琴纳用同样的原理研制出了更安全的牛痘，为人类根治天花做出了决定性的贡献。

事实上，疫苗的研究方略仅仅是一个案例，更多的疾病研究和更广泛的生活事件也同样离不开因果逆向思维法。

3. 转换型逆向思维法

转换型逆向思维法是指在研究问题时，由于解决这一问题的手段受阻，而转换成另一种手段，或转换思考角度思考，以使问题顺利解决的思维方法。

例如，网球与足球、篮球不一样，足球、篮球有打气孔，可以用打气针头充气，网球没有打气孔，漏气后球就软了、瘪了。如何给瘪了的网球充气呢？我们知道，网球内部气体压强高，外部大气压强低，气体就会从压强高的地方往压强低的地方扩散，也就是从网球内部往外部漏气，最后网球内外压强一致了，就没有足够的弹性了。那么，怎么让球内压强增加呢？

运用逆向思维，让气体从球外往球内扩散。怎么做呢？那就是把软了的网球放进一个钢筒中，往钢筒内打气，使钢筒内气体的压强远远大于网球内部的压强，这时高压钢筒内的气体就会往网球内"漏气"，经过一定的时间，网球便会硬起来了。因此，让气体从外向里漏的逆向思维让没有打气孔的网球同样可以实现充气。

4. 缺点逆用思维法

这是一种利用事物的缺点，将缺点变为可利用的东西，化被动为主动，化不利为有利的思维方法。

一位裁缝吸烟时不小心掉下烟灰，将一条高档裙子烧了一个洞，使裙子变成了残品。裁缝为了挽回损失，凭借其高超的技艺，在裙子小洞的周围又挖了许多小洞，并精心饰以金边，然后，将其取名为"金边凤尾裙"。这款金边凤尾裙不但卖了好价钱，还一传十，十传百，风靡一时，裁缝的生意因此十分红火。

这种方法并不以克服事物的缺点为目的，相反，它是将缺点化弊为利，找到解决方法。例如金属腐蚀是一种坏事，但人们利用金属腐蚀原理进行金属粉末的生产，或进行电镀等其他用途，无疑是缺点逆用思维法的一种应用。

五、侧向思维

侧向思维也叫横向思维，是一种非逻辑的拓宽思路的方法，其中会运用类比、想象和联想等方法。比如解决现代城市中交通拥堵问题的正常思路是拓宽道路，而侧向思维的思路则不限于拓宽道路，而是通过修建立交桥的办法来解决。

（一）侧向思维的概念

侧向思维，顾名思义，是指打破问题的原有结构范围，从其他方面、方向中得到启示而产生新设想的思维方式。具有这种思维特点的人，思维面都不会太窄，且善于举一反三。关于侧向思维，有一个形象的比喻：侧向思维就像河流一样，遇到宽广处，很自然地就会蔓延开来，但欠缺的是深度不够。

（二）侧向思维的特点

德波诺认为，侧向思维就是水平思维，是感性的思维，就好像试图从地面上挖掘清泉，若一处挖不出，不是一股劲儿往下挖，而是换个地方再挖。因此，侧向思维的特征，具有非逻辑性、非因果性，其超越性则十分鲜明。

（三）侧向思维的具体思考方法

侧向思维是对问题本身提出问题、重构问题，它倾向于探求观察事物的所有的不同方法，而不是接受最有希望的方法。具体而言，有以下几种：

1. 横向移入

横向移入是借助于引入其他事物的特点、原理、方法来解决问题的思维方式，它对问题本身产生多种选择方案。

2. 横向移出

横向移出就是将现有的研究成果摆脱现有的应用领域，推广到别的领域，以产生新的应用效果的思维方式。

一个人进入思维死角，智力就会在常识之下。当面临新情况新问题时，建立在以往经验和知识基础之上的思维定式，往往会产生消极影响，成为思维行为的障碍，看不到解决问题的出路。横向移出就是通过引入其他事物的特点，借势打破思维世界中的死角，走出思维惯性，进行创造性思维。

案例2.9

解决灯泡屡屡被偷的设计

在美国的一个城市里，地铁里的灯泡经常被偷。窃贼常常拧下灯泡，这会导致安全问题。接手此事的工程师不能改变灯泡的位置，也没多少预算供他使用，但他提出了一个非常好的解决方案。是什么方案呢？

答案：这位工程师把电灯泡的螺纹改为左手方向或者是逆时针方向，而不再用传统的右手方向或顺时针方向。这意味着当小偷认为他们正在试图拧下电灯泡时，他们实际上反而是在拧紧灯泡。这种设计运用了侧向思维，突破了思维定式，进行创造性思维，换个角度防范小偷的顺手牵羊，设计了非常高效的防盗方案。

3. 横向转换

横向转换就是将最初的设想和无法解决的问题，转化为侧面问题来解决的思维方式。

毛姆与他的"征婚广告"

作家毛姆写了第一部长篇小说《月亮与六便士》。究竟如何让这本新书畅销呢?毛姆陷入了沉思。

一天,他亲笔写下一则征婚广告:"本人身体健康,个性开朗,尤其喜欢音乐和运动,是一位年轻而有教养的'百万富翁'。非常希望能找一个与毛姆的小说《月亮与六便士》中的女主角一模一样的女性结婚。"

这则征婚广告刊登之后,毛姆的《月亮与六便士》便出版了。该书出版后,居然全城热销。年轻的姑娘们看了征婚广告后,便立刻冲进了书店,去购买这本新书,想要知道这本书中的女主角究竟长什么样子。

一时间,万人空巷。全城的人都跑去了书店,疯狂翻阅、抢购这本新书。

几天后,毛姆的这本书就被抢购一空。出版社喜出望外,立刻再版。

(来源:李素珍,河北新闻网,2014年10月24日《创新精神》)

分析:毛姆另辟蹊径,用一则小小的征婚广告,打开了通向成功的大门,从此跻身于著名作家的行列。

六、"互联网+"思维

在"互联网+"社会,互联网思维得到了大规模的运用,更好地了解互联网思维能够开拓创新思路,在面对问题的时候获得更多解决方案。"互联网+"代表一种新的经济形态,即充分发挥互联网在生产要素配置中的优化和集成作用,将互联网的创新成果深度融合于经济社会各领域之中,提升实体经济的创新力和生产力,形成更广泛的以互联网为基础设施和实现工具的经济发展新形态,为产业智能化提供支撑,增强新的经济发展动力,促进国民经济提质增效升级。"互联网+"思维的精髓主要包括互联网思维、手机思维、连接思维和数据思维。毋庸置疑,"创新"是"互联网+"思维的灵魂。

(一)互联网思维的特点

在移动互联的时代,任何环节的信息交流均会被加速,所谓互联网思维,就是指通过互联网技术,改变人、物、信息之间关系的规律和方法。

1. 民主平等

首先,在网络平台上,人们的身份、职业、地域、年龄等社会标识都被淡化,每位网民都化身为一个简单的"ID"(身份标识号码);其次,网络互联的过程就是

将话语权打碎、均衡分配的过程，每个人都可以发布消息，针对不同现象发表评论；再次，随着移动互联网和社交网络的发展，人们更能快速找到网络上生活在五湖四海的志同道合的朋友。

2. 体验

互联网生活中，网民由一成不变的旁观者转变成社会事件的参与者和体验者；互联网公司对网民"现场感""参与感"越来越重视。每一位网民都有可能是产品的体验者、推销者，也可能是突发事件的报道者、见证者，真实感受和"瞬时呈现"使"体验"更具说服力。

3. 开放

网络信息传播无边界、进入低门槛，互联网成为汇聚和分享信息的平台。只要有网络，网民便可进入和使用互联网，可以上传和下载信息，可以贡献自己的想法和主意，也能借鉴别人的创意和思路。

（二）互联网思维的内容

1. 用户思维

用户思维是指任何一个行业在价值链各个环节中，都要以用户为中心，做到极致地深挖用户的真实想法，以此为出发点进行产品或服务的针对性开发。了解用户的需求，并尽力去满足消费者，就能得到大量的用户。比如，有一位创业者，要做城中村房屋出租业务。通过市场调查，他了解到，租客需要快速稳定的网速，但是城中村都是见缝插针起房子，非常密集，网络不稳定，经常掉线。创业者根据这些用户需求，在网络上投入了不少设备，可以保证每个房间都有高速上网的环境。就这样一个简单的思维改变，原来很不好租的房子，基本能够做到98%以上的出租率。当用户变为医院的医生、护士时，创业者了解到，年轻的医生、护士基本都要值夜班，他们最需要的就是值完夜班后，白天能够有一个好的休息环境，所以他们需要的是隔音效果好的房子；而且，医生、护士都比较爱卫生，他们需要好的卫生间，需要24小时有热水可以洗澡。根据这些用户需求，创业者又租下医院附近的几栋农民房并进行改造，把每个房间的隔音做好，卫生间做好，再次让房子热销。

这就是典型的用户思维：知道你的用户是谁，他们有哪些最痛的痛点，然后做出解决他们痛点的产品或服务。

2. 迭代思维

迭代是重复反馈过程的活动，目的是逼近所需目标或结果。每一次对过程的重复称为一次"迭代",而每一次迭代得到的结果会作为下一次迭代的初始值。

3. 流量思维

流量思维是指对业务运营的理解。互联网企业都有很典型的流量思维,"流量即入口""流量就是金钱"等理念,推动着互联网企业采取流量为先的策略。免费是获取流量的典型方式。免费不等于不收费,免费是为了更好地收费。

4. 平台思维

平台思维指对商业模式、组织形态的理解,是开放、共享、共赢的思维。互联网三大巨头百度、阿里和腾讯分别构建了搜索、电商、社交三个领域的生态体系,分别成为各自领域的平台组织。

对于传统企业而言,如何思考自身企业商业模式的设计?在互联网影响下,如何完成组织制度的重新设计?这些都是这场互联网转型攻坚战中的关键命题。

(1)打造多方共赢的生态圈。平台模式的精髓,在于打造一个多主体共赢互利的生态圈。

(2)善用现有平台。当你不具备构建生态型平台实力的时候,那就要思考怎样利用现有的平台。

(3)让企业成为员工的平台。互联网巨头的组织变革,都是围绕着如何打造内部"平台型组织"。例如,腾讯6大事业群的调整,旨在发挥内部组织的平台化作用。海尔将8万多人分为2000个自主经营体,让员工成为真正的"创业者",让每个人成为自己的CEO。内部平台化就是要变成自组织而不是他组织。他组织永远听命于别人,自组织是自己来创新。

七、创新性思维的特点

创新性思维作为一种高级思维活动,既有一般思维的共同特点,又有不同于一般思维的独特之处。

(一)联想性

联想是将表面看来互不相干的事物联系起来,从而达到创新的界域。我们常说的举一反三、触类旁通就是一种联想思维,这是我们在创新思考时经常使用的方法,也很容易看到效果。当然,能否主动地、有效地运用联想,与一个人的联想能力有关。任何事物之间都存在着一定的联系,联想最主要的方法是找事物之间存在的对应关系,这是人类能够运用联想的客观基础。

(二)求异性

创新思维要求关注客观事物的不同性与特殊性,关注现象与本质、形式与内容的不一致性,也就是说要找到问题。一般来说,人们对司空见惯的现象和已有的权威结论怀有盲从和迷信的心理,这种心理使人很难有所发现、有所创新。而创新性思维的求异性不拘泥于常规,不轻信权威,以怀疑和批判的态度对待一切事物和现象。

(三) 发散性

发散性思维是一种开放性思维,其过程是从某一点出发,任意发散,既无一定方向,也无一定范围。发散性思维是创新思维的核心。发散性思维能够产生众多的可供选择的方案、办法及建议,能提出一些独出心裁、出乎意料的见解,使一些似乎无法解决的问题迎刃而解。

(四) 逆向性

逆向性就是有意识从常规思维的反方向去思考问题。欧几里得几何学建立之后,从公元5世纪开始,就有人试图证明作为欧氏几何学基石之一的第五公理,但始终没有成功,人们对它似乎陷入了绝望。1826年,罗巴切夫斯基运用与过去完全相反的思维方法,公开声明第五公理不可证明,并采用了与第五公理完全相反的公理。从这个公理和其他公理出发,他建立了非欧几何学。非欧几何学的建立解放了人们的思想,扩大了人们的空间观念,使人类对空间的认识产生了一次革命性的飞跃。

(五) 综合性

综合性要求创新者对事物各个侧面、部分和属性的认识统一为一个整体,从而把握事物的本质和规律。综合性思维不是把事物各个部分、侧面和属性的认识随意地、主观地拼凑在一起,也不是机械地相加,而是按它们内在的、必然的、本质的联系把整个事物在思维中再现出来的思维方法。

美国的"阿波罗"号在1969年7月16日实现了登月,参加这项工程的科学家和工程师达42万多人,参加单位2万多个,历时11年,耗资300多亿美元。美国"阿波罗"登月计划总指挥韦伯曾指出:"阿波罗计划中没有一项新发明的技术,都是现成的技术,关键在于综合。"

八、创新性思维的影响因素

创新性思维的主体是人。个体思维方式的发挥受许多条件的限制。总体来说,有内因和外因两大方面。具体而言,内因包含知识、兴趣、独立人格等,外因包括环境、文化等。环境和文化是我们生活和工作的人生舞台,大到国家、社会,小到校园、家庭,都有不一样的环境和文化,这些都影响着一个人创新思维的发挥。但是,在一个人成长过程中,内因起决定作用,因此,创新思维能力的高低最终还是要看内在因素发挥的程度。

(一) 知识储备

有人认为，实现创新的最佳状态是腾空大脑，让大脑像白纸一样。比如，我们经常说"无知"的孩子想象力是最丰富的。腾空大脑对于创新思维的发挥的确有一定的作用，因为"腾空"状态有助于脱离思维定式的固化作用。但是，如果我们进一步研究会发现，在很多情况下，那些所谓对自己从事的行业"一窍不通"的创新人员，并不是真的对他们所从事的工作一无所知，相反，他们恰恰是相关行业的精英。这些人从所擅长的行业转到一个相对陌生的行业，由于不甚了解行业规则，常常做出让业内人士大为吃惊的举动。乔布斯被认为是苹果的灵魂人物，是具有创新思维的人，但他却不是计算机技术领域最优秀的专家，而是对艺术，对美学、音乐有着深厚的造诣的人。横跨不同领域的人往往都能够成为具有创新思维的人，因为，当他们进入一个全新的领域后，能够迅速将以往的成功经验和失败教训转移到新领域中。

过于专一的知识经验经常会使人局限在固有的知识框架之内，影响创造力的发挥。因此，构建一种多维的、动态的、灵活的立体知识结构非常重要。简单来讲，一个具有一定创新思维的人首先要在某一领域具有相对扎实的专业知识；其次，他要对相关学科有相应的了解，帮助其开阔视野；最后，将两者相结合，既站在巨人的肩膀上，又能够在前人的基础上脱颖而出，提出自己的独特见解。"近代化学之父"道尔顿在提出"化学原子论"的时候，还只是一个化学知识很少的气象学家。正是由于他未受到固有化学知识条条框框的约束，才能够从众多化学家都没有想到的新角度揭示了元素化合物的倍比定律。

知识和创造力在实质上是统一的。一方面，知识是创造力的基础，没有知识，创造力也没有了平台和媒介；另一方面，创造力要求不仅要有知识的量，更强调质的要求，只有掌握知识，并且能够灵活运用，才能够产生创造力。

(二) 动机

动机是激发和维持个体活动，并使这种活动朝着一定目标努力的内部心理倾向。与其他活动一样，创新活动也是受到动机的驱动而产生的。恩格斯说过："就个人来说，他行动的一切动力，都一定要通过他的头脑，一定要转变为他的愿望的动机，才能使他行动起来。"动机是在需要的基础上产生的，需要是由个体对某种客观事物的要求而引起的，这种要求可能来自自身，也可能来自外部环境，因此，创新动机分为内部动机和外部动机两种。

1. 内部动机

创新者的内部动机包括兴趣、成就感、挑战意识、好奇心等。由创新内部动机引发的创新行为是自发的,甚至不求物质回报的。万物皆美好,而万物皆有无尽的提升空间。比如,就个人而言我们可以问自己以下问题:能否更有效地利用时间?一家人如何才能更和睦?如何能够通过做自己喜欢的事情来维持生计?如何能够在工作上有更大发展……我们所有人都能够做到更好,但前提是,我们要改变思维。

2. 外部动机

外部动机也就是间接动机。创新者在追求目标的过程中,目标本身并不一定是创新,但是达到目标就必须经过创新,即在实现目标的过程中含有创新。对工作具有高度责任心的人会去寻找当前工作中的问题和缺陷,希望找到改进和提高的方法。大学生既要有求知欲、挑战精神,也要有时代感、责任感和正确的创新动机,在为社会做贡献中实现自己的人生价值。

总之,在一个创新活动中,这两种动机共同存在,共同推动创新活动。内部动机更实在、更根本,它增加创新者的热情和信心;外部动机更全面、更丰富,它刺激创新者的行动,使其创新责任感更强烈、更成熟。

(三) 情感

任何一种活动都包含认知和情感两部分,创新活动也不例外。健康积极的情感对创新行为有促进作用,反之则会带来负面的影响。人们的创新过程不仅是丰富的智力活动过程,也是激烈的情感活动过程,情感因素贯穿于创新行为的全过程。从创新动机的产生,到创新过程的持续,再到创新成果的转化,各个环节都渗透着创新者的情感因素。因此,创新思维在更多情况下是理智和情感的二重唱。

情感交织在人的思维中,或者成为刺激,或者成为阻碍,其作用的发挥主要取决于个体能否正确面对、处理情感。创新活动要求创新者拥有丰富、健康的创新情感。稳定积极的创新情感可以使创新者保持创新热情,排除外界的干扰,在很大程度上激发创新者的认知能力,增强其创新的主动性和对创新事物的敏感性。

突破创新思维的瓶颈

有个小男孩在马戏团做童工,负责在马戏场内叫卖小食品。但每次看马戏的人不多,买东西吃的人更少,尤其是饮料,很少有人问津。这可怎么办呢?没人买东西,意味着他的收入惨淡。有一天,他的脑瓜里诞生了一个想法:向每个买票的人赠送一包花生,借以吸引观众。但老板不同意这个"荒唐的想法"。他就恳求老板让他试一试,并承诺说,如果赔钱就从工资里扣,如果赢利自己只拿一半。于是,马戏团外就多了一个义务宣传员的声音:"来看马戏,买一张票送一包好吃的花生!"在他不停的叫喊声中,观众比往常多了几倍。观众们进场后,他就开始叫卖起柠檬水等饮料,而绝大多数观众在吃完花生觉得口干时都会买上一杯。一场马戏下来,他的收入比以往增加了十几倍。

上面那个小男孩,当传统的销售方法不管用的时候,他换了一种销售方法,先免费赠送花生,使观众先"占他的便宜",进而由于口渴而不得不主动买他的汽水。这种方法无意间就推动了他的销售。

分析:一个新的方法,可能给你带来新的收益。我们经常说,方法总比问题多,但是想出一个新的方法却总是要伤透脑筋。大多数时候,我们懒得去想一些新办法,而喜欢沿用前辈们的经验,更喜欢使用一些稳妥的、已经实施过的方案,这就容易让我们形成一种思维惯性,即按固定的思路去想问题,而不愿意换个角度、换种方式去想,拘泥于某种模式。这样不仅不利于问题的更好解决,更阻碍了我们的思维灵活性。创造性思维是可以后天习得的,正如卓别林所说,"和拉提琴或弹钢琴相似,思考也是需要每天练习的"。创造性思维可以让你的生活更有滋味,并能让你产生激动人心的顿悟。生活中,要有意识地培养自己的创造性思维。

 活动与训练

不同视角看世界

一、目标

激发创新意识,围绕既定主题进行不同视角的锻炼。

二、规则和程序

步骤一:在校园生活中选取一个场景,从不同角度(不同时间、不同地点、不同组合)进行拍摄,至少拍摄十张图片。

步骤二:学生依据拍摄的不同视角的图片讲述一个完整的故事。

步骤三:学生展示作品,教师点评。

(请学生自行准备相机,建议时间:30分钟)

巧妙的问题

一、目标

掌握逆向思维法。

二、问题

有个教徒在祈祷时来了烟瘾,他问在场的神父,祈祷时可不可以抽香烟,神父回答"不行"。另一个教徒也想抽烟,但他换了一种问法,结果得到了神父的许可,

你知道他是怎么问的吗？

（建议时间：5分钟）

测量不规则物品

一、目标

训练逆向思维能力，激发创新热情。

二、规则和程序

如何测量一件不规则物品的体积？（例如一个冬瓜）

（建议时间：5分钟）

 思考与讨论

1. 人们主要的思维障碍有哪些？应该如何破除？
2. 请叙述发散思维和收敛思维之间的关系。
3. 互联网思维的主要特征和内涵是什么？请举例说明。

模块二 创新思维与创新方法

2.2 掌握创新方法

方法是任何事物所不能抗拒的,最高的,无限的力量。

——黑格尔

1. 了解三代创新方法的特征、演进过程和趋势;
2. 掌握并应用典型的创新方法。

头脑风暴会议

在一个大雪纷飞的严冬里,美国华盛顿州输电线积满了冰雪,大跨度的电线常被厚厚的积雪压断,造成供电中断。电力公司经理尝试运用"头脑风暴法"解决这一难题。他首先召开了一种能让头脑起风暴的座谈会,参加会议的是不同专业的技术人员。会前,他要求与会者无拘无束地思考问题并畅所欲言,不必顾虑自己的提法是否"离经叛道"或者"荒唐可笑";与会者在会上也不得对他人的提议评头品足,批评指责,但可以深入思考,在受了他人启发后可以修改自己的设想;会后他将组织专人进行评判。有人提出设计一种专用电线清雪机;有人提出用电来化雪;有人想到用振荡技术来除雪;有人提出带上把大扫帚,乘坐直升机去扫雪……其中,对于"坐飞机扫雪"的设想,不少人心里暗暗发笑,但是有一位工程师听到这个想法后,大脑突然受到冲击。他想,每当大雪过后,出动直升机沿积雪严重的电线飞行,依靠高速旋转的螺旋桨搅起的风,即可将电线上的积雪刮落。他马上提出"用直升机扫雪"的设想,这也引起了其他与会者的联想。不到一个小时,与会的10个技术人员共提出90条新设想,最终找到了解决问题的锦囊妙计,电线除雪的难题得以巧妙解决。

（来源：汪道胜，《发明与创新》，2008年第1期）

分析： 好的创意无处不在，每个人的设想都有可能带来新的技术创新。在头脑风暴法实施中，应鼓励更多的人大胆地提出新设想、新思路。本节将不仅限于头脑风暴法，对组合创新法、六项思考帽法等都做详细介绍。

一、创新方法的演进

对前述创新思维的体系化、模式化就形成创新方法。目前，公开发布过的有关"创新"的方法多达300余种。各种创新技术体系经历了大约三代的演变。

（一）第一代创新方法

第一代创新方法主要有逆向思维、侧向思维、求异思维、类比思维、综合思维、发散思维、逻辑思维等。这些方法的特点是突破以往的思维方法，告诉了人们创新的方向，但是并没有提供具体的创新路径，即何时何地如何因地制宜而又以错落有致的优先级来实施创新。它们更像一种面向过去的总结而不是面向未来的拓展，因此在企业的实践中创新的效率很低。这些方法对人的能力依赖比较高，因此还不能应用于体系化、规模化的企业生产实践中。这些思维方法，主要是突出思维的不同，有别于常规思考，它是从各种因素中寻求新的解决途径。

（二）第二代创新方法

随着社会发展对创新需求的提升，单一的创新思维方法已经不能满足需要，于是有学者就梳理总结出系统化的创新思维方法。如苏联科学家根里奇·阿奇舒勒提出的著名的"萃智"（简称TRIZ）方法，被称为第二代创新技术。他通过研究40多万项发明专利，总结出来40个"发明问题的解决理论"，用以指导人们的思维，构造出"可控的"创新方法层面。TRIZ成功地揭示了创新发明的内在规律和原理，着力于解决系统中存在的矛盾，使创新不再是随机的行为。

TRIZ的理论体系结构如图2-1所示，其算法主要包含六个模块，图2-2所示为TRIZ算法解决创新问题的流程。

（三）第三代创新方法

第三代创新技术也就是CODEX，起源于Google、Groupon、Rogers等公司的创新实践，同时融合了TRIZ、系统创新思维（Systematic Inventive Thinking, SIT）和设计

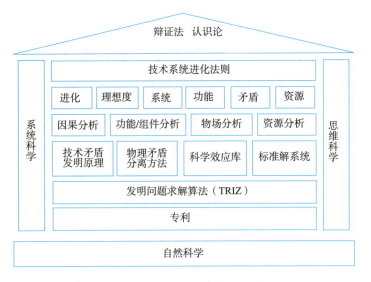

图 2-1　TRIZ 的理论体系结构

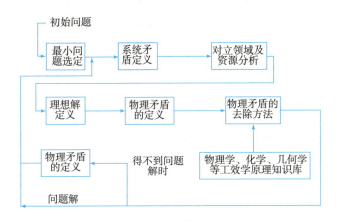

图 2-2　TRIZ 算法解决创新问题的流程

思考等创新领域非常流行的方法以及金融学、心理学等最新的成果，应用统计学原理对成功的创新案例加以总结所形成的从简到繁、从易到难的"5层阶梯创新模型"，也就是5层剖面上成功概率最大的创新。"CODEX"是 Copy、Optimize、Dimension、Ecosystem、Extra 五个单词的缩写，即：复制（C）、优化（O）、维度（D）、生态（E）和元模式（X）5个级别的创新，每个级别在不同逻辑层次上解决不同深度和广度的创新问题。该体系精炼了现在世界上流行的创新方法。目前，CODEX 在不同的层级上都拥有了典型的应用客户，帮助数十家传统型上市企业实现产业互联转型。CODEX 创新体系最大的特点是强调从人的思维角度出发，按照人的思维成熟度等级划分成了五级，有助于解决开放环境下的创新以及创新路径问题。每一级对应不同的创新场景，可以避免普通员工对公司的战略问题指手画脚，可以大规模化创新，可以在更高级别进行创新，例如商业模式、产品布局等。

1. 第一级创新模式（Copy，即复制式创新）

复制不是抄袭，复制是指在不同的地域、时间或者领域进行复制。同一个时间、地域、领域的复制才是抄袭。这种思维模式，就是跨地域跨领域跨时空复制。当下很多大公司或者成功的创业企业都曾用过这种模式，而这种模式又分为同行复制和跨行业复制，复制模式的核心是"快"。不管是同行复制还是跨行业复制的企业，未来生命周期都是基于后期是否做维度的改变。因此，复制是最安全的创业方法。学会复制（借鉴）别人的项目，在借鉴中学习，在复制和借鉴的实践中成长是最快的。创业成功率最高的模板，比如淘宝当初要做的是网上的跳蚤市场，后来发展成了阿里巴巴、天猫等新的平台。

2. 第二级创新模式（Optimize，即优化级创新）

在这一级创新中，不需要对企业或者产品做大的调整或者改变，只需要按照固定的创新工具步骤就能得到十分有效率的创新结果。这是目前国内外实践最多、最成功的一种模式。换句话说，就是利用现有的资源进行优化式创新，而这种创新的核心是执行。其本质思维就是PDCA，也就是对产品创新按照计划、执行、检查、改进的闭环方式不断地进行更新迭代的行为。第二级创新包括几种方法，如：可变、减法、逆向、换位、倍增。这与奥斯本6M法则有些类似。现实中，倍增占了Google公司创新的三分之一，华为从一个摄像头变成两个，也用的是倍增的方法。不光是产品，管理也可以用这样的创新方法。普通公司一个项目一个团队，Google则一个项目两个团队——竞争，通过内部竞争得到最好的解决方案。

3. 第三级创新模式（Dimension，即维度级创新）

对于创新技术来说，只要我们能够遍历常见的商业领域的商业模式或者产品的常见维度，就能基本上掌握创新的常见途径。维度就是不同的角度，一定要和竞争对手站在不同的维度，如果在同一维度只能叫功能完善，而依靠痛点和功能完善的创业风险是巨大的。苹果手机刚刚推出时，所有功能诺基亚都能做。为何苹果能秒杀诺基亚？要知道苹果没有解决痛点，反而带来新的痛点。其实，智能手机拼的就是应用。苹果敢说，我们有10万个应用，这就是在维度上秒杀对方。新零售与传统零售的竞争，也是体现在了不同的维度上。

4. 第四级创新模式（Ecosystem，即生态级创新）

生态创新的核心就是要看到一个结构，一个系统。产品创新往往只是在一个生态链条上的某个环节的改善，而我们要更多地考虑如何从系统的视角解决问题。但是做生态创新，需要预测、构建（用户视角）、逻辑等能力，要求是比较高的。在维度思维的基础上，人的思维成熟度开始向更高的层次进化。维度本质上是对事物进行解构，寻求不同的"观察"视角。而生态级的思维方法则是要建构，就是要找到创建的方法。例如，微软的目标是让所有人的电脑都用上 Windows 系统。其实，微软最挣钱的是 Excel。正因为微软想推广自己的系统，才有了 Excel 这样有战略意义的产品。这就要求我们既要从产品入手，更要有系统思维，瞄准生态的重构。

5. 第五级创新模式（Extra，即驱动级创新，X 元模式）

驱动式创新体现了一定的哲学思想。比如微信，它的终极目标就是元思维模式，思维本质上是元认知范畴，连接所有，其实就跟驱动差不多了。这种模式下不是相互竞争，而是我帮你做你想做的事，然后和你的产品建立连接，帮你做事的时候，也让别人通过我连接到你的产品。元模式是基于对人性的深入认知而进行的创新，就是寻找创新思维后面的思维规律。

综上所述，CODEX 为创新创业者们提供了思考与行为上的深度逻辑。CODEX 创新体系，旨在解决开放式应用创新，尤其适用于互联网＋、人工智能、大数据应用、基因技术、虚拟现实、物联网和生态型创新，可广泛应用于企业产品、商业模式、技术创新、流程优化、服务创新、管理创新、产业升级、生态构建等领域。

二、头脑风暴法

（一）头脑风暴法的概念和原理

头脑风暴法又称智力激励法，是指利用特定的会议形式，使与会者产生联想和创造性想象，激发灵感，以获得大量的创新性设想的创新方法。这种方法一方面能够给与会者的大脑较多的信息刺激，促进与会者的大脑把已有知识和所得信息围绕着要解决的问题重新安排，形成多种新的组合，从而产生大量的新设想；另一方面能够造成一种鼓励与会者大胆思维和提出新设想的氛围，提高与会者的创新积极性。这种方法一般来说只适用于解决比较简单的问题。头脑风暴作为一种比较重要的思维方式，依赖于以下四大要素：

1. 环境因素

针对一个问题，往往在没有约束的条件下，大家会十分愿意地说出自己真实的想法，并且热情地参与讨论。这种讨论通常是在十分轻松的环境下进行的，这样就会更大限度地发挥思维的创造性，收到很好的效果。

2. 链条反应

所谓的链条反应，是指在会议进行的过程中，往往通过一个人的观点可以衍生出与之相关的多种甚至更加出奇的想法。这是因为人类在遇到任何事物的时候，都会产生条件反射，联系到自身的情况进行联想式的发散思维。

3. 竞争情节

有时候，也会出现大家争先恐后发言的情况。这是因为在这种特定的环境下，由于大家的思维都十分活跃，再加上好胜心理的影响，每个人的心理活动的频率都十分高，而且内容也相当丰富。

4. 质疑心理

这是另外一个群众性的心理因素，简单地说就是赞同还是不赞同的问题。当某一个观点被提出后，其他人在心理上有的是赞同的，有的则是非常不赞同的。表现在情绪上无非是眼神和动作，而表现在行动上就是提出与之不同的想法。

（二）头脑风暴法的运用要点

1. 会议准备

合适的会议主持人应具备以下基本条件：熟悉头脑风暴法的基本原理与召开头脑风暴会议的程序与方法，有一定的组织能力；对会议所要解决的问题有比较明确的理解，以便在会议中做启示诱导；能坚持头脑风暴会议规定的原则，以充分发挥激励的作用机制；能灵活地处理会议中出现的各种情况，以保证会议按预定程序进行到底。

提前几天将会议通知下达给与会者，有利于其思想上有所准备并提前酝酿解决问题的设想。

2. 热身活动

热身活动的目的是使与会者尽快进入"角色"，忘记个人的工作和私事，迅速集中精力到会议上来。同时，使与会者开动大脑，形成一种有利于激发创造性思考的气氛。热身活动所需时间和内容可根据问题内容确定，如看一段有关创造的录像，讲一个灵活运用创造方法的小故事，或出几道脑筋急转弯的题目，请大家回答。

3. 加工整理

会议结束后，主持人要组织专人对设想记录进行分类整理，去粗取精。如已经获得解决问题的满意答案，该次头脑风暴会议就完成了预期目的。倘若还有悬而未决的问题，则还可以召开下一轮的头脑风暴会议。

三、思维导图法

（一）思维导图的概念

思维导图（如图2-3所示），又称脑图、心智地图、脑力激荡图、灵感触发图、概念地图、树状图、树枝图或思维地图，是指一种图像式思维的工具以及一种利用图像式思考辅助工具来表达思维的工具。

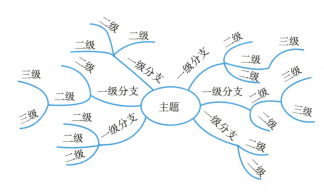

图2-3　思维导图

1971年托尼·巴赞开始将他的研究成果结集成书，慢慢形成了发射性思考（Radiant Thinking）和思维导图法（Mind Mapping）的概念。思维导图是大脑放射性思维的外部表现。思维导图利用色彩、图画、代码和多维度等图文并茂的形式来增强记忆效果，使人们关注的焦点清晰地集中在中央图形上。

思维导图法是一种将放射性思考具体化的方法。我们知道放射性思考是人类大脑的自然思考方式，每一种进入大脑的资料，不论是感觉、记忆或是想法——包括文字、数字、符号、食物、香气、线条、颜色、意象、节奏、音符等，都可以成为一个思考中心，并由此中心向外发散出成千上万的关节点，每一个关节点代表与中心主题的一个连接，每一个连接又可以成为另一个中心主题，再向外发散出成千上万的关节点，这些关节点的连接可被视为个人的记忆也就是个人数据库。它是一种展现个人智力及其潜能的方法，可提升思考技巧，大幅增进记忆力、组织力与创造力。运用在有创意的方面，思维导图往往产生令人惊喜的效果。

（二）绘制思维导图

思维导图的绘制工具包括大白纸、彩色水笔和铅笔数支。绘制思维导图的七个步骤如下：

（1）从一张白纸的中心画图，周围留出足够的空白。从中心开始画图。

（2）在白纸的中心用一幅图像表达你的中心思想。

（3）尽可能多地使用各种颜色。

（4）将中心图像和主要分支连接起来，然后把主要分支和二级分支连接起来，再把二级分支和三级分支连接起来，以此类推。

（5）让思维导图的分支自然弯曲，不要画成一条直线。

（6）在每条线上使用一个关键词。

（7）自始至终使用图形。

以上是思维导图绘制的七个步骤，不过，很多技巧可以在自己绘制过程中不断总结，运用你的想象力，不断改进你的思维导图。

四、奥斯本检核表法

巧妙的设问可以启发想象、开阔思路、引导创新。经验已证明，能发现问题与提出问题就等于取得了成功的一半。针对所需解决的问题，逐项对照检查，以期从各个角度较为系统周密地进行思考，探求较好的创新方案。我们可以采用设问检查法中的奥斯本检核表法。

奥斯本检核表法是由美国创造学之父亚历克斯·奥斯本（Alex Faickney Osborn，1888—1965）在1941年出版的创造学专著《创造性想象》中首次提出的。它是质疑的方法之一，是在原有事物的条件下，通过"为什么"的提问，综合应用各种思维改变原有条件而产生新事物（新观念、新方案）的思维。

（一）奥斯本检核表法的概念

奥斯本检核表法，又称检核表法、设想提问法或分项检查法，它引导主体在创意思考过程中对照九个方面的问题进行思考，以便启发思路，开拓想象空间，促进人们产生创意、新方案的方法。它是创造学界最有名、最受欢迎的创意思考方法。

检核表法的设计特点之一就是多向思考，用多条提示引导人们进行发散思考。奥斯本创造的检核表法中有九个问题，就好像有九个人从九个角度帮助人们思考，使人们突破了不愿提问或不善提问的心理障碍；在进行逐项检核时，强迫人们把思路打开，突破旧的思考框架，有利于拓展思路，提升发现创意的机会。

（二）奥斯本检核表法的主要内容

奥斯本检核表法主要针对现有事物的特性从九个方面着手进行提问，即有无其他用途、能否借用、能否改变、能否扩大、能否缩小、能否代替、能否调整、能否颠倒、能否组合。

五、六顶思考帽法

也许你有过这样的经历,思考解决一件事情时,思绪变得像一团乱麻一样理不清头绪。六顶思考帽法可以使这些问题迎刃而解。

(一)六顶思考帽法概述

六顶思考帽法是一种思维训练模式,或者说是一个全面思考问题的模型。六种颜色的思考帽代表六种思考问题的角度,每一种颜色都会引起人们的一种联想,每一种颜色都对应着一种思考问题的角度,如表 2-1 所示。

表 2-1 六种思考帽的思考角度

序号	六顶思考帽	颜色联想	思考角度
1	白色思考帽	中性和客观	搜索并展示客观的事实和数据
2	红色思考帽	直觉和情绪	表达对事物的感性看法
3	黑色思考帽	冷静和严肃	用小心谨慎的态度指出任一观点的风险所在
4	黄色思考帽	希望和价值	用乐观、积极态度指出任一观点的价值所在
5	绿色思考帽	活跃和生机	运用创新思维提出新观点
6	蓝色思考帽	理性和沉稳	对整个思考过程和其他思考帽的控制与组织

(二)各色帽子的思考方法

1. 白色思考帽

白色思考帽与信息和数据直接相关,代表客观的事实和数据。当我们使用白色思考帽的时候,每个人都只能把注意力直接放在信息上。白色思考帽是一种方便的思考方式,我们首先需要列出我们已经掌握的信息;其次努力找出信息的空白处,检查已有的信息,收集我们遗漏的信息;最后通过倾听、阅读、提问来获取我们需要的信息。白色思考帽明确地重视事实和数据,拒绝个人主观情感的参与,要求参与的每个人都要说出一个观点,要求充分发挥每个人的主观能动性,发挥其在群体思考中的作用。

2. 红色思考帽

红色思考帽允许我们肆无忌惮地表达我们的情感,讲述我们的直觉。直觉是一种复杂的判断,它往往基于对某个领域的了解和在类似领域取得的经验,为我们的判断增加砝码;它基于过去的经验,让经验以不同角度出现在脑海里,结果可能是迸发创意,取得重大突破。

3. 黑色思考帽

黑色思考帽考虑的是事情的负面因素，它运用否定、怀疑、悲观的看法对事物的负面因素进行逻辑判断和评估，谨慎小心地指出任一观点的风险所在。

4. 黄色思考帽

黄色思考帽就是将正面的、乐观的、积极的情况集中起来，饱含希望和正面思想，积极寻找事物的闪光点。它让我们追寻利益，渴望成功。这种思考模式指引我们的未来向好的方向发展。

5. 绿色思考帽

绿色思考帽的思考方向是创意思考、解决方案，它能够使我们提出新的创意。在绿色思考帽下，我们可以排列出各种可能的选择，既包括原有的选择也包括新产生的选择。绿色思考帽让我们对提出的意见进行修正和改进。它的价值在于：让每个人都留出专门的时间进行创意思考，培养我们的创新创造能力，这种创造力不仅包括大胆的创造力，也包括审慎的创造力。绿色思考帽本身并不能使我们变得更有创造力，但是它可以使我们有时间集中精神加强创造力。

6. 蓝色思考帽

蓝色思考帽是思考中的思考，是对思考的指挥和控制，安排思考的程序和方法，并不时地进行总结。它的作用就是组织前五种思考方法，有机地排序并进行集体思考，同时还要经常进行总结。例如，在一个4人集体中，有3人戴的帽子不一样，另一个人就要自始至终戴蓝色帽子，指挥和安排整个思考过程的发展，并经常对思考结果加以总结。他是组织者、指挥者和总结者。蓝色思考帽的主要责任是集中思考者的思考范围，把所有人的心智集中在某个点上，尽可能地深入思考，尽可能地就某一点拓宽思路。

案例2.11

爱因斯坦的直觉

一次，一位物理学教授把自己的一项研究成果拿给爱因斯坦。爱因斯坦看了最后的结论，说："你这个结论有错误。"那位教授很奇怪；"您还没有看我的推导过程，怎么知道我的结论有错误呢？"爱因斯坦说："正确的结论一般都很简单，而你的结论太复杂了。"教授不服气，回去重新推导了几遍，果然发现有错误。

成功的科学家、企业家都具备这种直觉能力，尽管它不能保证百分百正确，但它有可能成为我们决策时的影响因素，爱因斯坦凭着直觉来判断结论，成为思考的一部分。而直觉对应的就是红色思考帽。

(三) 六项思考帽的应用

六项思考帽可以单独使用或综合运用，表2-2～表2-4列出了思考帽的作用。

表2-2 每种思考帽的作用

黄色思考帽的单独使用	黑色思考帽的单独使用	绿色思考帽的单独使用
探求新见解	避免错误	寻求改进
减少负面性	变化评估	摆脱束缚
处理重大变化	检查可能性	寻找创新
红色思考帽的单独使用	白色思考帽的单独使用	蓝色思考帽的单独使用
探索内心	影响决定	探索主题
寻求突破	预先计划	思维架构
征求意见	解决争端	要求结果

表2-3 初始序列、中间序列、结尾序列中使用的思考帽

思考过程	关注点	思考帽
初始序列	我该如何解决这个问题？ 你怎么看这个问题？ 我有什么可用的信息？ 让我们先看这个观点对我们有利的地方	蓝色思考帽 红色思考帽 白色思考帽 黄色思考帽
中间序列	替代方案是什么？ 让我们看看它有什么价值？ 有什么缺点？ 与我们所知道的信息是不是相符？	绿色思考帽 黄色思考帽 黑色思考帽 白色思考帽
结尾序列	总结一下我们的思考。 这能达到预期的结果吗？ 我们该如何处理这个方案？ 我们现在觉得如何？	蓝色思考帽 黑色思考帽 绿色思考帽 红色思考帽

表2-4 不同阶段使用的思考帽

实施阶段	实施方式
初步方案	黄色思考帽——思考的任务是什么？ 白色思考帽——对这个情况我们都知道什么？ 绿色思考帽——我们能想出什么主意？

续表

实施阶段	实施方式
快速评价	黄色思考帽——优点是什么？ 黑色思考帽——缺点是什么？ 蓝色思考帽——我们能总结这些优缺点吗？
改进	黑色思考帽——确定是什么？ 绿色思考帽——如何克服这些缺点？
设计	蓝色思考帽——设计任务是什么？ 绿色思考帽——可能的设计是什么？ 红色思考帽——我们如何看每种可能的设计？

六、组合法

晶体管发明者之一的肖克莱认为："所谓创新，就是把以前独立的发明组合起来。"爱因斯坦也曾说："我认为，一个为了更经济地满足人类的需要而找出已知装置的新组合的人就是发明家。"统计表明，在现代技术创新中，运用组合法生成的成果占比达百分之六七十，组合创新已经超越突破性创新成为创新的主要方式。

组合法就是将两个或多个理论、事物、技术的部分元素或全部进行适当重组，生成新理论、新事物、新技术的创新方法。创造性的组合应满足三个条件：一是多个元素组合为一体；二是所有元素互相促进或补充，为统一的目的服务；三是组合成果应具备新颖性、价值性。也就是说，组合并非简单的叠加，而是为产生新效果而依据各元素的内在联系进行有目的地结合。

组合法是对已有成果的再开发。组合的灵活性强，既有形式丰富的创新成果，又极大地降低了创新的时间和成本。无论在高精尖的科技领域，还是在日常生活中，组合的成果都随处可见：阿波罗宇宙飞船、CT 扫描仪、数控机床、板凳手杖、瑞士军刀、计数跳绳、美颜相机、共享单车……多得不可胜数。特别是进入信息瞬息万变的互联网时代之后，知识纵横交错，运用组合法应成为创新者的基本技能。

（一）组合法的分类

组合成果要推陈出新、出奇制胜，就要从材料、成分、功能、原理、构造、意义等多角度、多层次入手寻找元素进行组合创新。组合法主要包括以下几种类型：

1. 主体附加法

主体附加法是指以原有的事物或技术为主体，增添新附件，补充新内容，从而获得功能更强、效果更好的组合成果的组合方法。它通常用于主体稍有缺陷，或人们对主体有新要求的情况，是促使主体事物不断完善的过程。

这种"锦上添花"的创新在我们日常生活中应用范围极广。例如,安有放大镜的指甲刀,加装茶叶过滤网的水杯,具有票据收纳功能的笔记本,加碘盐,柠檬口味的苏打水,等等,都服务着我们的生活。以手机为例,最早人们使用的手机就只有通话功能,后来具备短信功能,再后来增添拍照功能,现在又可以上网了。特别是智能手机时代到来之后,各种手机应用软件被开发和使用,手机的附加功能井喷式增加,手机俨然从那个单纯的通话设备变成了强大的"瑞士军刀"。有数据表明:每个人每天至少将会启动10个智能手机应用程序。手机的附加功能给予用户不断的惊喜,改变了我们的办公、出行、餐饮、娱乐、支付方式,而且这个趋势会不断持续下去,我们的生活越来越离不开它了。

再比如,沙漏是最古老的计时工具,有了时钟之后,沙漏就没有了用途,我们只能在电脑操作"等待"中或在玩具中看到它的踪影。而日本的一个玩具商人竟然把沙漏与电话组合为一体,创造出了新的价值。在日本,电话费用是以3分钟为计价单位,打电话的人不容易掌握时间,往往因多说一句话而超过了一次计费时间。这种情况在这个玩具商人的脑海中激起了联想——把沙漏与电话组合起来,把沙漏安装在电话机上,沙子每漏完一次正好3分钟,打电话的人看着沙子流淌打电话,不仅心里有数,而且会感到别有一番乐趣。这种款式的电话机一上市就深受客户欢迎,电话机新生意迅速超过了原来的玩具生意。

2. 同类组合法

同类组合法是指两个或多个相同或相近的事物组合在一起,产生事物单独存在时所不具有的新功能或新意义的组合法。值得注意的是,参与组合的事物在组合时基本性质和结构没有根本变化,组合只是数量上发生变化。我们常见的,例如,子母电话、双层床、情侣手套、多色圆珠笔、双胞胎用婴儿车等都是运用此法创新的产物。这种创新弥补了事物单独存在时的不足,带来更多的便利。

在千行百业中,医药业是一个发展比较快的行业,竞争也十分激烈。在药品中,感冒药销量最大,所以,感冒药的品种也非常多。吃感冒药可以缓解感冒症状,可是,感冒药有着明显的副作用——白天吃药容易瞌睡,晚上吃药睡觉很难受。盖天力公司经过科技攻关,发明了两种感冒药,一种感冒药服用后不瞌睡,另一种感冒药服用后睡觉不难受。所以,公司决定将两种药按服用时间组合起来,两片一组,一片白天服用,另一片晚上服用。为了区分两片的不同服用时间,将白天服用的用白色片衣,晚上服用的用黑色片衣,整个药品形象地取名为"白加黑"。于是,我们会看到盖天力这样的广告:"白天服白片,不瞌睡;晚上服黑片,睡得香;消除感冒,黑白分明。""白加黑"感冒药获得了巨大的成功。按照消费的时间特性,将产品功能分时定位,组合成合乎消费者需求的人性化产品,这是"白加黑"取胜的关键。

3. 异类组合法

异类组合法是一种将两种或多种不同领域的理论、技术或不同功能的事物组合起来，产生新概念、新技术或新产品的组合方法。参与组合的元素从功能、构造、意义、原理、材料等多个方面相互渗透，生成变化显著的成果，达到一事多能、一物多用的效果。与主体附加法不同，参与组合的元素并无主、次之分。由于不同类事物都具有无限的可能性，因此，异类组合法的创造力要比前面提到的两种方法更强。房车、电话手表、生物化学、文化衫，就是分别从构造、功能、原理、意义方面入手进行异类组合的成果，可见，异类组合法在生活中应用广泛。

4. 分解重组法

分解重组法是将一个整体的事物按一定目的需要分解成若干相互独立的元素，再重新组合的方法。分解与组合看似互逆，其实分解是为了实现更有效的组合，促使新事物的功能或性能发生改变。这种组合方式不增加元素的数量，一般来说，只改变组合的方式，有时可能会改变组合元素的形状。例如，为了省电及使用便利，原本上冷冻下冷藏功能分布的冰箱，分解重组为上冷藏下冷冻的模式；可更换刀头的多功能螺丝刀以及我国古代活字印刷术也是对分解重组法的应用。

5. 信息交合法

信息交合法也叫"魔球法"，是由我国创造学研究者许国泰发明的。它的具体做法是将分析对象分解为可以被组合的信息元素，并将信息元素按类别分散在不同坐标轴上，制成图，将各坐标点相连，交叉点即为可供选择的组合方案。这种组合中丰富的信息资源，有利于我们打破定式思维，点燃创新火花。如图 2-4 所示，我国山西省有百余种形式的面食，就印证了这种组合方法的高效性。

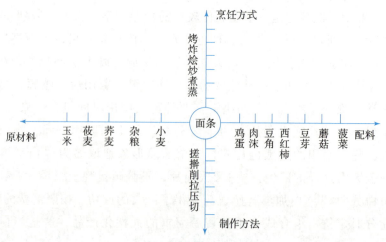

图 2-4 山西面食创新图

七、强迫联想法和类比法

（一）强迫联想法

1. 强迫联想法的概念

强迫联想法，也叫强制联想法，是创新思维里一种强化训练的方法，就是指强制人们运用联想思维，充分激发人的大脑的想象力和联想力，提高创造性思维能力，从而产生有创造性的设想的方法。强制联想法可以迫使人们去联想那些根本联想不到的事物，从而产生思维的大跳跃，跟踪逻辑思维的屏障，产生更多的新奇怪异的设想，而有价值的创造性设想就孕育在其中。这是以丰富的联想为主导的创新方法系列，其特点是创造一切条件，打开想象大门；提倡海阔天空，抛弃陈规戒律；由此及彼传导，发散无穷空间。

案例2.12

一次偶然造就了汽车雨刷

1902年某天，玛丽在出席一个商业活动的路上突遇大雨，司机看不清前面的路，不得不一次次冒雨下车拿着抹布擦拭挡风玻璃上的雨水。司机在加快速度拐过一个弯时，前方模糊间窜出来一个骑自行车的人。等到看清时，司机慌忙猛打方向盘，结果躲闪不及地撞在了一棵树上，玛丽当场受伤，被送医院。她从邻床女孩收到男友鲜花时感动落泪并不停地用手绢擦泪的动作中得到启发：如果能在车玻璃上安装一个杆子操纵手绢，雨天看不清道路的时候司机操纵杆子擦一下，不就可以了吗？她立即着手这项研究，一年后便发明了一个擦雨器，并装在了自己的车上。她继续思考改进这种装置，又发明了带发条的转杆，这样一来，擦雨器可以上一次劲后，自动擦雨许多次。

（来源：汽车频道，《上海汽车博物馆》，今日头条，2017年5月31日）

2. 培养强迫联想的训练方法

（1）概念联想法。培养和训练超强联想能力一般采用概念联想法的方式来进行。心理学家曾用实验证明，任何两个概念词语都可以经过四五个阶段，建立起联想的关系。例如木头和皮球，是两个风马牛不相及的概念，但可以通过联想作媒介，使它们发生联系：木头—树林—田野—足球场—皮球。又如天空和茶，天空—土地—水—喝—茶。所以联想有广泛的基础，它为我们的思维运行提供了无限广阔的天地。

（2）对比联想（相反联想）法。进行强迫联想训练时，最重要的一种方法就是对比联想，即由某一事物的感知和回忆引起跟它具有相反特点的事物的联想。例如，黑与白、大与小、水与火、黑暗与光明、温暖与寒冷。对比联想又可分为以下几种：

①从性质属性的对立角度进行对比联想。如中田藤三郎关于圆珠笔的改进就是从属性对立的角度进行思考才获得成功的。1945年圆珠笔问世后，用它写20万字后经常会漏油，改进后制成的圆珠笔在书写20万字后，恰好油被使用完，然后被扔掉。这里就运用了对比联想法。

②从优缺点角度进行对比联想。发明者在从事发明设计时，既看到优点，又要想到缺点，反之亦然。

③从结构颠倒角度进行对比联想。从空间考虑，前后、左右、上下、大小的结构，颠倒着进行联想。例如索尼公司的工程师，运用对比联想，由大彩电开始进行对比联想，制成薄型袖珍电视机，显像管只有16.5毫米厚。

④从物态变化角度进行对比联想。即看到从一种状态变为另一种状态时，联想与之相反的变化。例如，在18世纪，拉瓦锡（Lavoisiey，1743—1794）把金刚石煅烧成二氧化碳的实验，证明了金刚石的成分是碳。1799年，摩尔沃成功地把金刚石转化为石墨。金刚石既然能够转变为石墨，用对比联想来考虑，那么反过来石墨能不能转变成金刚石呢？1955年霍尔等人终于用石墨制成了金刚石。

（3）其他方法。主要有样本法、列表法、焦点法等。

①样本法。一般情况下，将两个以上、彼此无关的产品或想法强行联想在一起，从而产生独创性设想的方法就是样本法。这种方法比较简单，首先只需打开产品样本或其他印刷品，随意地将某个项目、某个题目或某句话挑选出来；然后，用同样的方法，从别的产品样本或其他印刷品中将某个项目、题目或某句话挑选出来；最后，将它们合二为一，借此期望意外地产生独创性的想法。

②列表法。该方法是事先将考虑到的所有事物或设想依次列举出来，然后任意选择两个加以组合，从中获得独创性的事物或设想焦点，只可任选一个项目，另一个项目却是指定的，不能任选。也就是说，该方法是从特定的项目中寻求各种设想。

③焦点法。以一个事物为出发点（即焦点），联想其他事物并与之组合，形成新创意。如玻璃纤维和塑料结合，可以制成耐高温、高强度的玻璃钢。很多复合材料都是利用这种方法制成的。

铜的氢脆现象

铜在500 ℃左右处于还原性气氛中时，铜中的氧化物被氢脆，使铜器件产生缝隙。人们想方设法去克服这个缺点，可是有人却偏偏把它看成优点加以利用，从而发明了铜粉的制造技术。以前用机械粉碎的方法制作铜粉相当困难，原因是，在粉碎铜屑时，铜屑总是变成箔状。如果把铜置于氢气流中，加热到500℃～600℃，时间为1～2时，使铜屑充分氢脆，再经球磨机粉碎，合格铜粉就制成了。

3. 强迫联想思维训练技巧

联想力的高低主要表现在两个方面，一是联想的速度，二是联想的数量。人人都会发生联想，但高联想力并不是人人都具备的，只有经常地进行专门的联想训练，才会提高联想力，为创新性思维打下一个基础。

提高联想速度训练：给定两个词或两个物，然后通过联想在最短的时间里由一个词或物想到另一个词或物。例如，天空、鱼，那么其间的联想途径可以是：天空（对比联想）—地面（接近联想）—湖—海（接近联想）—鱼。又如，钢笔、月亮，其间的联想途径可以是：钢笔—书桌—窗帘—月亮。

（二）类比法

1. 类比法定义

所谓类比，就是指由两个对象的某些相同或相似的性质，推断它们在其他性质上也有可能相同或相似的一种推理形式。类比法是在两个特定的事物间进行的，通过联想思考，把相同类型的两种事物联系起来，把不同类型事物间的相似点联系起来，把陌生对象与熟悉对象联系起来，异中求同，同中寻异，从而产生出崭新的创意及发明方案的一类方法的统称。

类比法是一种主要的创新方法，古往今来，人类利用这一方法发明创造了无数的生活用品、生产工具、科学仪器等，如科学领域的光的动力说、欧姆定律，技术领域的控制论。

2. 类比法的思考过程

类比法的思考过程分为两个阶段：

第一阶段，把两个事物进行比较。

第二阶段，在比较的基础上推理，即把其中与某个对象有关的知识或结论推移到另一对象中去。

为更好地直观理解类比法的思考过程，我们可以通过下面的案例来感悟。

大庆油田的发现

我国著名地质学家李四光（1889—1971），对我国的地质结构进行了长期深入的调查研究。他发现，东北松辽平原及华北平原的地质结构与中亚细亚极为相似，都属于沉降带地质结构。他因而推断，既然中亚细亚蕴藏着大量石油，那么松辽平原及华北平原很可能也蕴藏着大量石油。后来，大庆油田、胜利油田、大港油田、华北油田等大油田相继被发现，证实了李四光的推断完全正确。

3. 类比法的类型

在以类比为基础展开联想或联系时，根据实际的连接方式不同，类比法可分为四种类型：直接类比法、亲身类比法、符合类比法、幻想类比法。

4. 类比法的方法

类比法中最典型的方法是综摄法，较为常见的引申方法有原型启发法、移植法和仿生法。

（1）综摄法。它是从已知的事物出发，将毫无联系的、不同的知识要素结合起来，从不同的角度分析未知的事物，从而使理想中的未知事物成为现实的过程。它是理论性和操作性都很强的创新方法，如古今中外的地球人对外星人形象的描述。

（2）原型启发法。它也称为垫脚石法，是通过观察找到原型，在原型的启发下，产生创新设想的方法。它虽然是一种最为笼统的类比方法，但是它是创新思考过程中非常有用的一个方法。例如，鱼的体型是创造船体的原型，飞鸟是世界上第一架飞机的原型，带齿小草是鲁班发明锯的原型。

（3）移植法。它是将某个领域的原理、技术、手段、方法、结构或功能引用并渗透到其他领域，用以创造新事物的方法。它不是先有原型，而是先有问题，然后带着问题去寻找原型。它是一种应用广泛的创新方法，如干细胞移植术治疗瘫痪病人、基因重造工程移植记忆等都是这种方法的应用。

（4）仿生法。它是通过模拟生物的结构、功能或原理等进行发明创造的方法。人类利用仿生法创造的发明极为繁多，例如，模仿蝙蝠、海豚的回声定位，仿照海洋生物可减少阻力的流线型身体制造的轮船、导弹、鱼雷。

八、列举法和移植法

（一）列举法

1. 列举法定义

列举法是一种对具体事物的特定对象（如特点、优缺点等），从逻辑上进行分析并将其本质内容全部一一列出来，用以自发创造设想，找到发明创造主题的创新方法。它是一种运用发散思维来克服思维定式的创新方法。

2. 列举法的典型方法

按照所列举对象的不同，列举法可以划分为属性列举法、缺点列举法、希望点列举法、成对列举法和综合列举法。

（1）属性列举法。它又称为特性列举法，既适用于个人，又适用于群体。它首先分门别类地将事物与主题属性全面罗列出来，然后在所列举的各项下面，试用可取而代之的各种属性加以置换，从中引出具有独特性的方案，再进行讨论和评价，最后找出具有可行性的创意或创新举措。它适用于革新或发明具体事物，特别适合轻工业产品的改进。

（2）缺点列举法。它是将事物的缺点一一列举出来，然后针对发现的缺点，有的放矢地进行改革，从而获得创造发明的成果。

（3）希望点列举法。它是指通过列举希望新的事物具有的属性以寻找新的发明目标的一种创新方法。它是发明创造者从个人愿望或广泛收集他人的愿望出发，通过列举希望和需求来形成创造主题的创新方法。希望的背后就是新问题和新矛盾的解决和突破。

（4）成对列举法。它是指通过列举两类不同事物的属性，并在这些属性之间进行组合，通过相互启发而发现发明目标的方法。成对列举法既利用了属性列举法的求全特点，又吸收了强制联想法易于破除框框、产生奇想的优点，因此更能启发思路，收到较好的效果。

（二）移植法

移植法是指将某个领域的原理、技术、方法引用渗透到其他领域，用以改造或创造新的事物。

例如：学生提出面包是怎样制作的这一问题。老师告诉他，面包是由面粉发酵加工而成的，烤面包时，由于面包内部产生大量气体，使面包膨胀，从而变得松软可口。这引起了学生的好奇与思考。马上就有位学生提出："我们能不能把这种面包发泡技术进行系列研究进而开发新产品，以求创新呢？"于是，大家查阅各种资料，讨论出许多移植法：

（1）移植到食品加工领域——发泡面、发泡饼。

（2）移植到饲料领域——发酵发泡饲料。

（3）移植到包装、运输、保温、隔声等领域——发泡塑料。

（4）移植到采光材料领域——发泡玻璃。

（5）移植到金属材料领域——发泡金属。

（6）移植到隔热品材料领域——发泡橡胶。

（7）移植到超轻型纱布代用品材料领域——发泡树脂。

（8）移植到工业产品领域——发泡水泥。

九、TRIZ 理论

TRIZ 来源于俄文"发明问题的解决理论"的首字母缩写。它运用跨学科的方法，帮助人们克服思维障碍，避免使用效率低下的盲目试错法，拒绝妥协和折中办法，直接寻求有效的问题解决方案。

（一）TRIZ 理论概述

相对于传统的思考方法，TRIZ 理论揭示了创意思考和创新的内在规律和基本原理，具有鲜明的特点和优势，被称为"超级发明术"。它在帮助人们挖掘和开发自身创造潜能方面发挥着重要作用。TRIZ 理论有效解决了创新道路上的障碍：思维惯性；知识领域的限制；创新方法和理论的局限。

TRIZ 理论认为，相对于理想系统而言，现有的系统一定存在着技术矛盾，发明问题的核心就是解决技术矛盾。因此，设计中不断地发现并解决技术矛盾，是推动产品向理想化方向进化的根本动力。在绝大多数情况下，技术矛盾总是表现为一项参数的改善往往同时引起另一项参数的恶化。将 39 个通用工程参数和 40 条创新原理有机地联系起来，建立起对应关系，整理成 39×39 的矛盾矩阵表。矩阵的横轴表示希望得到改善的参数，纵轴表示某技术特性改善引起恶化的参数，横纵轴各参数交叉处的数字表示用来解决系统矛盾时所使用的创新原理的编号。所以，就可从矩阵表中直接查找化解该矛盾的发明原理来解决问题。如果所查找到的发明原理都不适用于具体的问题，需要重新定义工程参数和矛盾，再次应用和查找矛盾矩阵。解决技术矛盾的传统方法就是在多个要求中寻找"折中"，也就是"优化设计"，但此时每个参数未达到最佳值。而 TRIZ 理论则努力寻求突破性方法消除冲突，即"无折中设计"。

案例2.15

鞋业公司的防盗办法

欧洲一鞋业公司在东南亚某国的分厂生产某知名品牌的运动鞋。在生产过程中，管理者发现少数当地工人有偷窃鞋子的行为。管理者曾尝试运用如公开警告、降薪和开除等办法来制止问题发生，但都没有奏效。该问题的主要矛盾在于：鞋子的整体生产与偷窃鞋子的行为之间的矛盾。运用 TRIZ 理论分析：

（1）根据鞋业公司的生产需要，既要在东南亚某国当地生产鞋子，但因为盗窃事件的频发，又不能让当地工人生产鞋子。

（2）可应用空间分离原理和整体与部分分离原理来解决，即在不改变生产分厂地域位置的情况下，将鞋子由整体生产改为不同分厂生产鞋子的不同部分。生产地点还是选择在东南亚地区，但是选择某个国家来生产左边鞋子，选择另一国家生产右边鞋子，在第三个国家生产鞋带。通过以上方式，工人偷鞋子的情况就杜绝了。对于生产地点来说，运用了空间分离原理；对于鞋子来说，运用了整体与部分分离原理。

（二）TRIZ 理论的核心思想

阿奇舒勒研究发现：技术系统的进化过程不是随机的，而是有客观规律可遵循的，这种规律在不同领域中反复出现。解决某一领域的技术问题的最有效的原理和方法往往来自其他学科领域的知识。

根据以上发现，TRIZ 理论的核心思想归纳为以下三方面（如图 2-5 所示）：

（1）无论是一个简单的产品还是复杂的技术系统，其核心技术的发展都是遵循着客观规律发展演变的，即具有客观的进化规律和模式。

（2）各种技术难题、冲突和矛盾的不断解决是推动这种进化过程的动力。

（3）技术系统发展的理想状态是用尽量少的资源实现尽量多的功能。

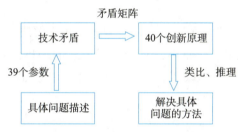

图 2-5 TRIZ 解决技术矛盾的流程

（三）TRIZ 方法——创意问题的解决工具

在 TRIZ 理论体系中，包含着众多系统的、具有可操作性的创造性思考方法和发明问题的解决路径，这些 TRIZ 基本方法和问题解决工具涉及以下七个方面的内容，而且这些方法还在不断地发展和完善中。

1. TRIZ 理论的技术系统进化法则

它包括提高理想度法则、完备性法则、能量传递法则、协调性法则、子系统的不均衡进化法则、向超系统进化法则、动态性和可控性进化法则。

2. 矛盾及其解决原理

阿奇舒勒将矛盾分为三类，即物理矛盾、技术矛盾和管理矛盾，其中管理矛盾不属于 TRIZ 理论研究的范畴。

3. 物质—场模型分析

它主要用于建立与已存在的系统或新技术系统的问题相联系的功能模型，是 TRIZ 理论中一种常用的分析工具。

4. 发明问题的 76 个标准解法

TRIZ 理论的 76 个标准解法主要用于解决技术系统进化模式的标准问题,并建议采用某一种系统变换来消除所存在的问题。

5. 发明问题解决算法

它是采用一套完整的逻辑步骤将初始问题程式化,是解决发明问题的完整算法,也是 TRIZ 理论的一种主要工具。

6. 科学效应和现象知识库

它是一种基于物理、化学、几何学等工程学知识的解决问题工具,为相关领域的发明创造和技术创新提供丰富的方案来源,对发明问题的解决有着巨大作用。

7. 40 个创新原理

40 个创新原理(如表 2-5 所示)用有限的原理来解决无限的发明问题。每个原理单独使用或者多个原理组合使用,有赖于对矛盾的分析、对参数改变的分析和对资源的分析。使用创新原理可以高效产生解决方案,达到最终理想解。

表 2-5 40 个创新原理——创新灵感的源泉

序号	原理	序号	原理	序号	原理
1	分割	15	动态特性	29	气体或液压结构
2	抽取	16	不足或过度作用	30	柔性外壳或薄膜
3	局部质量	17	多维化	31	多孔材料
4	增加不对称性	18	机械振动	32	改变颜色
5	组合	19	周期性动作	33	同质性
6	多用性	20	有效作用的持续性	34	抛弃与再生
7	嵌套	21	减少有害作用的时间	35	参数改变
8	重量补偿	22	变害为利	36	相变
9	预先反作用	23	反馈	37	热膨胀
10	预先作用	24	借助中介物	38	强氧化
11	事先防范	25	自服务	39	惰性环境
12	等势	26	复制	40	复合材料
13	逆向思维	27	廉价替代品		
14	曲面化	28	机械系统替代		

案例 2.16

如何利用项目 TRIZ 矛盾定义方法解决产品开发问题

利用 TRIZ 方法从 40 发明原理、物场分析方法、76 标准解以及技术系统进化法则等相关工具，推导出具备创新的想法，从而产生专利并产生独特且可以实现的概念，借以解决开发设计的技术问题，已在国内众多产业及公司被实际广泛应用证明是可落地的。

如何找到问题模型中的核心矛盾是非常关键的，常用方法有系统功能模型分析、物场模型分析、因果分析，也可以结合其他创新方法，如 QFD、AD、TOC 等方法。以功能模型分析举例如下：

通过改善风道和风叶系统来改善吸尘器噪声问题，使用 Problem Formulator（问题生成）模式建立问题模型，图形是由两个重要的元素所组成：功能（Functions）与连接（Links）。

功能总计分为两大类，在方框上用颜色与形状来表示（如图 2-6 所示）：

Useful Functions（有用的功能）：以虚线的方框呈现；

Harmful Functions（有害的功能）：以蓝色的方框呈现。

矛盾的根源会以灰色的虚线框呈现。

结果是有用的：箭头黑色；结果是有害的：箭头蓝色。

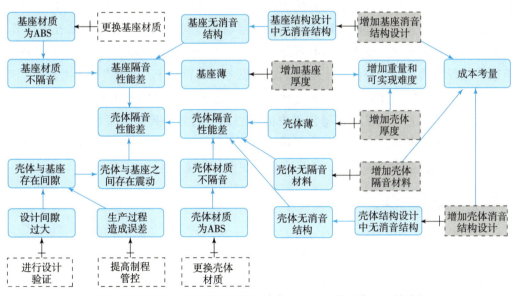

图 2-6 关于改善风道和风叶系统来改善吸尘器噪声问题的分析

根据分析出来的结果，有三种颜色让您选择：蓝色，代表有害功能要消除；白色，代表有用功能要提升；灰色，代表物理矛盾；同时连接的蓝色与白色，代表技术矛盾。

如此可清晰表达问题，明确定义矛盾，更方便利用矛盾矩阵中查找相应的发明原理来解决。功能模型分析是 TRIZ 理论中的一种重要的问题描述和分析工具，用以建立与已存在的系统或新技术系统问题相联系的功能模型。

将问题做精确的分析才能够明确地对应到相应的矛盾参数上,所找到的发明原理才能够更接近问题真实的答案,即应用这些原理使问题的解迅速收敛到正确的方向上,再结合专业知识与领域经验,才能得到真正可落地的技术方案。

十、设计思考

在解决一个难题或提出开发创意时,常常在遇到情况时抓耳挠腮地想,或是不停地上网查找,寻找一切可以带来灵感的信息和数据,在这种情况下,点子产出的时间和数量完全依赖于"灵感",通常无法控制。于是,许许多多的设计方法就出现了,这些方法和工具可以帮助我们更好地提高工作效率,解决实际问题。

(一)设计思考概述

设计思考也叫设计思维,英文是 Design Thinking,是一种以人为本的思维方式,源自斯坦福大学的 D-School,强调只要涉及设计的就要思考,以设计师的敏感度和方法,运用可行的科技,以及能转化成顾客价值和市场机会的有效商业策略,满足人们的需求。它通过同理心、需求定义、创意动脑、制作原型、实际测试五个环节,寻求创新的解决方案,创造多元的可能性。从头脑风暴到创造最终产品,设计思考给这个过程中的每一步提供一个促进。设计思考的要旨在于"思考"。思考什么?思考人们的生活脉络、社会脉络、文化脉络……以发掘使用者的真正需要。如何思考?经由观察、同理心、洞见,获得创新方向和思路。它是一种更为系统的创意设计方法论,近几年拓展到整个产品和服务设计领域,它的目的在于能够快速、有效地为各种议题寻求创新的解决方案,为未来创造更多的可能性。

案例2.17

核磁共振设备的涂鸦

对于许多癌症病童而言,核磁共振扫描检查简直就是他们的噩梦。几岁大的小孩子必须独自一人躺在诊疗室中巨大的仪器上,一动也不能动,还必须忍受高达100分贝的噪声,小孩会害怕,会乱动,因此医院常常必须将病童全身麻醉后才有办法检查。然而全身麻醉的风险很大,成本又高,因此通用公司的 Healthcare 团队试图解决这个问题。运用设计思考理论分析:

(1)孩子做核磁共振时哭闹不是理所当然的,有必要改良。

(2)4~9岁的孩子们多半通过故事与图像来理解这个世界。

(3)以人为本,是优秀设计师和普通设计师的区别,而用实际行动排除万难并最终把"以人为本"变成现实,这才是顶级设计师和优秀设计师的分水岭。

（4）将核磁共振诊疗室涂鸦、改造、幻化成故事中的场景（如图2-7所示），告诉孩子们，他们即将体验一场冒险旅程，会有个大怪兽，发出好大好大的声音，必须赶快躲到山洞中，一动也不动，否则就会被大怪兽发现！通过这种方式，诊疗再也不是令人害怕的经历，而是一个充满刺激的旅程。

图2-7 应用设计思考原理改进的核磁共振设备

（二）设计思考的核心思想

在创建一个解决方案之前，为了设计出能够向最终用户提供功能和有意义的体验的产品，必须从终端用户开始，组织焦点小组，安排访谈，或者观察用户与产品早期版本的交互。这一步对于识别和解决用户体验中的缺陷至关重要。为了促进创造力，增加以人为本，产生创意，在构思之后，选择一个看起来有很大希望的解决方案；尽可能快速和轻松地传递设计的外观、感觉和功能；测试鼓励参与者与原型进行有趣的交互，并给出真实的反馈；仔细观察；一旦收集了所有你可能收集到的信息，它将回到绘图板上进行另一次迭代（如图2-8所示）。

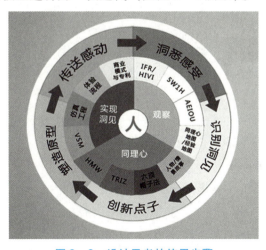

图2-8 设计思考的使用步骤

(三)设计思考的解决工具

关于设计思考的模型很多。以斯坦福大学的设计思考模型为例,其设计思考的流程分为五个步骤,通过这五个步骤中不同的技巧、发散以及收敛,可以让人们迅速地想出许多用来解决问题的创意点子,如图2-9所示。

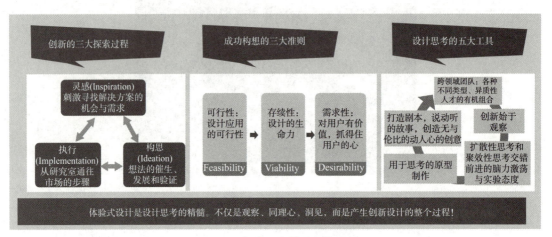

图2-9 设计思考的路径与方法

电动自行车电源改进

电动自行车作为新型交通工具,有着巨大的环保价值和广阔的市场前景。然而每名骑行者都会有切身的烦恼:电池电力无法支撑中距离骑行,如果使用大容量电池,虽然满足了电力要求,但是却造成车辆笨重,一旦车子没电了,推起来异常耗费气力。那么,到底有没有什么两全其美的解决方案呢?

分析:应正确描述问题,聚焦问题实质,定义准确技术参数:改善的参数和恶化的参数,查找矛盾矩阵表,对应创新原理,产生想法,找到最终解决方案。

第一步:确定技术系统名称——电动自行车电源。

第二步:问题描述——需优化电源的重量参数,但当减小电源重量时,会造成系统功率的减小,将带来功率参数的恶化。

第三步:定义技术矛盾。

改善的参数:移动物体重量。

恶化的参数:功率。

第四步:查找矛盾矩阵表(12,36,18,31)。

第五步:产生想法。按照矛盾所对应的创新原理(如表2-6所示),采用等势原则、相变、机械振动和多孔材料，将电动自行车的电池进行优化。

表2-6 应用TRIZ矛盾矩阵表提出的改进方案

发明原理序号	发明原理名称	想法
12	等势原则	在势能场中限制位置改变（即在重力场中改善运作状态），以减少物体提升或下降
36	相变	利用物体相变时产生的物理效应或自然现象（如物质体积改变、吸热或放热产生有用的力）将电源内部液态化学品（酸）转换为固态，来储存能量
18	机械振动	1. 用压电振动替代机械振动； 2. 电动自行车运动前进时，振动产生的能量使电源内部分子产生谐振，将能量转换为感应电流，进行电源的自充电
31	多孔材料	1. 使物体多孔或添加多孔元素 2. 将电池外壳制作成多孔式，既能减轻重量又能散热

TRIZ可在无形中打破设计人员的思维定式，弥补知识的不足，改变以往解决问题的盲目性。解决技术创新问题的正确方法是逐步地揭示矛盾，研究其原因并加以排除，矛盾矩阵所提供的原理往往并不能直接使问题得到解决，而是提供了最有可能解决问题的探索方向。解决问题时，还必须根据所提供的原理及所要解决问题的特定条件，提出解决问题的多个方案，然后根据具体条件选择合适的方案。

活动与训练

讨论自行车的改进

一、目标

学会运用奥斯本检核表法思考问题、解决问题。

二、规则和程序

步骤一：划分小组，采用随机的方式进行分组，每组4~6人为宜。

步骤二：以小组为单位讨论，我们日常用的自行车可以怎样改造，能改造成什么样子，主要用途有什么。

步骤三：小组派代表发言，教师做总结。

（建议时间：10分钟）

新组合新创想

一、目标

通过组合法训练游戏,让同学们掌握创新方法。

二、规则和程序

把办公室里的物品分成两类,写成两栏(如表2-7所示),每栏各有6种物品,采用随机指定的方法来确定组合方式,以激发新的创想。

表2-7 办公室物品分类

第一栏	第二栏
1. 公文柜	1. 书架
2. 桌子	2. 太阳镜
3. 咖啡杯	3. 闹钟
4. 电话	4. 电灯
5. 地毯	5. 椅子
6. 订书器	6. 电灯开关

(建议时间:20分钟)

联想词汇大比拼

一、目标

通过强迫联想训练游戏,让同学们掌握创新思维训练的规律。

二、规则和程序

步骤一:教师讲解游戏规则,说出命题词汇,例如:"风"。

步骤二:同学们根据"风"开始联想,将联想到的词汇写下来。

步骤三:由教师计时,3分钟时间,看哪位同学可以想到最多的联想词汇。

(建议时间:5分钟)

运用强迫联想法

一、目标

掌握强迫联想法。

二、规则和程序

步骤一:请同学们将"杯子"与"医学"进行强制联想,写出杯子有多少种医学用途。

步骤二:请同学们分享自己的想法。

步骤三:教师进行点评总结。

（建议时间：10分钟）

寻找生活中运用创新方法的实例

一、目标
通过寻找具体实例对各种创新方法有更深刻的理解和领悟。

二、规则和程序
现实生活并不缺乏运用各种创新方法的实例，只是我们缺乏发现的眼睛。一个人仅有创新思维而没有正确的创新方法不可能实现创新，掌握一定的创新方法对于拓展我们思维的深度和广度，提高创新活动的成效大有裨益。

请按表2-8的顺序完成任务。

表2-8 寻找生活中运用创新方法的实例

步骤一	在现实生活中调查寻找具体实例，并拍照	
步骤二	创新方法	实例描述
	奥斯本检核表法	
	逆向转换法	
	强迫联想法	
	类比法	
	组合法	
	列举法	
步骤三	完成表格填写后，对照片编号并注明包含的创新方法名称，一起交给教师审阅	

利用头脑风暴法产生新设想

一、目标
通过头脑风暴训练游戏，让同学们掌握创新思维训练的规律。

二、规则和程序
步骤一：划分小组，采用随机的方式进行分组，每组6~8人为宜。每个小组选出主持人和记录员。

步骤二：每个小组在以下两个议题中选择一个：①设计一种新型眼镜；②设计一种大学校园内使用的理想化交通工具。根据所选的议题，组织头脑风暴会。

步骤三：将会上所有的设想都记录下来，留待以后处理。

（建议时间：20分钟）

戴什么颜色的帽子？

一、目标

通过活动了解六顶思考帽中每顶帽子代表的思考角度。

二、规则和程序

步骤一：教师说出下列问题：

①小明告诉我：他很焦虑。

②他的英语讲得非常好，这非常有用。

③那是一条黑色思考帽评价，现在提出是不合时宜的。

④使用安全输液工具可以降低风险。

⑤公司底楼食堂的用餐价格上涨了20%。

步骤二：同学们回答该戴什么颜色的帽子，并说明理由。

步骤三：教师点评总结。

（建议时间：10分钟）

获取自行车的发明与演变的信息

一、目标

训练通过检索获取信息的方式，并尝试对有效信息进行筛选。

二、规则和程序

步骤一：教师布置任务，要求学生搜集并整理"自行车发明和演变"的文字和图片信息。

步骤二：课下，学生从图书馆或利用计算机进行相关信息搜集。

步骤三：对信息进行筛选和整理，形成书面材料。

步骤四：给出任务情境——在骑自行车的时候，希望自行车体形要大，以便能够载人或者载物；但是，当停放自行车的时候，又希望节省停车场空间。如何解决？

步骤五：分组讨论，根据TRIZ理论，查找矛盾所在，定义参数，找到对应的创新原理，待课上与同学进行交流。

（建议时间：40分钟）

我的旧物改造

一、目标

运用创新能力进行实践。

二、规则和程序

步骤一：展示作品。为旧物改造成品命名。在课堂上展示改造的成品，并演示其功能。

步骤二：介绍设计理念。结合演示文稿介绍改造的出发点，所运用的创新方法，设计方案，改造的思路等。

步骤三：讲述改造过程，包括介绍原材料、改造工具、改造工序及改造过程中遇到的问题及解决办法等。

（建议时间：40 分钟）

思考与讨论

1. 提高联想数量训练：给定一个词或物，然后由这个词或物联想到其他更多的词或物，在规定的时间内，想得越多越好。请在 1 分钟内说出家电产品的名称。

2. 请运用组合法和列举法说出家电创新的方案。例如：冰箱可以和什么组合。

3. 案例探讨。波音 737 要进行延长航程的改型，就要采用功率更大的引擎，当然需要有更多的空气进入引擎，这就要求增大引擎整流罩的直径，但这样整流罩与地面的距离将减小，严重影响了飞机起飞和着陆的安全。如何改进（参见图 2-10）？

你的答案是：_____。

图 2-10 飞机和整流罩

4. 设计改进。坦克在战斗中需要有厚实的装甲，这样抗打击能力强，但也需要有机动灵活性，以便更方便战斗。如何改进（参见图 2-11）？

你的答案是：_____
_____

图 2-11 坦克与装甲的思考

第二部分

创业准备

模块三　创业环境分析

🌸 模块导读

随时变化的环境，能给创业者带来机遇，也能给创业者造成威胁。创业环境分析是发现创业机会的基础，是进行创业可行性分析的前提。创业者必须清楚宏观层面、微观层面以及相关行业等各种环境因素及其发展趋势，并判断其对具体行业、企业的影响是限制性的还是促进性的。只有这样，创业者才能抓住机遇，成功创业。

本模块主要阐述创业环境的内涵与现状，包括社会环境与自然环境、内部环境和外部环境、融资环境与投资环境、生产环境与消费环境等；同时，还介绍了宏观创业环境、微观创业环境及创业环境的分析方法（PEST 分析法、SWOT 分析法）。

本模块开头通过案例导入的形式进行展开，内容做到理论联系实际；同时，还安排了一些针对性的训练游戏和活动，同学们可以从中掌握创业环境的分析方法。如果能认真实践，并利用这些方法勤加练习，相信同学们一定能成为具有创造力的人才。

创业与创业精神

知识经济发展与创业

3.1 宏观创业环境

现代企业竞争本质上不是产品竞争,而是模式竞争。

——彼得·德鲁克

1. 了解创业环境的基本内涵;
2. 了解当前创业环境的现状及以后的发展趋势;
3. 能利用 PEST 方法分析宏观创业环境对创业的影响。

外来的创业客

东方电子(芜湖)有限公司(以下简称"东方公司")于 2003 年 12 月正式注册成立,公司坐落于安徽芜湖经济开发区科技创业楼首层,投资方为香港安联企业有限公司。科技创业楼是拥有一流的科研办公、培训、演示综合楼的高科技产品生产基地。东方公司生产场地为 1000 平方米。东方公司是香港投资创办的企业,作为一位来芜湖的外来创业者,香港安联企业有限公司副总经理、东方公司总经理胡龙对芜湖有比较深的感触:"与深圳以及沿海发达城市相比,芜湖的创业环境有待于进一步地提升,但总的来说,比我想象中要好得多。芜湖创业中心在规模、功能、环境等方面均居安徽省一流水平,运行和发展态势良好。"他认为,他山之石,可以攻玉,看到自己与他人的差距进而奋发图强争先进位更为可贵。芜湖在硬环境建设方面,如能源、交通、市场物业等都有待建设,其中最为欠缺的是市场与采购两方面的建设。芜湖没有一个成熟的市场,连采购原材料都成问题,这直接影响到创业者的创业成本甚至创业的成败。

分析: 决定创业能否成功的重要因素就是环境分析。创业若想取得成功,就必

须对目前的环境进行客观的分析,才能制定出有效的生存和发展策略。外来的和尚好念经的时代一去不复返,能否获得创业成功,还取决于抉择前的分析。

目前,创业成为全球关注的大事,各国政府及社会都给予关注,学术界也在不断地进行研究。创业能否成功取决于我们能否清楚地认识到创业环境的变化。当今社会的创业环境与中国改革开放初期的创业环境相比已有了翻天覆地的变化,不再是仅依靠一个想法、一片热情就能取得成功的时代了。如果不进行环境分析,创业就难以获得成功,即使有的企业能在短期内侥幸生存,最终也会因为没有充分考虑到环境因素而夭折。

一、创业环境的内涵与现状

(一)创业环境的内涵

现在大学生创业所面临的宏观环境和微观环境都十分复杂。而创业环境实际上就是创业活动的舞台。创业环境是创业者自身难以把握和不好控制的变化因素,它是一个复杂的、多层次的、多主体的立体结构系统,创业者可以利用从内外部环境中获取的信息进行战略思考与决策。创业成功的企业往往能够按照环境大趋势,不断地评估行业内发生的各种变化,以便根据自身状况,对环境变化做出及时的反应。

按照不同的分类方法,创业环境有以下几种类型:

1. 社会环境与自然环境

社会环境主要指的是国情,而自然环境则是指创业者面对的地理、资源、气候等自然状况。它们作为创业活动的宏观背景,对创业活动产生着巨大的不可抗拒的影响。创业者只能利用它们,却无法改变它们。

2. 内部环境与外部环境

内部环境是指创业组织内部各种创业要素和资源的总和,它是创业者的家园,也是创业活动的根基;外部环境是指创业组织外部的各种创业条件的总和,对创业组织的发展具有广泛的影响,是创业组织发展的保证,创业组织要适应这种环境。

3. 融资环境与投资环境

融资环境是创业者为了扩大创业实力需要聚集资金的社会条件;投资环境特指创业者资金投向的项目、行业及地区的情况。

4. 生产环境与消费环境

生产环境是指创业者的资金转化为产品过程所需要的各种要素；消费环境是指创业者的商品转化为货币的过程。

(二) 我国的创业环境现状

创业环境涉及很多因素，包括市场、行业、经济、环境、政治、社会等各个方面。多年来，我国对创新创业越来越重视，政策力度不断加大，创新创业教育蓬勃兴起，创新创业扶持力度不断增强，创新创业培训也逐渐增多，因此总体创新创业的生态环境越来越完善，国家创新能力得到很大提升。

2021年度我国创新指数升至世界第12位，创新型国家建设取得丰硕成果，在一些重要领域实现了很多历史性跨越。基础研究经费提高3倍，国内发明专利、PCT国际申请量跃居全球第一。我国建成全球规模最大的5G网络，2021年网民人数达到10.32亿人，连续9年成为全球最大的网络零售市场。

在创新创业创造活力方面，平民化创新创业时代到来，日新增市场主体数量的记录不断被刷新，2013年以来新增的涉税主体纳税额已达4.6万亿元。我国数字经济规模已位居全球第二。人工智能、区块链、量子通信、智能驾驶等新技术开发应用走在全球前列，创新成效进一步显现。

总的来说，我国创新环境不断优化，创新能力和水平持续提升。

案例3.1

有效利用创业政策

近年来，随着电商直播的良性发展，越来越多的年轻人选择"互联网+"创业模式，助力家乡脱贫攻坚。黔东南州黎平县"90后"女大学生金道敏充分利用本地闲置土地资源，通过"合作社+公司+农户"模式发展韭菜产业种植，带领当地群众增收致富。盛夏7月，田野里一派生机勃勃的景象，金道敏每天都会在韭菜基地进行直播，第一时间把本地新鲜的老品种宽叶韭菜推介给全国各地的粉丝朋友，线上线下的销售模式让金道敏每天忙得不可开交。"在直播中，我把绿色、有机的韭菜分享给全国观众。当下直播带货成为时代潮流，我要把直播做起来，并带领乡亲们一起发展韭菜产业。"金道敏的产业发展思路清晰且笃定。每天穿梭在田间地头，一身朴素的打扮，谁曾想到之前她曾在浙江从事教师行业，后又创立培训机构，收入高、工作体面？但她最终还是选择返乡再次创业，除了家庭因素，也因心中筹谋已久的电商创业梦。

选择返乡创业不是一时兴起，金道敏在大学就读国际贸易专业，对电商环境有

一定的了解,2017年返乡后,经过短暂的几个月考察,她毅然在家乡发展了韭菜产业种植。2017年,黎平县入选国家级电子商务进农村综合示范县,乘上政策之东风,金道敏选择回乡创业,开启了"黔货出山"销售新模式。"尽管前期工作做足了准备,但也不敢大规模种植,只能试种两三亩,一边示范种植,一边探索市场。"金道敏如实说道。所幸成功如愿留给有准备的人,韭菜长势良好且俏市。"2019年仅我自己种植的规模就达20余亩,亩产量1500余斤。施肥上我们都是用牛粪、鸡粪等农家肥,保证产品绿色有机。"正是生态有机的发展模式加上及时的直播推介,2019年金道敏的韭菜产业亩产1500斤,一年可栽种两季,年综合产值30万元。金道敏的成功示范,吸引了周边中龙、九龙等村80余户农户参与韭菜种植。"我在韭菜基地务工三个多月了,除了管护自己种植的韭菜,在这里打点零工,一个月也有2000余元的增收。"农户吴定红窃喜。在产业发展过程中,金道敏不仅提供种植技术还解决农户销售难题。"在销售上,我们与农户签订销售协议,农户可以自主销售,如遇销售困难,公司会进行统一收购。"金道敏对自己的产品很有信心,"我们的产品除了在本地市场销售,也售往福建、广西、广东等地,甚至卖到澳大利亚。"

2021年2月,她的丈夫吴文杰辞掉公职,与她共同创业。如今,他们夫妻自己的韭菜种植基地,每年线上线下销售额达100万元。她的韭菜种植基地,还为当地村民提供了稳定工作岗位5个、临时岗位30余个。目前,金道敏的短视频平台粉丝量已达5000多人,主要是靠短视频平台流量分流、稳定的货源、优质的产品和服务"吸粉"。勤奋让金道敏的网店生意红红火火,"新"的思维是她成功的秘诀。

在鲜货处理上,金道敏把韭菜分成叶、根两部分,将韭菜叶冷鲜包装作为食材,韭菜根则作为种源。据介绍,一条韭菜根就能卖出1元多的好价格,用网络为农产品赋能,充分发挥农产品价值。目前,为了提高收入,金道敏的网店上架了几十种农特产品,有侗家特色的腌鱼、腊肉,也有山区特有的香料,甚至是在农村极为常见的稻草、稻草灰,都被她卖到几十元一公斤。群众看在眼里,纷纷将自家最好的产品带到她家,请她帮忙销售。

分析:金道敏利用互联网电商平台作为销售渠道,创新"互联网+基地+合作社"模式,用基地保证货源质量,以农民专业合作社扩大产能。大学生应该敢闯敢干,用手机开店,借网络"赶集",以创新助力乡村振兴,带动山村农产品转型升级,助农增收,在用好政策红利的同时加快产业发展。

二、宏观创业环境

一个国家或者地区的市场开发程度、政府的国际地位、信誉和工作效率、金融市场的有效性、劳动力市场的完善性、法律制度的健全性,形成了新的创业企业的外部宏观环境,对新的创业企业的生存和发展产生了重要的影响。目前一些地方政府解决这一问题通常采用专项资金扶持和贴息贷款的方法,通过这种途径在短期内扶持多数创业人。政府积极为大学生自主创业提供各方面的保障，主要采用经济、行政以及法律的手段。例如，简化不必要的程序，建立创业教育培训中心，免费为大学生提供项目风险评估和指导；尽快落实国家相关政策，对大学生创业减免税收，大学生创办的企业凡是被认定为青年就业见习基地的，就可享受市级有关补贴等。

具体来说，创业的宏观环境包括政治、法律法规与政策环境，经济环境，社会文化环境，科技与教育环境。宏观环境的分析方法称为 PEST 分析，P 是政治（Politics）、E 是经济（Economic）、S 是社会（Society）、T 是技术（Technology）。在分析一个企业所处的背景时，通常是通过这四个因素来分析企业所面临的状况。

(一) 政治、法律法规与政策环境

政治环境是指对组织经营活动具有实际与潜在影响的政治力量。当政治制度与体制、政府对组织所经营业务的态度发生变化时，企业的经营战略必须随之做出调整。

法律环境主要包括政府制定的对企业经营具有约束力的法律、法规，处于竞争中的企业必须仔细研究政府在商业方面的政策和思路，例如研究国家的税法、反垄断法以及取消某些管制的趋势，同时了解与企业相关的一些国际贸易规则、知识产权法规、劳动保护和社会保障等。

政策环境可分为大政策环境与小政策环境，前者是针对所有创业者而言的，后者则是针对某一特定人群，如大学生创业者。大政策包括民营企业的地位转变，大力扶持高新技术企业，高等院校的技术转让收入免征营业税，高等院校服务于各行业的技术成果转让、技术培训、技术咨询、技术服务、技术承包所取得的科技性服务收入暂免征收企业所得税，税收优惠政策向西部倾斜，制定《中华人民共和国中小企业促进法》等。小政策包括国家和各级政府为鼓励支持大学生自主创业，相继出台的一系列有利于大学生自主创业的政策，包括教育部、国务院办公厅、财政部、发改委、人力资源和社会保障部、国家市场监督管理总局、团中央等针对大学生自主创业出台的相关政策和措施。

(二) 经济环境

经济环境是国家或地区的整体经济状况，包括一个国家的经济制度、经济结构、经济体制、宏观经济政策、社会经济结构、产业布局、资源状况、经济发展水平、物价水平、劳动力情况以及未来的经济走势等。构成经济环境的关键要素包括 GDP 的变化发展趋势、利率水平、通货膨胀程度及趋势、失业率、居民可支配收入水平、汇率水平、能源供给成本、市场机制的完善程度、市场需求状况等。由于企业是处于宏观大环境中的微观个体，因此经济环境决定和影响其自身战略的制定。经济全球化还带来了国家之间经济上的相互依赖性，企业在各种战略的决策过程中还需要

关注、搜索、监测、预测和评估本国以外其他国家的经济状况。

例如，为了科学协调发展经济，当前我国正在对经济结构进行调整，大力扶持高新技术企业已被列为我国政府新时期的主要任务之一，国家已经相继出台了多项政策扶持措施，国务院还批准设立了用于支持科技型中小企业技术创新项目的政府专项基金，这类项目应该是大学生创业具有优势的项目。

案例3.2

邂逅伯乐获新生

深圳新生科技发展有限公司是集科研、开发与生产为一体的科技型股份制民营企业。公司在产品研发方面与深圳交大紧密合作，在充分研究国内外节电产品的基础上博采众长，开发出具有国际国内先进水平的九大系列节电产品，基本可涵盖所有用电领域，可针对各种复杂用电单位提供整体节电改造方案。公司的节电产品在市场上很有销路，但由于缺乏资金，一直无法实施企业扩张计划。不过公司管理人员认为深圳的金融支持环境相对于其他城市是比较好的，他们坚信只要产品销路好、市场前景好，总会有风险投资为公司注入活力。命运只偏爱有远大目光的人。去年底，国内一家科研投资机构看好公司的发展前景，注资600万元人民币，双方以股权融资方式进行合作。虽然与海外风险投资商的出手相比，这个数字有些小儿科，但对公司来说，却是雪中送炭。据公司有关人士预测，今年公司的销售额有望翻一番。

分析：千里马常有，而伯乐不常有。深圳新生科技发展有限公司就是在深圳这样一个蓬勃的创业热土中获得了伯乐资助。创业环境的几个方面中，获得金融支持是创业成功的重要环节之一。很多时候，资金是创业的瓶颈，促进创业的金融支持政策仍然是改善创业政策的重点。对创业者而言，考察一个地区的金融支持环境就是看国家政策在地方的实施情况。比如，北京市国有资产经营有限责任公司和9家机构正式签订了北京市中小企业金融支持工程协议，今后将为创业者雪中送炭。此外，在商务环境考察方面，要考察一个城市的税费水平、用地价格、工资水平、生产服务成本（如员工生活消费水平、房租、水电煤气费用和交通通信费用等）等4个方面。

（三）社会文化环境

社会文化环境主要是指一个国家或地区的民族特征、人口状况、社会阶层、价值观念、生活方式、风俗习惯、宗教信仰、伦理道德、文化传统等的总和。构成社会环境的要素包括人口规模、年龄结构、种族结构、收入分布、消费结构和水平、人口流动性等。社会文化环境影响社会对产品或服务的需要，影响企业的战略选择。

(四) 科技与教育环境

科技与教育环境指的是一个国家或地区的科技发展水平、国民受教育程度、人力资源的开发程度以及教育方式等。

格力多元化经营战略案例分析

面对空调市场日益饱和的困境，格力电器实施多元化经营战略，是为了能够通过新的经济增长点维持较高的经营收益。格力希望抓住市场机会，最大限度地利用市场资源。目前市场上具有很多新的市场机会，比如格力想要进入的新能源汽车，就是未来发展的新方向，这些都为企业发展提供了新的空间。

结合PEST和SWOT分析，格力电器该如何利用机遇，规避风险？

（1）要跟紧国家的大众方针。我国目前大力支持节能减排，减少碳排放，因此要加紧环保技术研发，淘汰落后技术和产品，抓住转型升级的机会，实现由中低端到高端发跨越发展。

（2）近些年来，我国经济高速发展，人们的消费能力普遍上升，要更好地抓住消费的红利，同时要谨防经济的周期性波动，减少库存存放，维持资金的流动性，大力发展出口贸易，同时将资源密集型部分向落后国家进行迁移，降低成本。

（3）发展更具有个性化和服务型的产品，要满足人们对于个性化产品的需要；在出口贸易中，要从当地实际情况出发，生产符合当地要求的产品。

（4）技术层面要加强研发，向万物互联的物联网延伸，形成技术竞争力，防止被卡脖子，同时要把握好未来技术走向，切勿出现技术发展方向偏差。

（5）要以核心竞争力为基础实施多元化经营战略，切勿贪多急躁，进入一个未知的领域，这容易对企业造成不可挽回的损失。

（6）完善企业组织治理结构，防范企业因内部不规范带来的风险，形成完善的内部制衡机制。

（7）目前智能家电领域存在巨大的潜力，要抓住智能家电的机会，增加产品的附加值和黏性。

（8）发挥自身空调领域的品牌和技术优势，对其外部优势资源进行有效利用，推进多元化战略稳步发展。

格力希望对企业的富余资源进行有效的利用，企业内部拥有充裕的现金流、品牌资源、技术优势及人力资本等，这些闲置的资金和未被完全开发的富余资源还有很大的优化利用空间,可以通过多元化战略实现利益最大化。

分析:企业实施多元化经营战略一定要有核心竞争力。格力在空调领域掌握核心技术竞争力,可以使其以核心竞争力为基础实施多元化经营战略,从容地进行由专业化向多元化的转换。企业实施多元化经营战略所进入的产业要与原有产业有所关联。格力拥有技术优势,所选择的是与家电生态有关的产业,产业的关联度高,有利于减少成本增加收益。企业实施多元化经营战略要选择合适的转型时机。目前空调行业及家电行业已出现饱和,格力这个时候采取多元化经营战略是一个合适的时机。多元化经营战略可以减少企业的经营风险。人们一般认为企业只在单一的行业从事经营活动风险较大,一旦出现问题可能关系到企业的生死存亡,而从事多行业可以规避这种风险。对企业外部优势的有效利用(如品牌、渠道、客户关系等),可能会为其多元化发展增加动力,有时是跨行业多元化,有时可能是垂直整合。

活动与训练

创业环境分析大比拼

一、目标

进一步熟悉国家创业政策,掌握PEST分析方法。

二、规则和程序

步骤一:将班级学生分成四个组,每组6~8人。

步骤二:为每组指定两个创业领域,进行PEST分析。

提示:创业领域可来源于传统的业态,也可以是新的业态,例如:工业机器人、新能源汽车、餐饮连锁业、课外托管服务、互联网金融等,也可从2019年人力资源和社会保障部公布的13个新职业中选择对应领域。

步骤三:学生分组完成分析报告,每组制作一个涉及创业领域的PPT(包含两个创业领域的PEST分析)。

步骤四:每组派一人展示PPT,教师点评。

(课外时间自行确定,课堂活动建议时间:30分钟)

思考与讨论

1. 思考当前宏观创业环境对大学生创业的影响。
2. 分析当前大学生创业的现状。

3.2 微观创业环境

名人名言

企业家只有两种功能——一是行销，二是创新。

——彼得·德鲁克

1. 了解微观创业环境的内涵；
2. 掌握并应用 SWOT 分析法；
3. 能够科学准确地评价某个地域或某个行业的创业环境。

AI 时代感知钥匙

在大学生创业大赛高新区（滨江）赛区决赛现场，宁波大学科学技术学院的项目团队凭借一把"AI 时代感知钥匙"，一举拿下高新区（滨江）赛区特等奖，并同时打开了通往中国杭州大学生创业大赛决赛的大门。

"这把'AI 时代感知钥匙'如同一块玻璃片，如果将这块玻璃片应用于激光投影，就能使激光均匀化，不仅能提高投射亮度，且与普通投影仪相比能耗可降低 50%。"项目成员陶郑洲说。目前，该项目已经投入生产，并将获得千万元的融资。"未来，它还可以应用于激光大灯、人脸识别和智能物流仓储等领域。"比赛结束后，包括"'光子芯片'——开启 AI 时代的感知钥匙"这一项目在内，"基于 CIM 的智慧城市建设""阿尔法智联研发项目""微纳卫星先进电推进系统"等共 6 个优秀项目当场与高新区（滨江）签约落地意向书。这支由"90 后"海归学生组成的团队，以自主研发的图形轻量化、数据智能技术为核心，提出新型智慧城市建造路径，目前已在山东、广西等地完成战略布局，并与当地政府达成深度合作。

2019 年，高新区（滨江）提出要打造全国数字经济最强区，要集聚一批数字经济产业人才，其中，利用大赛等平台积极引才，就是其中一项重要工作。凡入围中

国杭州大学生创业大赛400强的项目,只要符合高新区(滨江)产业导向并一年内在该区注册登记的,将根据相应落地政策给予重点扶持。如经认定入选"5050计划"的企业,可享受最高500万元的研发经费补助、最高500万元的创业发展资助等,通过"人才引进+创新创业+生活"的一揽子人才政策,构建更优人才生态。

分析: 创业环境对创业有着巨大的影响。创业者要学会科学、全面地评价所处的创业环境。创业路途坎坷实属正常,大学生创业团队如果能对微观创业环境看得清楚,看准形势,就能把握机会成为后起之秀。杭州地处长江三角洲经济带,创业环境优异,适合发展高新技术型企业。

一、微观创业环境

(一) 微观创业环境的要素

新创企业的微观环境包括行业环境、竞争环境、中介环境、顾客环境、公众环境、内部环境六大环境要素。分别阐述如下:

1. 行业环境

创业者创业不论进入哪个行业都会遇到很多方面的行业壁垒:一定程度的规模经济、投入巨资的风险程度、行业周期不同阶段供货商和消费者的议价能力。这些都是创业者需要考虑和分析的行业环境影响因素。

2. 竞争环境

竞争环境是影响新创企业生存和发展的关键因素。创业者需要考虑新创企业所入行业可能需要的产品或服务差异化程度、生产的产品或经营的商品是否有替代品、行业现有竞争者的强弱、行业潜在进入者的潜能大小。这些都是竞争环境影响因素。

3. 中介环境

创业者所面临的行业中的中介环境是由中间商和服务商两个群体及其行为要素形成的。一是由中间商,即代理商、批发商,零售商三方业务水平高低,渠道冲突大小,管控难易程度等因素形成的。二是由服务机构,即调研公司、咨询公司、策划公司、广告公司、金融机构(银行、信用社、信贷公司、保险公司)服务水平的优劣形成的。

4. 顾客环境

创业者及其新创企业需要分析所进入的行业的顾客需求及其消费状况,即分析消费者市场，发现潜在需求，锁定目标市场，尤其要关注和分析潜在消费者对处在行业周期不同阶段的产品或服务的不同需求。满足顾客需求是新创企业经营活动的起点和归宿。

5. 公众环境

创业者及其新创企业面临的公众环境包括：政府机构（主管部门、工商、税务、财政、物价等）、媒体（报纸、杂志、电台、电视台、网络）、社会团体（行业协会、权益保护组织、环保组织等）、地方大众（地方官员、居民群众、社区组织等）、网民群体。

6. 内部环境

内部环境是创业组织内部各种创业要素和资源的总称，如人员、资金、设施、技术、产品、生产，管理环境分析与创业选择运行等方面的情况。内部环境是创业者的家园、是创业活动的根基，要从创业团队、资金及其来源、产品竞争力、技术开发水平、生产工艺、市场渠道能力、货源等方面找出自身的优势和劣势。知己知彼，方能百战百胜。比"知彼"更为重要的是要"知己"。因此，创业者在寻找和分析外部机遇时，时刻不能忘记自身的优势与劣势。只有将优势与外部的机遇有机地结合起来，才能使创业成功。

新创企业的内部环境影响因素包括：创业者自身的能力和素质、新创企业成员的整体素养、组织结构、激励机制、公关水平、企业文化等。

（二）微观创业环境分析方法

SWOT（Strengths 优势、Weakness 劣势、Opportunities 机会、Threats 威胁）分析是一种综合考虑企业内部条件和外部环境的各种因素后进行系统评价，从而选择最佳经营战略的方法。SWOT 分析实际上是对企业内外部条件各方面内容进行综合和概括，从而分析企业的优势和劣势、面临的机会和威胁，进而帮助企业进行战略选择的一种方法。因此，可以将 SWOT 用作分析微观创业环境的工具。

案例3.3

海底捞的"无人餐厅"

随着消费升级、信息化、大数据、人工智能等新科技新理念的发展，"跨界"和"智能"成为2018年餐饮业的关键词。2018年10月28日，斥资1.5亿元打造的海底捞全球首家"智慧餐厅"在北京正式营业。所谓"智慧餐厅"，是指从等位点餐，到厨房配菜、调制锅底和送菜，都融入了一系列"黑科技"，高度实现了"无人化"。海底捞的"智能餐厅"从"智能大脑""智能定制""智能出菜""智能体验"四个部分诠释了从生产到服务的全过程,给消费者带来全新的视听享受和就餐新体验。

海底捞的"智能餐厅"为国内智能餐饮打造了"样板间"。事实上,不只海底捞,多方巨头均不约而同瞄准了"智能餐厅"。例如,快餐巨头德克士"要开2300家未来店"、碧桂园"要开1000家机器人餐厅"、家电巨头长虹"要开机器人餐厅"。餐饮行业的迭代正在驶入"快车道",智能餐厅具有"人力成本低、出品水平稳定、大数据加持"等竞争优势,未来"餐饮智能化"成行业趋势,将如同流水一样蔓延至整个行业,传统餐厅或将逐渐消失。

分析:科技改变着我们的生活,海底捞"智能餐厅"可以优化经营模式和链条,受益于低人力成本、高质量产品、全新智能体验。人工智能改变传统经营模式,顺应餐饮智能化的趋势,许多餐饮企业相继涌现,从阿里、盒马鲜生,到五芳斋、庆丰包子铺等都开始了智能餐厅的试验,利用移动互联网技术改变运营模式,改善服务质量。

二、创业环境的评价

在对创业环境的宏观层面和微观层面都进行了科学分析之后,就可以对创业环境进行整体评价。

(一)创业环境评价的原则

1. 全面性原则

影响创业环境的因素有很多:既有内部因素,也有外部因素;既有宏观因素,也有微观因素;既有社会因素,也有自然因素。这些因素涉及市场、行业、经济、环境、政治、社会等各个方面,因此,在评价创业环境时,要全面考虑,综合评价。

2. 科学性原则

创业环境评价的科学性体现在评价指标和评价方法的科学性上。对于评价指标而言,科学性表现在两个方面:第一,指标是在实证的基础上确定的;第二,指标是在参考相关评价指标体系的基础上,结合创业实际确定的。评价方法的科学性体现在对关键指标要采取定性分析法,然后结合定量分析法进行评价。

3. 重要性原则

在坚持全面性原则的基础上,我们对影响创业环境的指标进行分类,对影响创业机会的关键指标采用定性的方法,这也是创业环境评价的第一步;同时,考虑不同地区、不同地域、不同历史阶段的差异性,对创业环境指标体系进行调整,保留那些影响创业环境的关键要素,去掉对创业环境影响不大的因素。

4. 可操作性原则

创业环境的评价最终要落实到操作层面。评价指标要在结合中国实际的基础上,通过实证取得。创业环境评价指标体系由定量指标和定性指标组成,无论是定量指标还是定性指标,指标的赋值要求容易取得。另外,评价过程在追求科学性的基础上不易太复杂,无论是创业主体还是投资商都容易操作。

(二)创业环境的评价体系

对创业环境的评价,可按照表3-1所示的指标体系进行系统分析与评价。

表3-1 创业环境评价指标体系

一级指标	二级指标	三级指标	单位(或指标)
与创业相关的宏观经济景气指标	经济增长拉动创业	近3年GDP年均增长率	%
		当年通货膨胀率	%
	市场扩张刺激创业	近3年消费年均增长率	%
		近3年出口年均增长率	%
	投资活跃推动创业	近3年投资年均增长率	%
	经济增长拉动创业	近3年城镇居民可支配收入年均增长率	%
鼓励创业的环境指标	教育鼓励创业	中小学教育是否有关于创业创新的内容	是或否
		创业管理教育是否进入大学课堂	是或否
	宣传鼓励创业	发布可操作的《鼓励创业条例》手册数	册
		举办创业宣传周(月)宣传次数与参与人数	次或人
		奖励优秀创业者的人数或金额	人或万元
	舆论鼓励创业	互联网创业网站个数	个
		互联网上检索创业新闻条数	条
		专业核心期刊研究创业的文章数及其影响因子	篇或影响度
	文化鼓励创业	个人冒险意识	强或弱
		团队合作精神	强或弱
		对收入差距的态度	接受或改变

续表

一级指标	二级指标	三级指标	单位（或指标）
支持创业的环境指标	人才支持创业	吸引海外留学人员回国创业的人才数	人
		重点扶持国内具有潜力的创业者人数	人
		免费提供劳动力就业培训的结业人数	人
	金融支持创业	银行提供的创业小额信贷总额	万元
		政府设立创业投资基金总额	万元
	技术支持创业	研究与开发支出	万元
		技术成果交易和转让价值	万元
	信息支持创业	安排商务访问团次数或人数规模	次或人
		定期公布有效创业信息条数	条
	项目支持创业	政府为创业者直接提供的资金或政策项目数或规模	个或万元
		政府组织社会力量为创业者提供的项目数或规模	个或万元
	网络支持创业	是否为开放式创业网络	是或否
		投资家网络是否健全	是或否
		产业地域聚集程度高低	高或低
	政策支持创业	税收减免与优惠估计值	万元
		创业企业承担税收外各项费用的平均值	万元
		政府采购对创业企业产品的购买额	万元
服务创业的环境指标	"一站式"服务创业	审批一家新办企业所需工作日	天
		审批一家新办企业所需交纳的费用	万元
	"孵化器"服务创业	创业中心有形基础设施的配套状况	好或偏差
		创业中心在孵企业数	个
		创业中心在孵企业总收入	万元
	"创业板"服务创业	风险投资资本供给总额	亿元
		创业板证券市场的上市企业数或规模	个或亿元
	中介组织服务创业	组建分行业创业者协会	个

续表

一级指标	二级指标	三级指标	单位（或指标）
保护创业的环境指标	法律保护创业	知识产权保护	好或偏差
		财产和人身安全保障	好或偏差
	道德保护创业	社会信用状况	好或偏差
	社会化保护创业	建立创业失败企业的退出通道	好或偏差
综合体现创业环境水平的成果指标	创业景气指数	中小企业开市率	%
		中小企业闭市率	%
		前2年创业企业成活率	%
	创业类型	机会拉动型创业比重	%
		贫穷推动型创业比重	%
	创业企业经营状况	创业企业资产总额	万元
		创业企业销售收入	万元
		创业企业就业人数	人

三、创业环境对创业的影响

创业环境对创业的影响主要表现为以下几个方面：

（一）对创业机会的影响

创业机会受环境因素的影响和制约，在环境变化的同时消费需求也随之变化，客观上存在着许多尚未满足的新需求，即商业机会、创业环境的变化，往往会带来众多的创业机会。但是创业环境的恶化，也可能使创业者遭遇创业风险。市场需求所保证的顾客购买、顾客群成长速度和潜力、顾客群的可接触性决定了商业机会的吸引力大小。市场需求的结构、规模和竞争等都会影响到创业机会的数量和分布。

（二）对创业战略的影响

创业战略由创业者制定，既要考虑地理环境、社会文化环境，又要考虑科技环境、经济环境等，合理的创业战略是这些因素的综合反映。创业战略的制定应针对创业环境，重点分析其对创业成效的影响。

（三）对创业地域的影响

不同区域的经济效益给予创业者不同的创业环境。例如，美国的高新技术产业密集区——硅谷，由于其优越的地区环境条件，以斯坦福大学为代表所形成的先进科学

技术与文化环境，吸引了一大批高新技术公司及其职工，使IT产业迅速发展起来，成为世界瞩目的高新技术发祥地。

（四）对创业资源的影响

创业资源可分为要素资源和环境资源两大类。要素资源是直接参与企业日常生产、经营活动的资源，包括资金、人力、原材料等；环境资源是指未直接参与企业生产，但其存在可以极大地影响企业运营效率的资源，包括政策、文化和品牌资源等。政策的调整和资源成本的变化会影响创业资源的获取。

（五）对创业者和创业团队的影响

由于创业环境的不确定性，创业机会与创业企业的复杂性，创业者和创业团队的能力与实力的有限性，创业活动有可能偏离预期目标。社会结构的演变及科学技术的快速发展，激发了人们的创业意识，催生了大学生的创业行为。改革的时代环境往往是创业者成果倍出的温床，它将使人们有更多的自由去选择自己的人生道路，去改变自己的生命轨迹。

韶关学院玉蕈园师生创业团队

以韶关学院英东生命科学学院方白玉副教授为首的食药用菌研发实践团队，从1992年3月开始，在一小块蘑菇种植试验田栽培"最简单的平菇"，历经26年的实践探索，如今在食药用菌产学研孵化基地栽培出"绿色、营养、健身产品的精品"。这主要得益于韶关学院高度重视大学生创新创业工作，构建了校企协同双创育人平台，促进了产学研深度融合。学校投入建设资金超1000万元，优秀校友温继优助资300万元，现已建成一个现代化无公害智能化栽培食药用菌的产学研孵化基地。

该团队积极响应国家"大众创业，万众创新"的号召，立足"绿色发展理念"和专业优势，利用粤北自然、环保的菌草资源，严控栽培环境，严格挑选培养基地，严格遵循无菌、无虫害的管理，产品从单一、简单走向多样、高品质：天然环保的菌草灵芝、绿色保健的银耳、药食用同源的灰树花（舞草）、美味的有机猴头菇。环保健康的食药用菌产品深受广大消费者喜爱。

学校已安排该团队进驻"北区创业孵化基地"和"青年创业服务亭孵化基地"，支持该创业团队（项目）的孵化工作，为其配备了校外创新创业导师，并对其进行"一对一"的指导，同时，提供了工商代理、法律咨询、创新创业竞赛申报、投资对接等服务工作。2015年，该团队荣获全国第四届创新创业大赛总决赛生物医药行业团队第六名和优秀团队,被中央电视台新闻频道专题播出。

该团队积极响应国家科技扶贫、产业扶贫的号召,尝试与地方共建示范科技产业扶贫新模式,服务地方的经济发展。广东一家企业已与玉蕈园创业团队达成合作协议,首期将投入1000万元,扩大无公害天然菌菇的栽培规模,创业项目已落户韶关市浈江区市镇大村,目标是打造食药用菌深加工基地,带动当地贫困户脱贫。

该团队研发的食用菌获国家级发明专利2项、注册商标2个,其创业园成为科技部备案的国家级"星创天地"和广东省农村创新创业星创天地,每年可培养500名食用菌行业的专用人才。

分析: 创业的发生有赖于众多优秀创业者的涌现。创业活动通常需要由创业团队来实现。市场进入障碍、创业的风险和收益都会影响创业者是否从事创业活动。这支栽培蘑菇的团队能够取得成功,是因为具备了天时、地利、人和的创业环境。学校支持、校友资助、企业投资,财源滚滚而来。地处广东北部,成果可以辐射多省农业创新,产品可以较快送达顾客手中。创业团队齐心协力,将环境优势转化为利润,实现了可持续发展。

活动与训练

大学生创业项目分析

一、目标

运用SWOT分析法分析某创业计划。

二、规则和程序

步骤一:选定创业项目。全班分两组进行,选定创业项目进行分析。

步骤二:介绍分析报告。结合PPT介绍分析报告出发点、分析过程、分析结果等。

步骤三:讨论创业项目的问题与改进。通过分析报告得出结论,并提出改进措施等。

(建议时间:60分钟)

思考与讨论

1. 如何科学地评价创业环境?请叙述创业环境对创业有什么影响。
2. PEST分析法和SWOT分析法的内涵和区别是什么?

模块四　创业与创业者

🌸 模块导读

　　创业资源是创业者所需要的具备的一些创业条件。年轻人创业，合伙人一般来自同学、同事、同乡以及这三个圈子的转介绍。除了人，创业还需要技术和经验，如阿里巴巴投资Paytm（印度最大的移动支付和商务平台）后，将运营、技术、管理等多方面经验分享给了Paytm，使得Paytm得以在短短两年内用户量翻了几倍。

　　创业资源有了以后，如何让资源发挥作用，就需要涉及整合。创业资源整合指创业者对不同来源、不同层次、不同结构、不同内容的创业资源进行识别与选择、汲取与配置、激活与有机融合，从而创造出新的资源的一个复杂的动态过程。

　　可以看出，人脉、技术、经验等都是企业创新和发展所需的重要资源，如何理解创业资源、获得创业资源和使用创业资源就是我们本模块的主要内容。

　　通过本模块的学习，同学们能了解创业资源的概念和基本分类，熟悉创业资源的获取途径和影响因素，掌握创业资源的获取流程、评估方法和经验技巧；了解资源整合的概念，掌握创业资源整合与开发的技巧；了解创业融资的概念，熟悉常见的创业融资方式及其特点，了解融资风险的概念，理解融资困难的原因和对策，理解融资风险的内容和基本对策。

创业与职业生涯发展

创业精神有哪些

4.1 创业与职业生涯发展

名人名言

事业是理念和实践的生动统一。

——亚里士多德

学习目标

1. 了解创业与职业生涯规划的联系；
2. 掌握创业者职业生涯规划的重要性；
3. 掌握创业者职业生涯规划的步骤。

从职业体验到自主创业

卓俊杰，上海市商贸旅游学校和上海城建职业学院中高贯通文物修复与保护专业2015级的学生。毕业后，他自主创业，成了"清思园"中国古美术创始人，致力于明清瓷器搜索引擎，线上+线下电商拍卖，艺术品文化创意产品研发、销售，并提供艺术品鉴定、收藏等咨询类服务。2018年，他获得百万元风投及品牌孵化后，现担任潭钺（上海）艺术品有限公司和上海得佳趣拍卖古董珍玩部主管。

在初中时，一次偶然的机会，卓俊杰参加了一次体验日活动，正是这次非同寻常的体验，让卓俊杰坚定地报考文物修复与保护专业。文物修复与保护专业组织了一个鉴定会，由社会上形形色色的人从包里掏出各种各样的宝贝，再由学长们"慧眼识珍"，把这些东西的前世今生讲得头头是道。"这个特别有意思，就感觉那些原本离我们仿佛很遥远的东西变得很近，是可以用手触摸到的历史。"卓俊杰说。自主创业能真正扎进这个圈子里学习，真正学到本领。

分析：其实，每个专业的就业前景都很宽。选择职业教育就是选择了今后的发展道路，许多职校毕业生演绎着他们的精彩创业故事。人生道阻且长，不管选择什么样

的道路，只要加倍努力和坚定自信，一定会比别人更出彩。

一、创业者的职业生涯规划

职业生涯（Career）是指一个人一生连续从事和负担的职业、职务、职位的过程。创业者的职业生涯规划就是在了解自己的个性特征、能力素质、需求等内部因素及资源、环境等外部因素的基础上，根据自己的理想、追求确定适合自己的创新创业发展方向和目标，并制订相应的计划，以期能更好地推动创新创业。一个人，一生中绝大部分时间是在职业生涯中度过的，职业生涯能否成功直接决定了人的生活质量。如何在严峻的商场中立于不败之地，稳步发展，这是每一个创业者最为关心的问题。

不同的职业生涯规划的理论，都对职业生涯发展的阶段有了自己的划分。对于创业者来说，他们的职业生涯规划应该划分为前期、早期、中期和后期。创业者由于开始创业的年龄不同，很难以年龄划分，而是应该以创业发展的进程来划分，如表4-1所示。

表4-1 创业者的职业生涯规划阶段划分

创业阶段	职业生涯阶段	主要任务
还没有创业	职业生涯前期	学习创业所需基本知识与能力、寻找创业项目
刚刚成立企业1～5年，企业快速发展	职业生涯早期	管理企业，增长才干，寻找企业发展的行业与道路
企业发展到一定规模，企业已经有成熟的产品或服务项目	职业生涯中期	创新发展，辉煌贡献
企业规模较大，企业能独立运转	职业生涯后期	总结、教授经验，寻找接班人

二、创业者的自我认知与探索

自我认知指的是对自己的洞察和理解，包括自我观察和自我评价。针对创新创业者自我认知的维度及其测试方法简介如下：

（一）兴趣

目前，关于职业兴趣测试比较有代表性的是霍兰德职业兴趣测试，它是由美国职业指导专家和心理学家霍兰德（John Holland）根据他本人大量的职业咨询经验及职业类型理论编制的测评工具。霍兰德认为，个人职业兴趣特性与职业之间应有一种内在的对应关系。根据兴趣的不同，人格可分为调研型（I）、艺术型（A）、社会型（S）、企业型（E）、常规型（C）、实际型（R）六个维度，每个人的特性都是这六个维度的不同程度组合，如图4-1所示。

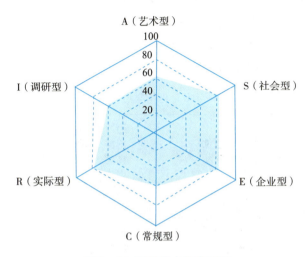

图4-1 霍兰德人格类型图

霍兰德认为企业型特性的人更适合进入创新创业领域。这种特性的人的特点为：追求权力、权威和物质财富，具有领导才能；喜欢竞争，敢冒风险，有野心和抱负；为人务实，习惯以利益得失、权力、地位、金钱等来衡量做事的价值，做事有较强的目的性。

(二) 性格与职业兴趣测量

霍兰德认为，性格与职业环境的匹配是形成职业满意度和成就感的基础。如果从业者从事自己性格偏好的职业，那么他会在工作中释放出最大的激情，发挥出最完美的自己。如果一个人的性格与职业不相符甚至有很大的冲突，那么，即使进入了这一岗位，他也会觉得工作是一种折磨，对工作不认可，进而导致职业倦怠，也就不会有成就可言。创新创业领域也一样，性格对创新创业的成败有重要影响。因此，每一个创新创业者在规划或者重新选择自己的道路时，一定要根据自己的性格，知道自己擅长什么，不适合做什么，真正喜欢什么，可能会厌恶什么。只有在对性格有深入了解的情况下，创新创业活动才能避免走弯路和浪费不必要的时间和精力。

在众多的性格测试工具中，MBTI职业性格测试是国际最为流行的职业人格评估工具。作为一种对个性的判断和分析，它是一个理论模型，从纷繁复杂的个性特征中，归纳提炼出四个关键要素——动力、信息收集、决策方式、生活方式，以此进行分析判断，从而把不同个性的人区别开来。

MBTI 从四个维度考察个人的偏好倾向，以区分人与人之间的差异性。四个维度分别是：

（1）精力支配：外倾 E（Extraversion）——内倾 I（Introversion）。

（2）认识世界：感觉 S（Sensing）——直觉 N（Intuition）。

（3）判断事物：思维 T（Thinking）——情感 F（Feeling）。

（4）生活态度：判断 J（Judging）——知觉 P（Perceiving）。

MBTI 性格类型与职业匹配如表 4-2 所示。

表 4-2　MBTI 性格类型与职业匹配

ISTJ 内倾　感觉 思维　判断 稽查员	ISFJ 内倾　感觉 情感　判断 保护者	INFJ 内倾　直觉 情感　判断 咨询师	INFP 内倾　直觉 情感　知觉 治疗师
ESTJ 外倾　感觉 思维　判断 督导员	ESFJ 外倾　感觉 情感　判断 销售员	ENFJ 外倾　直觉 情感　判断 教师	ENFP 外倾　直觉 情感　知觉 激发者
ISTP 内倾　感觉 思维　知觉 演奏者	ISFP 内倾　感觉 情感　知觉 艺术家	INTJ 内倾　直觉 思维　判断 科学家	INTP 内倾　直觉 思维　知觉 设计师
ESTP 外倾　感觉 思维　知觉 发起者	ESFP 外倾　感觉 情感　知觉 表演者	ENTJ 外倾　直觉 思维　判断 调度者	ENTP 外倾　直觉 思维　知觉 发明家

MBTI 职业性格测试结果表明，INTJ（内倾、直觉、思维、判断）型性格的人比较适合从事创新性的工作，而 ENTP（外倾、直觉、思维、知觉）型性格的人更适合从事创业活动。

（三）能力

能力是个人综合能力的一种体现，在职业发展的过程中发挥着不可替代的作用，在一定程度上决定着职业的成就和事业能否持续扩大与发展。对创新者而言，创新知识的学习与积累能力、创新机会的捕捉能力、创新思维能力和创新技能是其核心能力。创业者由于其面对环境的复杂性和挑战性，能力要求更广泛。关于创业能力的构成模型，比较一致的看法是，创业能力包含自我管理能力、知识能力、认知能力、机会识别能力、机遇发展能力、行政管理能力、人力资源管理能力、决策能力、领导能力等。

（四）心理成熟

为什么有些人才华横溢却不能笑傲人生？为什么有些人稍遇挫折就灰心丧气？这里涉及一个心理成熟度的问题。心理成熟的个体在面临挫折或冲突的紧张情境时，会在其内部心理活动中自觉或不自觉地解脱烦恼，减轻内心不安，恢复心理平衡与稳定。一个人要想顺利实现自己的职业理想，必须有良好的心理竞技状态。那些心理成熟的人往往容易获得世俗的成功，更能早日达成心中的理想与愿景。

创新创业是一个复杂的长期的过程，它要面对激烈的竞争，面对各种变化和不确定性，忍受常人难以忍受的困苦。创新创业者往往要具备不怕挫折、不畏险阻、艰苦创业的心理素质以及良好的心态和自控能力，没有成熟心理的人是难以胜任创新创业重任的。

（五）环境

前面提到的创新创业者在兴趣、性格、能力、心理成熟度四个方面的自我认知，只能证明一个人是否具备创新创业的特质，但不能明确回答他是否可以做创新者或创业者这个问题。我们认为，在具备基本特质的前提下，环境因素决定了创新创业者的职业方向选择。人、环境与职业的匹配可以用SWOT分析法进行测试（具体内容参见模块三）。

（1）对个人自身条件的优势与劣势可从以下这些项进行分析：
①职业爱好：自己喜欢与不喜欢做的事情；
②学习能力：学习速度、学习深度、擅长的学科；
③工作态度：对工作执着上进的程度；
④与人交往能力：交往意愿、交往范围、交往深度、合作经验；
⑤自己的资金、家庭、朋友的支持程度。

（2）对外部环境的机会与威胁可从以下这些项进行分析：
①国际环境：行业的开放性、外资情况、全球经济情况；
②国内环境：政策导向、人口结构、GDP；
③所在的具体地区或城市情况；
④学校的情况、专业的情况；
⑤行业情况：行业特性、行业景气度、行业发展趋势、竞争程度、上下游产业价值链；
⑥企业的发展状况：老板、高级管理者、企业文化和制度、产品和市场、竞争对手；
⑦岗位就业情况：岗位发展趋势、竞争程度、待遇水平。

SWOT分析法必须建立在对自身与外部环境的深入和充分了解的基础上，对自身的了解可以通过自我分析、他人评价、科学测试等方法来达到，而对外部环境的了解则可以通过查阅资料、参观与见习、讨论、访谈等形式来达到。

三、创业者职业生涯规划的步骤

（一）机会评估

机会评估包括两个层面：一是建立在自我认知基础上的机会评估，通过了解自己，包括自己的性格、特长、学识、智商、爱好、情商、技能、思维方式等，弄清自己想干什么和能干什么，选择最适合自己的职业方向与道路；二是建立在环境认知基础上的评估，即充分了解自身所处环境的特点，分析职业环境的发展变化，明确环境对自己提出的要求以及自己在这个环境中的地位。只有对自我内部因素和对环境外部因素进行了充分了解和把握，才能做到科学、合理规划自己的职业路线，使自己的职业生涯规划具有现实意义。

（二）确定目标

根据职业生涯规划分为人生规划、长期规划、中期规划和短期规划，相对应的职业生涯目标也应包括人生目标、长期目标、中期目标与短期目标。我们在确定目标时，首先要根据个人的性格、气质、专业和价值观，并结合社会的发展趋势确定人生目标和长期目标，然后对人生目标和长期目标进行分段细化，根据个人的经历和所处的组织环境制定相应的中期目标和短期目标。

1. 人生规划

一般人的职业生涯时长为 40 年左右，对应的人生目标时长也是 40 年左右。例如，规划 60 岁成为一个有数亿元资产的公司董事。

2. 长期规划

规划时长 5~10 年，对应的是长期目标。例如，规划 30 岁时成为一家中型公司的部门经理，规划 40 岁时成为一家大型公司的副总经理，等等。

3. 中期规划

规划时长 2~5 年，对应的是中期目标。例如，规划到中小型公司不同业务部门任职并有所成就。

4. 短期规划

规划时长 2 年以内，对应的是短期目标。例如，2 年内掌握哪些业务知识和业务技能，等等。

（三）制订行动计划与措施

制定职业生涯目标后，关键是要付诸行动。没有落实目标的行动，目标就无法实现，事业的成功也就无从谈起。而要行动，就得有具体措施和计划，主要包括时间分配、工作安排、学习培训等方面的措施。

（四）实践尝试与能力提升

纸上得来终觉浅，绝知此事要躬行。职业规划毕竟是一种主观的评估和预测，它与实际会存在一定的误差或者不相符。因此，职业规划必须有实践环节，每个人在确定自己的职业发展方向后，都应尝试在所选职业领域实践锻炼一段时间，一是验证规划中各种评估的准确性，二是在实践中学习，拓展知识，提高能力，为今后的职业生涯做好各种储备。

（五）反馈与调整

在人生的发展阶段，由于社会环境的巨大变化和一些不确定因素的存在，我们与原来制定的职业生涯目标与规划有所偏差，这时就需要对职业生涯目标与规划进行评估和做出适当的调整，以便更好地符合自身发展和社会发展的需要。职业生涯规划的评估与反馈过程是个人对自己的不断认识过程，也是对社会的不断认识过程，是使职业生涯规划更加科学、有效的有力保障。

四、创业者职业生涯规划管理

（一）职业生涯前期

这一阶段是指创业者还没有创业之前为创业做准备的阶段。在这一阶段，有志创业的人在创业之前就应该做好各种准备。

1. 资金准备

在我国，要想创办企业必须有一定的注册资金，所以创业者在创业之前必须找到足够的资金。要找到资金，往往有两个途径：自有资金或投资资金。由于投资资金对一般创业者来说需要的条件太高，往往很难获得，所以往往需要创业者自己挣到这笔资金，有的是创业者的工资收入，有的是创业者创业之前做一些生意或提供服务得到的第一桶金。

2. 职业生涯因素的准备

创业者在创业以后，一下子视野开阔了，看到的东西太多了，这个时候也最容易没有了方向。所以创业者最好不要直接跳到创业的状态（开办企业），要有一个过程，如做一段时间经理、副总，这样更有助于创业者的创业。创业前，看成功方面的书与听成功者的故事，一定要学到他们创业的心理意志与心理历程，而不是他们创业的具体流程，因为那是不可直接复制的。所有经验的获取只有一个途径，就是实践。

（二）职业生涯早期

这一阶段是创业者刚刚进入市场并为市场所接纳的过程。在这一阶段，个人和市场的相互接纳是创业者所面临的重要的职业生涯管理任务。创业者在创业之前，工作中面对的是上下级关系。一旦创业，创业者就要面对主管部门、工商、税务、物价、劳动部门，除此之外还要面对客户、供应商、竞争者、合作者、利益相关者等。哪个环节处理不好，都会对企业的发展造成严重后果。

（三）职业生涯中期

创业者职业生涯在经过了职业生涯早期阶段，完成企业的初步发展后，必然步入职业生涯中期阶段。这一阶段有两种表现形态：企业获得初步成功；创业者薪资福利增加，并成为稳定的贡献者。这一时期是人生最漫长、最重要的时期，其特殊的生理和家庭特征也使其职业生涯发展面临着特定的问题与任务。该阶段的个人心理特征主要表现为认同感受到冲击，并在市场中逐渐成熟；创造力旺盛，业绩突出。

1. 保持积极进取的精神和乐观心态

这是人生的一个关键时刻和转折点，对于有信心和有把握使企业进一步提升的人来讲，他们劲头十足，有充分的潜力进步。但是，相当数量的创业者在步入企业的中期阶段后，由于面临职业生涯中期危机和由于创业而带来的家庭问题，少数人因为职业发展遇到的困难和问题较多，以至于失望、沉沦，滑向下坡路。创业者职业生涯中期的诸多问题会给个人造成巨大的压力，但同时也提供了发展的机遇，如果能够正确地控制自己的感情，正视客观现实，保持积极进取和乐观的心态，积极寻求解决矛盾和问题的新方案，那么，中期职业危机就会成为新的机会，从头再来，还可以实现职业发展的新跨越。保持积极进取的精神和乐观的心态是职业生涯中期应完成的任务。

2. 面临新的职业与职业角色选择决策

在创业者职业生涯中期，每个人都经历了较长时间的职业工作，也面临着新的职业角色选择，这时个人必须查找自身的生活目标和价值观，以便取得一种更稳定的整合和生活结构，摆脱以往的角色模式或压力，选择新的角色。

3. 维护工作、生活和自我发展三者的均衡

职业生涯中期，每个人都面临着来自工作、家庭和个人发展三个生命周期的问题，它们相互影响，相互制约，因此，正确处理好这三个生命周期的关系，求得三者的适当均衡，是处于这一阶段的创业者必须完成的重要任务。

（四）职业生涯后期

创业者职业生涯在经过了职业生涯中期阶段，步入职业生涯后期阶段时，企业在市场中已经成熟，企业能够非常平稳地运行。这时往往由于创业者的能力达到一定的瓶颈水平，需要创业者考虑企业制度、股权结构以及自己的后备人选了。

屡战屡败的创业者迎来关键一胜

一提到王兴，很多人脑海里面首先想到的一个词就是连环创业者，因为他是校内网、饭否网、美团网这三个中国大名鼎鼎的网站的联合创始人。除此之外，他还有另外一层身份——大学生创业者，一个在毕业之后，没有丰富的职业履历就开始创业的人。

他是一名人们口中的天才少年，高中没有参加高考就被保送到清华大学，毕业后拿到全额奖学金去了美国特拉华大学，师从第一位获得MIT计算机科学博士学位的大陆学者高光荣，随后归国创业。在前一两次不算成功的创业之后，2004—2010年，他连续创业：2004年创办红极一时的"校内网"，这是一个出色的SNS（社交网络服务提供者），让他差点成了"中国的扎克伯格"；2005年，他二度创业的姊妹篇"海内网"同样人气不减；2007年，他又做出了饭否网——这是中国最早的类似Twitter的网站，他摇身成为微博、博客的中国站代言人。但是这10多个项目，次次告败，他简直是史无前例的人生"Loser"。有一段时间，网上的吸睛标题"这个屡战屡败的创业者又来了！"说的就是王兴。

但凭着"打不死的小强"般的坚韧与坚持，王兴于2010年3月上线新项目美团网，并在千团大战中脱颖而出，稳居行业前三，先后获得红杉和阿里的两轮数千万美金的融资，这个连环创业客的事业逐渐走上正轨。如今，美团网单月流水已经突破10亿人民币，风头正劲，估值过千亿元。业界认为，美团网很有可能继BAT（即百度、阿里、腾讯）之后，成为中国互联网的"第四极"。

分析： 创业是一个发现和捕捉机会并由此创造出新颖的产品或服务，实现其潜在价值的过程。王兴根据自己的学业优势和职业兴趣，始终坚持在互联网领域进行

创业实践，过程中既有挫折，也有成功。屡败屡战背后是他对自己创业潜质的深度探索，关键一胜的深层次原因是他理性地进行创业生涯规划，不忘初心方得始终。大学生在创业过程中既要有无怨无悔的投入，更要有大彻大悟的分析，须知，科学规划对于创业之路仿佛为其安装了导航装备，成功概率会大大提升。

 活动与训练

创业人物访谈

一、目标

学会创业者的职业生涯规划方法。

二、规则和程序

步骤一：划分小组，采用随机的方式进行分组，每组4～6人为宜。

步骤二：以小组为单位讨论，设定拟采访的创业校友名单及访谈提纲。

步骤三：进行一次创业人物访谈，重点记录被访问者姓名、年龄、性别、创业的动机、经历和商机等关键因素。

步骤四：查找资料，分析受访者在创业初期生存阶段经受的压力、经历的危机和获得的帮助。

步骤五：小组派代表汇报访谈记录，教师做总结。

（建议时间：30～40分钟）

 思考与讨论

> 1. 创业者的职业生涯规划包含哪些要素？
> 2. 针对自己所具备的特征，模拟一次创业者职业生涯规划。

4.2 创业潜质与创业精神

名人名言

企业发展就是要发展一批狼。狼有三大特性：一是敏锐的嗅觉；二是不屈不挠、奋不顾身的进攻精神；三是群体奋斗的意识。

——任正非

学习目标

1. 了解创新精神与创业精神的概念及其内涵；
2. 了解创业潜质包含的内容；
3. 掌握创业潜质提升的方法。

有勇有谋的"老干妈"

集团创始人陶华碧出生在贵州省湄潭县一个偏僻的山村，由于家里贫穷，从小到大没读过一天书。陶华碧曾到南方打工，她吃不惯也吃不起外面的饭菜，就从家里带了很多辣椒，做成辣椒酱拌饭吃。经过不断调配，她做出一种很好吃的辣椒酱，这就是现在"老干妈"仍在使用的配方。

后来，陶华碧办起了辣椒酱加工厂，牌子就叫"老干妈"。陶华碧用了一个"笨办法"：她用提篮装起辣椒酱，走街串巷地向各单位食堂和路边的商店推销。辣椒酱竟然很快销完了。陶华碧开始扩大生产。

"老干妈"没有库存，也没有应收账款和应付账款，只有高达十数亿元的现金流。

在儿子李贵山的帮助下，陶华碧制定了"老干妈"的规章制度，公司内部从来没有出过什么问题，从当初200人的小厂开始，"老干妈"就有宿舍，一直到现在2000人，他们的工资福利在贵阳是顶尖的。在陶华碧的公司，没有人叫她董事长，全都喊她"老干妈",公司 2000 多名员工,她能叫出 60% 的人名,并记住了其中许多人的生日,每个员工结婚她都要亲自当证婚人。

分析:"老干妈"从小到大的成功告诉我们,创业者要有勇有谋——不但要考虑自己是否具备创业的条件,同时还要做好承担一切压力与责任的心理准备。创业者分为四种类型:成就上瘾型、推销高手型、超级主管型和创意无限型,根据外部环境和掌握的创业机会,进行富有创意的策划,进行大胆的抉择。辣椒酱谁都能做,但是"老干妈"做到了品质优异和营销得当,充分衡量自己掌握的创新武器在市场竞争时的真正威力。

一、创业的潜质

创业者所具备的潜质如图 4-2 所示。

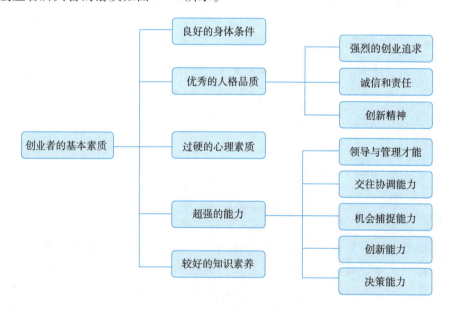

图 4-2 创业者所具备的潜质

(一) 良好的身体条件

创业者良好的身体条件是指身体健康、体力充沛、精力旺盛、思路敏捷。几乎所有的企业家都认为良好的身体条件是成功创业的一大前提。创业是艰苦而复杂的,在创业之初,受资金、环境等各方面条件的限制,许多事都需要创业者亲力亲为。创业者工作繁忙、压力大、工作时间长,若无充沛的体力、旺盛的精力、敏捷的思路,必然力不从心,难以承受创业重任。舒尔茨在他的人力资本投资理论中指出:

"体现在物质产品上的资本被称为物力资本,体现在人身上特别是劳动者身上的资本,则是人力资本,如智力、知识、技能和健康状况……躯体的健康是人健康的基本条件之一,也是创业者的必备条件。"

(二)过硬的心理素质

心理素质是指创业者应该具备的心理条件,包括自我意识、性格、情感、气质等心理构成要素。作为创业者,自我意识上应自信和自主,性格上应开朗、坚韧、果断和刚强,情感上应更有理性色彩。成功的创业者应该能做到不以物喜,不以己悲。在漫长的创业过程中随时都可能会出现意想不到的问题,遇到挫折和困难,创业者要有充分的心理准备,要有艰苦创业的心理准备,要有面对失败的心理准备。

国内学者认为,创业者应该具备六方面的良好心理素质,包括:能独立思考、自主判断与选择;善于沟通、交流与合作;勇于担责、敢于冒险、积极行动;善于自我控制,敢于克服盲目冲动;百折不挠、坚持不懈、顽强拼搏;善于自我调适。

(三)优秀的人格品质

1. 强烈的创业追求

要想取得创业成功,创业者必须有实现自我、追求成功的强烈欲望。现实中,"无欲"是不存在的,"欲"是一种生活目标,是一种人生理想。创业者的这种欲望我们称为创业追求,他们追求得到个人内在实现的满足,追求得到社会的尊重,追求拥有财富。创业者的追求往往超过他们的现实,一旦目标明确,往往伴随着创新动力和牺牲精神。

2. 诚信和责任

诚信是人的立足之本和发展源泉。创业者的诚信品质决定着企业的声誉和发展空间。不守诚信或许可以赢一时之利,但必然失去长久之利。创业者的诚信应体现在平等基础上、和他人的合作与竞争上,体现在对企业和企业产品质量的保障上。除了诚信,创业者更重要的是要承担社会责任。创业者要重视树立良好的企业形象,不贪图眼前的暂时利益,自觉地把个人的事业、企业的发展和社会的需要有机统一起来。

3. 创新精神

创业过程,其实质就是一个不断创新的过程。例如,创新方法生产老商品,开拓新的产品销路,改革生产模式,等等。金利来品牌创始人曾宪梓认为,做生意要靠创意而不是靠本钱。在竞争日益激烈的市场中,不追求创新的企业很难站稳脚跟,创新和改革是企业永葆活力与竞争力的源泉。成功的创业者追求以创造性的思维解

决问题，他们一般不会墨守成规、简单重复地完成任务，而是不断地打破常规，寻求新的、更有效率的方法完成任务。

（四）较好的知识素养

虽然有关调查结果显示，并非学历越高，取得创业的成功概率就越大。但在知识经济时代，在商业竞争日益激烈的今天，创业已转向科技和知识创业，知识素养对创业有着举足轻重的作用。创业者要进行创造性思维，要做出正确的决策，就必须掌握广博的知识，具有一专多能的知识结构。

创业者的知识结构包括以下三个方面内容：一是与创业活动密切相关的专业性知识，创业者在某一领域创业，就应熟悉并掌握这一领域的相关专业知识；二是常识性知识，包括政治常识、经济常识、社会常识、法律常识等，这些常识可以帮助创业者少犯错误，少走弯路，有利于提高科学决策水平；三是经验性知识，包括商业经验、社会经验、生活经验等，这是创业者的人生经历和在工作实践中积累的知识。

（五）超强的能力

1. 领导与管理才能

创业要有一个领袖、一个灵魂人物。这个领袖自身应有明晰的使命、愿景、价值观，有很强的感召力，有高瞻远瞩的战略思维，有百折不挠的意志力和胸怀，有随机应变的灵活性和决策力，有统率全局和明察秋毫的能力。同时，创业还需要有管理者来整合、利用各项生产要素，形成合力，发挥它们的最大效用。这个管理者，必须有脚踏实地的执行能力，具备高超的管理艺术，必须对自己经营管理的事业了如指掌，对生产和消费趋势有预测能力，必须善于选择合作伙伴，有组织或领导他人、驾驭局势变化的能力。

2. 交往协调能力

交往协调能力是指能够妥善地处理企业内部团队成员之间关系，企业与同业人员、合作伙伴、竞争对手之间关系，企业与公众（政府部门、新闻媒体、客户等）之间关系的能力。创业不是单兵作战，它需要有人脉，有广泛的人际关系网以及由此形成的强大支撑系统。因此，创业者要积极进行有效沟通，团结各界力量，既要做到坚持原则，又要做到求同存异，共同协调发展。

3. 机会捕捉能力

机会就是商机，成功总是属于那些善于捕捉机会的创业者。在创业过程中，机会往往稍纵即逝，只有嗅觉敏锐、决断果敢的创业者才能捕捉到。有些创业者经常抱怨："别人机遇好，我运气不好，没有机遇。"这其实是一种误解，很多时候我们缺的不是机会，而是发现并捕捉机会的能力。因此，创业者要多看、多听、多想，广泛获取信息，要有独特的思维，要有独立见解，善于发现别人没有发现的机会，并对机会做出快速反应。

4. 创新能力

抓创新就是抓发展，谋创新就是谋未来。面对全球新一轮科技革命与产业变革的重大机遇与挑战，面对经济发展新常态下的趋势变化和特点，创业者唯有追求创新才能取得成功。因此，创业者需要有创新意识、创新思维和创新技巧，要敢于做新思想、新理论、新方法和发明的创造者。在这里，创业者不能单纯地为创新而创新，而应以解决问题为导向，在解决问题中发现创新题材和内容、方法，只有这样才能体现创新的真正价值。

5. 决策能力

决策能力是创业者根据主客观条件，因地制宜，正确地确定创业的发展方向、目标战略以及具体选择实施方案的能力。在创业过程中，决策是一项重要的工作内容，是创业顺利进行并取得成功的前提，诸如创业团队组建、机会选择、创业融资、商业模式以及发展战略等重大决策，都与创业的成败直接相关。因此，创业者的决策能力很重要。创业者要有很强的分析能力和判断能力，要以调查为基础，以事实为根据，用创新思维进行科学决策。

二、创业素质提升方法

少数创业精英具有创业天赋，这是不争的事实，但不具有代表性，不能片面夸大。大部分人可以通过后天的培养和艰苦奋斗积累雄厚的创业素养，成为成功的创业者。

提升创业者素质是一项涉及全社会的系统而复杂的工程，需要建立起家庭、学校、企业、政府四位一体的宏观培养体系。下面，我们主要从大学生创业者自身的微观角度，阐述创业者素质提升的直接方法和间接方法。

（一）创业素质直接提升方法

创业素质直接提升方法，除了参加校内的创业赛事活动、勤工俭学、创业模拟实训团学活动、校外假期兼职打工、企业实习、创业基地见习考察等第二课堂活动，还包括以下方法：

1. 拥有创业素质提升意愿

提升自身创业素质是创业者成功创业的基石。对此，创业者必须拥有强烈的主

观愿望，提高认识，端正态度，高度重视，形成内在的、自发的、潜意识的诉求，强化创业意识。

2. 参加校园创业文化活动

积极参加校园创业文化活动，体验创业启蒙，普及创业政策，遵守职业道德，增强创业法律意识，提升创业诚信品行，树立新时代创业观念。

3. 入驻创业互动交流社区

通过注册创业者论坛、创业沙龙、企业家论坛等社区，成为社员，同时关注创业公众号，加入创业群，从中获取创业信息，寻找合作伙伴，广泛交流，资源共享，增强自信。

4. 创建小微企业，实战练兵

物色一个好点子，锁定一个小本或无本项目创业，比如微信创业（即微创业）。做微商成本低、风险小，特别适合大学生创业。大学生不妨从做代理业务起步，从中积累实战经验。

5. 挖掘好项目，入驻创业园

积极参加校内外大学生创业园的各类创业活动，开阔视野，丰富知识，然后伺机付诸行动，努力挖掘一个小而精的项目入驻创业园，从创业实践活动中汲取创业素养。

6. 参加导师创业课题研究

积极参加创业导师关于创业课题的研究活动，能够提升大学生创业的综合素养，因为创业课题研究是一项理论联系实际的活动过程，既能提升参与者的创业理论素养，又能提高其创业实践能力。

（二）创业者素质间接提升方法

1. 选修各类创业课程

在校大学生无论何时创业，都应该选修各类创业课程，比如创业方法类、创业管理类、创业管理专业与创业嫁接类、创业实战类等课程，丰富知识结构，提升创业综合素养。

2. 阅读课外创业书籍

创业者应该广泛阅读创业书籍，如企业家传记、创业案例分析等，学习间接经验，降低创业成本，提升学习能力。

3. 关注媒体创业信息

创业者应该通过各种媒体广泛涉猎创业信息，比如借助报纸与杂志、电台与电视台、互联网媒体与移动新媒体获取创业资讯，随之去伪存真，加工处理管理信息，提升决策力。

4. 聆听专家报告讲座

创业者不要错过任何一场商界名流、专家学者的创业专题讲座、创业报告会、创业项目研讨会、创业咨询会等，这种高端交流能够开阔视野，激发创业热情，坚定创业信念。

5. 加入创业协会组织

创业者应该加入创业协会，比如大学生创业者协会、校友创业协会、青年创业联合会等，进而成为会员。创业协会既是创业者抱团取暖的行业协会，也是创业者心灵慰藉的家园，可以从中构建人脉，互助互利，互通有无，提升创业资源的优化整合能力。

6. 认知创业相关机构

创业者需要学会与风险投资、创业资质评定、创业培训、创业资源开发等机构，以及工商、税务、监管等政府部门打交道，要讲究与其相处之道，提升交际力、融资力、抗风险力，以及创业情商。

课堂讨论

曾燕华是一名家境贫寒的普通大学毕业生。在校期间，她就依靠家教，赚到了自己所有的学费和生活费。毕业后，她不等不靠，开办了一所家政服务站，在自主创业的路上努力拼搏。她说："创业是贫困大学生最好的人生经历，在遇到挫折时就要学会自己不断地爬起来。"只有做精做专，才能做强，而且在没有资金的情况下，只能从小做起。两年来，在"梦点"找过家教的福州家庭已有2000多户，有4000多名福州各高校的大学生成为"梦点"的会员，小小的家政服务站已经开始稳步盈利。曾燕华的创业精神给你哪些启示？

三、创业精神

（一）创业精神的含义及特征

1. 精神的内涵

精神表现为人的一种心理过程和心理特征。人在实践活动和生活活动中，和周围的环境发生交互作用，必然产生这样或那样的主观活动和行为表现，这就是人的心理活动，或称为心理。心理特征是指一个人身上经常、稳定地表现出来的心理特点。

2. 创业精神的含义

创业分为广义创业和狭义创业，同样，创业精神也可以从广义和狭义两方面加以理解。广义的创业精神是指创业者在创立基业、开创新事业的过程中所具有的心理过程和心理特征。在这里，创业精神代表了一种以创新为基础的做事与思考方式，具体可以包括创新创业意识、创新精神、合作（或团队）意识、进取意识、风险意识、创业动机等。

狭义的创业精神就是企业家精神，不同的专家学者对狭义的创业精神做了不同的阐述。熊彼特认为，企业家精神是一种经济首创精神，即创新精神，企业家精神就是做别人没做过的事或是以别人没用过的方式做事的组合。柯兹纳认为企业家精神就是抢先抓住新机会的能力。认识到机会并抓住机会可以"矫正"市场，把市场带回平衡状态。

创业精神的内涵可以从以下三个方面理解：

其一，创业精神表现为一种心理过程或心理特征。在创业实践中，创业者心理过程往往表现出创新、冒险、领先行动等心理特征或行为特征。

其二，创业精神的形成是一个动态的由量变到质变的过程，是一个由不明确、不稳定到明确、稳定的内化过程。创业者在创业文化环境的影响下，不断积累创业相关的知识和经验，认知和意志不断变化，实现创业精神从量的积累到质的变化，将不明确、不稳定的创业精神内化为明确的、稳定的创业精神。

其三，创业精神的形成可能与创业者的天赋有关，但更多的是与创业者的后天知识和经验相关。创业者先天具有的诸如对创业机会的洞察力和敏感性等天赋，对创业精神的形成有着一定的影响，但是创业精神更多的是通过后天的教育和实践，随着创业者认知水平的提高及其在实践活动中相关经验的积累，不断内化而形成的。

3. 创业精神的特征

《企业家》杂志扉页的一段话，说明了创业精神："我是不会选择去做一个普通人的。如果我能够做到的话，我有权成为一位不寻常的人。我寻找机会，但我不寻求安稳。我不希望在国家的照顾下成为一名有保障的公民，那将被人瞧不起而使我感到痛苦万分。我要做有意义的冒险。我要梦想，我要创造，我要失败，我也要成功。"所以，创业精神具有创新性、冒险性、领先行动性、长期性、合作性、社会责任等特征。

（二）大学生创业精神的培养

创业不一定是自己真的去办一个什么企业。创业是一种人生，是一种态度，是一种经历，是一种精神。只要你有了这样一种精神，在任何环境下，通过众多可能的形式或方式，你总能在这个世界上闯出一片展现你独特个性、人格、能力和魅力的新天地。

1. 大学生应具备的创业精神

（1）创新创业意识与创业激情。创新创业意识是大学生创业的一个重要素质，在瞬息万变的环境中推陈出新是培养大学生创业精神的重要环节。创业的激情不是一时冲动，而是持久的追求与不懈的努力，是支持大学生创业的内在驱动力。创业是一个长期努力奋斗的过程。立竿见影、迅速见效的事是极少的。创业需要百折不挠、坚持不懈的意志。大学生在目标确定后，就要朝着既定的目标一步步迈进，纵有千难万险、迂回挫折，也不轻易改变、半途而废。培养创新创业意识，保持创业的激情，是大学生创业成功的关键因素之一。

（2）坚定的创业信念。坚定的创业信念表现为自信、自强、自主、自立的创业精神。

（3）一定的创业知识素养。创业知识是大学生进行创业的基本要素。创业需要专业技术知识、经营管理知识和综合性知识三类知识。创业实践证明，良好的知识结构对于成功创业具有决定性的作用，创业者不仅要具备必要的专业知识，更要掌握综合性知识和管理科学知识。

（4）鲜明的创业个性。大凡创业成功者，一般都有鲜明独特的个性品质。创业者的个性品质是大学生创业的原动力和精神内核。创业是开创性的事业，尤其在困难和不利的情况下，个性品质的魅力在关键时刻往往具有决定性的作用。在创业人格品质中，使命责任、创新冒险、创业意志、正直诚信等意识品质与创业成败息息相关。

（5）积极的创业心态。积极的创业心态能发现潜能、激发潜能、拓展潜能并实

现潜能,进而获得事业上的成就。积极的创业心态应包括:一是要拥有巨大的创业热情;二是要清除内心障碍;三是要努力克服困难、创造条件,变不可能为可能。

2. 大学生创业精神的培养

教育是使人的身心得到发展的最主要途径,人们总是在教育中成长,在成长中受教育。创业者的创业精神和能力是可以通过系统或非系统的创业教育活动加以培育的。创业精神的形成可能与个体的天赋有关,但更多的与后天的学习或经验相关。所以,我们认为创业精神的培养过程是一项非常系统或复杂的工作。就大学生创业精神的培养途径而言,可以是家庭教育、学校教育、社会教育,但创业精神的培养更多的是三个系统共同作用的结果。创业教育的目标,对于个体而言,就是培养创业者的创业精神或者培养创业者"以创业精神为核心"的创业综合素质,最终形成和提高创业能力。通过创业教育的反复实施或者个体不断的学习或实践,人们领会、掌握相关的知识、技能和经验;随着个体知识、经验的不断累积,由量变到质变,内化为个体的创业精神;具备创业精神的主体和创业环境互动,使创业动机转变为一种创业行为。创业行为的结果反过来又强化其动机,促使创业者不断去掌握、领会相关知识技能和经验,推进创业教育的开展,对创业精神的培养发挥积极的作用。

史玉柱的第一桶金

1989 年夏,史玉柱认为自己开发的 M-6401 桌面文字处理系统作为产品已经成熟,便用手中仅有的 4000 元承包下天津大学深圳电脑部。该部虽名为电脑部却没有一台计算机,仅有一张营业执照。当时深圳计算机价格最便宜的一台也要 8500 元。为了向客户演示、宣传产品,史玉柱决定赌一把,以加价 1000 元的代价获得推迟付款半个月的"优惠"赊得一台计算机。他再下赌注,以软件版权做抵押,先做广告后付款,推广预算共计 17550 元。1989 年 8 月 2 日,史玉柱在《计算机世界》上打出半个版的广告:"M-6401,历史性的突破。"广告刊出后第 13 天,史玉柱终于收到汇款单,不是一笔,而是同时来了数笔。史玉柱长出一口气。此后,汇款便如雪片一般飞来,至当年 9 月中旬,史玉柱的销售额就已突破 10 万元。史玉柱付清全部欠账,将余下的钱重新投向广告宣传,4 个月后,M-6401 桌面文字处理系统的销售额突破 100 万元。这是他的第一桶金。

分析: 史玉柱的第一桶金来得恰逢其时,又步步惊心,上演了软件领域的破釜沉舟大戏。"贫贱最安稳,富贵险中求。"创业是一件极具挑战性的事情,创业是与风险并存的,创业的成功有着很大的不确定性,对于这种风险必须做好充分的心理准备。看准了就大胆地去闯，见了兔子就撒鹰。创业者在关键时刻还是爱拼才会赢。史玉柱的创业自信还基于优质的产品，在营销环节充分发挥媒体广告的优势，其后就达成了持续增长的销售额。

活动与训练

生死电网

一、目标

培养学生在创业活动中的心理素质。

二、规则和程序

步骤一：在两棵树之间用绳子织网，要求形成大小形状都不同的十几个洞口。

步骤二：假设绳子为高压线，在规定时间内，队友要互相配合，在不触碰网的情况下全部通过。

步骤三：每次穿过的洞口不能再过人，碰到高压线表示任务失败，需重新再来。

步骤四：过网过程中会有敌机出现，要保持警惕，不能用言语交流。如违反则代表任务失败，需重新再来。

（建议时间：15分钟）

思考与讨论

1. 应该如何提升自身创业潜质？
2. 请叙述创新精神与创业精神之间的关系。
3. 你在生死电网游戏环节是否体验到了创业者的心理压力？如果有所体验，那么请问在有限时间内如何达成团队目标？

模块五　创业机会与创业模式

❀ 模块导读

创业因机会而存在。机会是具有时效性的有利情况，是未明确的市场需求、未充分使用的资源或能力。创业者要学会识别哪些机会是有利的，要知道创业机会的来源，捕捉甚至创造出创业机会。只有用科学的方法和手段去寻找和识别创业机会，才能少走弯路；只有经过不懈努力，才能创业成功。创业成功与否和项目的选择息息相关，寻找一个适合自己的项目是首要任务，创业者在评估和选择创业项目时需要进行科学的分析。创业机会是商业或市场活动中的机遇和机会，是对新产品、新服务或新业务需求的一组有利环境；是一种有吸引力的、较为持久的和适时的商务活动的空间，有利于创业的偶然性和可能性，并最终表现在能够为消费者和客户创造价值、增加价值的产品或服务之中，同时能为创业者带来回报。

本模块主要介绍创业机会的评估和选择创业模式两个部分。第一部分主要包括创业机会的评估准则及创业机会的评估方法；第二部分主要包括创业模式的概念、种类和制约因素及互联网创业等内容。通过本模块的学习，同学们能熟练地掌握评估和选择创业项目的方法，熟悉创业模式的情况。

科技部：多措并举稳增长稳市场主体保就业促创业

创业风险识别

5.1 评估创业机会与创业项目

名人名言

善于识别与把握时机是极为重要的。在一切大事业上,人在开始做事前要像千眼神那样察视时机,而在进行时要像千手神那样抓住时机。

——培根

学习目标

1. 了解创业机会的含义和特点;
2. 了解创业机会评估的准则;
3. 掌握创业机会评估的方法。

臭豆腐成为创业主打产品

吴利忠的第一家"臭豆腐"专卖店在浙江省绍兴市上虞市区开张。吴利忠别具一格地为"臭豆腐"量身定做了一个极具文化气息的包装盒。吴利忠的"臭豆腐"专卖店名为"吴字坊",同时技术也申报了国家专利。进得店来,瞧上一瞧,油炸臭豆腐、奶油小攀、萝卜丝饼、五香纯牛肉丸、玉米金松糕、茴香豆、米酒,等等,形成了一个以"专业、美味、特色、营养"著称的吴家老太传统绍式小吃体系。这个专营江南特色小吃的食品店在全国发展到了600多家。

分析: 吴利忠把这小小臭豆腐以连锁专卖的形式加以发展,有统一的形象、包装、服装、技术、店面、广告、经营、理念。将名不见经传的小小臭豆腐,赋以品牌、赋以文化,使得小东西也能融于天下商业。

评估创业机会是创业过程中的关键环节。许多很好的机会并不是突然出现的,而是对"一个有准备的头脑"的一种"回报",或是在一个评估市场机会的机制建立起来之后才会出现。不同创业者对创业机会的评估是不一样的。但是,发现了商业机会,并不意味着就有创业机会,更不意味着成功就在眼前。商业机会分为两类:一类是昙花一现的商机,这是一般性商机;另一类是会持续一段时间,有市场前景的商机,这才是适合创业的商业机会,即创业机会。对创业者来说,关键在于如何能够从众多商业机会中寻找有价值的创业机会,并采取有效而快速的行动来把握机会。一般而言,有价值的创业机会具有吸引力、持久性、及时性、客观性四大特点。

一、创业机会评估的准则

(一)市场评估准则

1. 市场定位

一个好的创业机会,必然具有特定市场定位,专注于满足顾客需求,同时能为顾客带来增值的效果。因此评估创业机会的时候,可通过市场定位是否明确、顾客需求分析是否清晰、顾客接触通道是否流畅、产品是否持续衍生等,来判断创业机会可能创造的市场价值。创业带给顾客的价值越高,创业成功的机会就会越大。

2. 市场结构

针对创业机会的市场结构进行六项分析,包括进入障碍、供货商、顾客、经销商的谈判力量、替代性竞争产品的威胁,以及市场内部竞争的激烈程度。由市场结构分析可以得知新创企业未来在市场中的地位,以及可能遭遇竞争对手反击的程度。

3. 市场规模

如果市场的规模和价值很小,往往是不足以支撑企业长期发展的。市场规模大小与成长速度也是关乎新创企业成败的重要因素。一般而言,市场规模大者,进入障碍相对较低,市场竞争激烈程度也会略微下降。如果要进入的是一个十分成熟的市场,纵然市场规模很大,但由于市场已经不再成长,利润空间必然很小,因此这样的市场恐怕就不值得再投入。反之,一个正在成长中的市场通常也会是一个充满商机的市场,所谓水涨船高,只要进入时机正确,必然会有获利的空间。

4. 市场渗透力

对于一个具有巨大市场潜力的创业机会,市场渗透力(市场机会实现的过程)将会是一项非常重要的影响因素。聪明的创业者会选择在最佳时机,也就是市场需求正要大幅增长之际进入市场。

5. 市场占有率

创业预期可取得的市场占有率目标可以显示这家新创企业未来的市场竞争力。一般而言，要成为市场的领导者，需要拥有20%以上的市场占有率。如果市场占有率低于5%，说明这个新创企业的市场竞争力不高，自然也会影响未来企业上市的价值。尤其处在具有"赢家通吃"特点的高科技产业，新创企业必须拥有成为市场前几名的能力，才比较具有投资价值。

6. 产品的成本结构

产品的成本结构也可以反映新创企业的前景是否亮丽。例如，从物料与人工成本所占比重之高低、变动成本与固定成本的比重，以及经济规模产量的大小，可以判断企业创造附加价值的幅度以及未来可能的获利空间。

（二）效益评估准则

1. 合理的税后净利

一般而言，具有吸引力的创业机会，能够创造10%以上的税后净利。如果创业预期的税后净利在5%以下，那么这就不是一个好的创业机会。

2. 达到损益平衡所需的时间

合理的损益平衡应该能在两年以内达到，如果三年还达不到，恐怕就不是一个值得投入的创业机会。不过，有的创业机会确实需要经过比较长的耕耘时间，必须通过这些前期投入，创造进入障碍，才能保证后期的持续获利，在这种情况下，可以将前期投入视为一种投资，这样就可以容忍较长的损益平衡时间。

3. 投资回报率

考虑到创业可能面临的各项风险，合理的投资回报率应该在25%以上。一般而言，投资回报率在15%以下的创业项目是不值得考虑的。

4. 资本需求

投资者一般会比较欢迎资金需求量较低的创业机会。事实上，许多个案也显示，资本额过高并不利于创业成功，有时还会带来稀释投资回报率的负面效果。通常，知识越密集的创业机会，对资金的需求量越低，投资回报反而会越高。因此，在创业开始的时候，不要募集太多资金，最好通过盈余积累的方式来创造资金。比较低的资本额将有利于提高每股盈余，并且还可以进一步提高未来上市的价格。如今在美国的风险资本市场上，一个新创企业的第一轮融资一般为100万～200万美元或者

更多。一些潜力较高的企业，例如服务性企业，其资本需要量比那些不断需要大额研发资金的高科技公司的资本需要量少。

5. 毛利率

创业机会具有高额和持久的获取毛利的潜力，这一点是十分重要的。一般而言，40%或50%以上的毛利率将提供一个极大的内在缓冲器，比20%以下的毛利率更具有容错性，能让企业更好地从错误中吸取教训，从而激励企业的成长。高额和持久的毛利还意味着一家企业可以较早达到收支平衡，这种情况在最初的两年内对企业是十分有利的。低于20%的毛利率，特别是在它们并不稳定的情况下，是没有吸引力的。

6. 策略性价值

新创企业能否在市场上创造策略性价值，也是评价创业机会的一项重要的指标。一般而言，策略性价值与产业网络规模、利益机制、竞争程度密切相关，而创业机会对产业价值链所能创造的价值效果，也与采取的经营策略与经营模式密切相关。

7. 资本市场活力

当新创企业处于一个具有高度活力的资本市场时，它的获利回报机会相对也比较高。不过资本市场的变化幅度极大，在市场高点时投入，资金成本较低，筹资相对容易。在资本市场低点时，新创企业开发的诱因较少，好的创业机会也相对较少。不过，对投资者而言，市场低点时投资成本较低，有的时候投资回报反而会更高。一般而言，处在活跃的资本市场中的新创企业比较容易创造增值效果，因此资本市场活力也是一项可以被用来评价创业机会的外部环境指标。

8. 退出机制与策略

风险投资者通常还要考虑在一定的时候将所投资金抽回，因此退出机制对于创业机会的评估也相当重要。企业的价值一般也要由具有客观鉴价能力的交易市场来决定，而这种交易机制的完善程度也会影响新创企业退出机制的弹性。由于退出的难度普遍要高于进入，所以一个具有吸引力的创业机会应该要为所有投资者的退出机制以及退出策略进行规划。

（三）定性评估准则

创业机会定性评估一般依据以下五项基本标准：第一，机会对产品有界定明确的市场需求，产品推出的时机也是恰当的；第二，投资的项目必须维持持久的竞争优势；第三，投资必须具有一定的高回报，从而能包容一些投资中的失误；第四，创业者和机会之间必须互相适合；第五，机会中不存在致命的缺陷。

二、创业机会评估的方法

(一) 蒂蒙斯创业机会评价体系与方法

1. 蒂蒙斯创业机会评价体系

蒂蒙斯创业机会评价体系涉及行业和市场、经济价值、收获条件、竞争优势、管理团队、致命缺陷、个人标准、理想与现实的战略性差异8个方面的53项指标,如表5-1所示。通过这些定性或定量的方式,创业者可以对行业和市场问题、竞争优势、管理团队和致命缺陷等做出判断,来评价一个创业项目或企业。

表5-1 蒂蒙斯创业机会评价体系

分类	观察点
行业与市场	1. 市场容易识别,可以带来持续收入; 2. 顾客可以接受产品或服务,愿意为此付费; 3. 产品的附加价值高; 4. 产品对市场的影响力高; 5. 将要开发的产品生命长久; 6. 项目所在的行业是新兴行业,竞争不完善; 7. 市场规模大,销售潜力达到1000万~10亿元; 8. 市场成长率在30%~50%甚至更高; 9. 现有厂商的生产能力几乎完全饱和; 10. 在五年内能占据市场的领导地位,市场占有率达到20%以上; 11. 拥有低成本的供货商,具有成本优势
经济价值	1. 达到盈亏平衡点所需要的时间在1.5~2年; 2. 盈亏平衡点不会逐渐提高; 3. 投资回报率在25%以上; 4. 项目对资金的要求不是很高,能够获得融资; 5. 销售额的年增长率高于15%; 6. 有良好的现金流量,能占到销售额的20%~30%; 7. 能获得持久的毛利,毛利率要达到40%以上; 8. 能获得持久的税后利润,税后利润率要超过10%; 9. 资产集中程度低; 10. 运营资金不多,市场需求量是逐渐增加的; 11. 研究开发工作对资金的要求不高
收获条件	1. 项目带来的附加价值具有较高的战略意义; 2. 存在现有的或可预料的退出方式; 3. 资本市场环境有利,可以实现资本的流动
竞争优势	1. 固定成本和可变成本低; 2. 对成本、价格和销售的控制力较高; 3. 已经获得或可以获得对专利所有权的保护; 4. 竞争对手尚未觉醒,竞争较弱; 5. 拥有专利或具有某种独占性; 6. 拥有发展良好的网络关系,容易获得合同; 7. 拥有杰出的关键人员和管理团队

续表

分类	观察点
管理团队	1. 创业者团队是一个优秀管理者的组合； 2. 行业和技术经验达到了本行业内的最高水平； 3. 管理团队的正直廉洁程度能达到最高水平； 4. 管理团队知道自己缺乏哪方面的知识
致命缺陷	不存在任何致命缺陷
个人标准	1. 个人目标与创业活动相符合； 2. 创业者可以做到在有限的风险下实现成功； 3. 创业者能接受薪水减少等损失； 4. 创业者渴望拥有创业这种生活方式，而不只是为了赚大钱； 5. 创业者可以承受适当的风险； 6. 创业者在压力下状态依然良好
理想与现实的战略性差异	1. 理想与现实情况相吻合； 2. 管理团队已经是最好的； 3. 在客户服务管理方面有很好的服务理念； 4. 所创办的事业顺应时代潮流； 5. 所采取的技术具有突破性，不存在许多替代品或竞争对手； 6. 具备灵活的适应能力，能快速地进行取舍； 7. 始终在寻找新的机会； 8. 定价与市场领先者几乎持平； 9. 能够获得销售渠道，或已经拥有现成的网络； 10. 能够允许失败

说明：

（1）该指标体系主要适用于具有行业经验的投资人或资深创业者对创业企业的整体评价。

（2）该指标体系必须运用创业机会评价的定性与定量方法才能得出创业机会的可行性及不同创业机会间的优劣排序。

（3）该指标体系涉及的项目比较多，在实际运用过程中可作为参考选项库，结合使用对象、创业机会所属行业特征及机会自身属性等进行重新分类、梳理简化，提高使用效能。

（4）该指标体系及其项目内容比较专业，创业导师在运用时一方面要多了解创业行业、企业管理和资源团队等方面的经验信息，另一方面要掌握这 50 多项指标内容的具体含义及评估技术。

2. 结合蒂蒙斯创业机会评价体系的评估方法

蒂蒙斯创业机会评价体系只是一套评价标准，在进行创业机会评价实践时，还需要掌握科学的步骤和专业的评估方法。下面介绍两种常用且易操作的评价方法。

（1）标准矩阵打分法。标准打分矩阵，是指将创业机会评价体系的每个指标设定为三个打分标准（比如最好的为 3 分，好的 2 分，一般的 1 分）形成的打分矩阵表。在打分后，求出每个指标的加权评价分。

（2）贝蒂（Baty）选择因素法。又称经验分析法，是一种定性分析方法，包括以下 11 个因素：这个创业机会在现阶段是否由创业者本人发现？创业者是否可以接受产品的最初成本？创业机会市场开发成本能否被接受？新企业的产品是否具有高利润回报的潜力？是否可以预期产品投放市场和达到盈亏平衡点的时间？创业机会潜在市场是否巨大？创业者的产品是否是一个快速成长的产品体系中的第一个产品？创业者是否拥有一些现成的初始客户？创业者是否可预期产品开发成本和开发周期？新企业是否处于一个成长中的行业？金融界是否能够理解企业的产品和消费者对它的需求？

（二）通过市场测试评估创业机会

市场测试是指评估消费者对创意和商业概念的反馈，类似于实验，但不同于市场调研。市场调研侧重的是消费者认为他们想要什么，市场测试却能获得更精确的消费者需求数据，因为市场测试是站在一个和真实消费者互动交流的位置上（而不是通过提出假设性问题来估计）了解消费者的需求的，能观察到消费者真实的行为。

养蜂创业之路

云南经济管理学院学生盛忠华的蜜思优蜂项目在第三届中华职业教育创新创业大赛中获得一等奖，赛后有人找到他要给他投资 3000 万元。盛忠华创业始于一次偶然。读高中时，他花 200 元从一个养蜂人手里买下一个蜂王和一些养蜂设备。一个月后，被他随便丢在阳台上的蜂箱引来了一群群蜜蜂，甘醇的蜂蜜注满蜂巢。盛忠华由此找到了快速致富的途径——养蜂，投资小、利润高。念头一产生，就在他心里扎了根。他开始没日没夜地研究养蜂技术——如何分蜂？蜂群怎么越冬？如何防止盗蜂？……蜂群酿的蜜自己吃不完，送亲友，在朋友圈卖，然后又注册公司蜜思优蜂打进云南当地超市。盛忠华养蜂第一年营收就超过百万元。

分析： 职业院校学生根据自己的专业特长，依托学校孵化器，借助大赛平台，最终凭借合理的商业模式创业成功，走出了精彩的创业之路。好产品最终被市场认可，取得了良好的经济效益和社会效益。

 活动与训练

创业机会评一评

一、目标

掌握识别和评估创业机会的方法。

二、规则和程序

步骤一：划分小组，采用随机的方式进行分组，每组以5~6人为宜。

步骤二：以小组为单位讨论，身边有什么创业机会。

步骤三：评估创业机会的价值，填写表5-2。

表5-2 创业机会评估表

标准	专家与同行评分			
	极好（30%）	好（20%）	一般（10%）	总分
产品生命长久（3年）				
易操作性				
市场接受度				
不存在任何致命缺陷				
成长潜力				
……				

步骤四：小组派代表发言，教师做总结。

（建议时间：15分钟）

 思考与讨论

1. 如果给你30万元的启动资金，你会选择什么创业项目？
2. 有没有创业机会供你选择？
3. 创业项目可能的盈利模式是什么？

5.2 选择创业模式

名人名言

我们正处在一场悄悄的大变革中——它是全世界人类创造力和创造精神的胜利。我相信它对21世纪的影响将等同或超过19世纪和20世纪的工业革命！

——杰弗里·A. 蒂蒙斯

1. 了解创业模式的种类和概念；
2. 通过学习试分析制约大学生创业模式选择的因素；
3. 掌握互联网创业的背景、类型和模式。

大学生坚持做跨境电商，年入百万元

从电子商务领域的小白到跨境电子商务的先驱，他向全球40多个国家和地区销售电子产品和汽车配件，年收入超过20万元。武昌理工学院商学院的刘欢被该学院评为企业家明星。他的创业经历受到了老师和同学的赞扬。

2013年，刘欢成为武昌理工学院电子商务专业的一名学生。当他发现国内电子商务存在很多弊端后，就决定做跨境电商，向国外出售国内的商品。创业之路并不那么顺利，开始创业的几个月一笔业务也没有，这对刘欢造成了很大的打击，但他并没有放弃，坚持下来。出现问题就要解决问题，经过一步步摸索和尝试，他发现物流服务对于跨境电子商务非常重要。在逐步解决物流公司的问题后，他的创业之路终于在6个月后迎来了第一个订单。

如今，刘欢的创业之路已逐渐走上正轨，而且他还增加了两名助手成为继续创业的合作伙伴。现在他的工作目标比以前更加稳定，出口范围正在逐步扩大，包括美国、俄罗斯和欧洲一些地区。回顾创业之路，刘欢觉得最重要的是坚持。无论如

何,只要坚持下去,就会取得成效。他希望那些有创业理想的兄弟姐妹坚持下去。要相信自己,坚持就会有所收获。

分析: 企业竞争始于商业模式,好的商业模式是创业成功的保证。刘欢依托电子商务,开展特定产品的销售,取得了阶段性成果,值得肯定。设计商业模式首先应考虑战略,然后结合内外部环境、市场、资源、产品(服务)等因素,整合资源,匹配价值。创业模式不仅要给顾客带来实际的好处和用处,促使他们购买商品,而且要让顾客付的钱能令创业者获得利润。

一、创业模式的概念、种类及制约大学生创业模式选择的因素

(一) 创业模式的概念

创业模式是指创业者为保障自身的创业理想与权益,对各种创业要素进行合理的搭配。创业的组织形式、创业的方式确定、创业的行业选择组成了创业模式。在创业之初,第一个重要选择就是选择一个适合自己的创业模式。一个真正好的创业模式,应该是适合自己的,即自己有能力操作而且能把现有的资源有效整合。不同的创业模式对创业者的素质要求是不同的,准确判断自己的优势和劣势,选择最适合自己的创业模式,可以克服很多不利因素。

(二) 创业模式的种类

提起创业,人们想到最多的是开店、办公司、搞企业。随着时代发展,创业方式正在不断发生变化,特别是IT业的崛起,令创业模式层出不穷,出现了网络创业、加盟创业、兼职创业、团队创业等多种创业模式。

1. 网络创业

目前,网络创业主要有两种形式:网上开店,在网上注册成立网络商店;网上加盟,以某个电子商务网站门店的形式经营,利用母体网站的货源和销售渠道。网络创业的优势是门槛低、成本少、风险小、方式灵活,特别适合初涉商海的创业者。如阿里巴巴、淘宝、京东等知名商务网站,有较完善的交易系统、交易规则、支付方式和成熟的客户群,每年还会投入大量的宣传费用。

2. 加盟创业

可以分享品牌近况,可以分享经营诀窍,可以分享资源支持,连锁加盟凭借诸多的优势,成为极受青睐的创业新方式。目前,连锁加盟有直营、委托加盟、特许加盟等形式,投资金额根据商品种类、店铺要求、技术设备的不同从6000元至250

万元不等，可满足不同需求的创业者。

加盟创业的最大特点是利益共享，风险共担。创业者只需支付一定的加盟费，就能借用加盟商的金字招牌，利用现成的商品和市场资源，还能长期得到专业指导和配套服务，创业风险也有所降低。但是，随着连锁加盟市场规模的不断扩大，鱼龙混杂现象日趋严重，一些不法者利用加盟圈钱的事件屡有曝光。因此，创业者在选择加盟项目时要有理性的心态，事先进行充足的准备，包括收集资料、实地考察、分析市场等，并结合自身实际情况做决定。

3. 兼职创业

对上班族来说，如果头脑活络，有钱又有闲，想"钱生钱"又不愿意放弃现有工作，兼职做老板应该是最佳选择。兼职创业，无须放弃本职工作，又能充分利用在工作中积累的商业资源和人脉关系创业，可实现鱼和熊掌兼得的梦想，而且进退自如，大大减少了创业风险。

兼职创业，需要在主业和副业、工作和家庭等几条战线上同时作战，对创业者的精力、体力、能力、忍耐力都是极大的考验，因此要量力而行。此外，兼职创业族最好选择自己熟悉的领域，但要注意不能侵犯受雇企业的权益。

4. 团队创业

如今，创业已非纯粹追求个人英雄主义的行为，团队创业成功的概率要远高于个人独自创业。一个由研发、技术、市场、融资等各方面人才组成，优势互补的创业团队是创业成功的法宝。对高科技创业企业来说，更是如此。创建团队时，最重要的是考虑成员之间的知识、资源、能力或技术上的互补，充分发挥个人的知识和经验优势。这种互补将有助于强化团队成员间彼此的合作。一般来说，团队成员的知识、能力结构越合理，团队创业的成功概率就越大。

5. 概念创业

概念创业，顾名思义就是凭借创意、点子、想法创业。当然，这些创业概念必须标新立异，至少在打算进入的行业或领域是一个创举，只有这样，才能抢占市场先机，才能吸引风险投资商的眼球。同时，这些超常规的想法还必须具有可操作性，而非天方夜谭。概念创业具有点石成金的神奇作用，特别是本身没有很多资源的创业者，可通过独特的创意来获得各种资源。创业需要创意，但创意不等同于创业，创业还需要在创意的基础上，融合技术、资金、人才、市场经验、管理经验等各种因素，如果仅凭点子贸然行动，基本上是行不通的。

6. 内部创业

内部创业是指一些有创业意向的员工在企业的支持下，承担企业内部某些业务

或项目,并与企业分享成果的创业模式。创业者无须投资就可获得丰富的创业资源,具有"大树底下好乘凉"的优势,因此越来越受到关注。

员工在企业内部创业,可获得企业多方面的支援。同时,企业内部所提供的创业环境较为宽松,即使创业失败,创业者所需承担的责任也较小。内部创业的受众面有限,只有那些大型企业的优秀员工才有机会一试身手。此外,这是一种以创造"双赢"为目的的创业方式,员工要做好周密的前期准备,选择合理的创业项目,保证最大化地创造利润,这样才能引起企业高层的关注。

(三) 制约大学生创业模式选择的因素

我国大学生创业起步较晚,在选择创业模式时会受到诸多因素的影响,比如,创业模式的选择具有同一性,缺乏创业模式的创新性等。制约我国大学生创业模式选择的因素主要体现在以下几方面:

1. 创业模式的选择受自身思维和眼界的制约

创业既是复杂的又是灵活的。创业模式的选择是一个需要有创新思维和行业预见性的活动,大学生作为一个特殊的创业群体,虽然有着较高的文化和专业素养,充满活力,富有挑战性,有着较强的创新意识,但由于缺乏社会经验,行业预见性较差,往往会制约大学生创业模式的选择。

2. 创业模式的选择受到资金的制约

创业不是仅凭热情、知识、能力就能完成的社会实践活动,还需要有一定的物质基础作为支撑。大学生筹集创业资金的渠道较为有限,主要以个人积蓄、小额贷款为主。刚跨出校门的大学生,几乎没有资金积累,又很难申请到小额贷款,资金因素在一定程度上限制着大学生创业模式的选择。

3. 创业模式的选择受个人教育背景的制约

大学生在创业和就业的时候,都会受到学校背景、专业背景的影响。

4. 创业模式的选择受到区域的制约

我国地域广阔,各地区的经济发展水平不平衡,差异较大,这也部分影响了不同区域大学生创业模式的选择。我国地区发展呈现多层次性,东、中、西部地区在教育发展、商业氛围、融资渠道、开放程度、政策支持方面存在差异,东部地区优于中西部地区,大学生创业模式有更大的选择余地。

二、"互联网+"创业

(一) 互联网创业背景

互联网创业时代的到来,催生了一批新兴产业和创业青年。如今,互联网服务功能的转变以及"互联网＋"的时代变革又像一块敲门砖，敲开了又一扇创新时代的大门。

如今在互联网之风的劲吹下，各行各业都在掀起革命，互联网金融、互联网教育、互联网医疗遍地开花。万众创业是完全有可能的，我们已经迎来了一个创新创业的新纪元。若能把握创业环境，将创意转化为创新创业的利器，挖掘点点商机，那将是另外一番天地。凭着对互联网新技术的敏感和青春的激情，越来越多的年轻人加入"互联网＋"创业的大军。

（二）互联网创业类型

互联网所提供的创业机会对所有人都是均等的，究竟如何才能够让一个创业的种子不仅在互联网上萌芽，而且能够生根发芽，直到成长为一棵百年常青树？

1. 工具＋社群＋电商/微商

互联网的发展，使信息交流越来越便捷，志同道合的人更容易聚在一起，形成社群。同时，互联网将散落在各地的星星点点的分散需求聚拢在一个平台上，形成新的共同的需求，并形成了规模，解决了重聚的价值。

如今互联网正在催熟新的商业模式，即"工具＋社群＋电商/微商"的混合模式。

工具，在此种特定的语境中主要指的是社交方面的范畴，也就是互联网中人与人交流的手段。例如时下比较流行的微信、微博是这一互联网社交工具的典型代表。在微信这一社交工具平台上，一方面人们可以通过其所具有的社交属性以及价值内容等核心功能，对庞大的海量用户进行合理化筛选，从中寻找到目标用户群。另一方面，微信还具有评论和点赞等各项功能，这些功能可以吸引无数用户热情地参与其中，那么就可以借助这些功能，将商品购买、微信支付以及充值等各项商业内容融入其中，让用户在娱乐的同时感受到消费的极大便利。

社群，特指互联网上的各类社群团体。移动互联网时代，信息的传递和交流呈现出极大的便捷性和活跃特质，天南海北的人们都可以通过互联网达到沟通串联的目的。在这样的一个基础上，那些有着共同理想或目标追求的人便能够聚合到一起，从而组建属于自己的一个社群团体，在这个平台上能够实现互通有无。

显然，有了工具、社群，就可以将其和电商或微商有机地结合起来，从而形成"工具＋社群＋电商/微商"这一高效、独特的商业模式。在这一商业模式中，工具、社群以及电商或微商都可以发挥出各自的优势，以便推动其他两者的发展。

2. 长尾商业模式

长尾概念由克里斯·安德森提出，这个概念描述了媒体行业从面向大量用户销

售少数拳头产品,到销售庞大数量的利基产品的转变。虽然每种利基产品相对而言只产生小额销售量,但利基产品销售总额可以与传统面向大量用户销售少数拳头产品的销售模式媲美,通过C2B实现大规模个性化定制,核心是"多款少量"。

这种商业模式在于少量多种地销售自己的产品,致力于提供多种类的小众产品,将这些小众产品的销售汇总,所得收入可以像传统模式销售一样可观。它不同于传统模式,以销售少数的明星产品负担起绝大部分的收益。长尾商业模式要求低库存成本以及强大的平台,以保证小众商品能够及时被感兴趣的买家获得。亚马逊图书销售、淘宝等都是较典型地运用了长尾商业模式。

3. 跨界商业模式

优秀的跨界型商业模式创新,最终目的并非简单的"旧市场+新市场"式吞并。跨界型商业模式创新的生命力,在于这些"打破"和"颠覆"行为是否能够根据客户自身需求的细微变化对它进行还原。

4. 免费商业模式

很多互联网企业都是以免费、好的产品吸引到很多的用户,然后通过新的产品或服务给不同的用户,在此基础上再构建商业模式,比如360安全卫士、QQ用户等。互联网颠覆传统企业的常用方法就是在传统企业用来赚钱的领域免费,从而彻底把传统企业的客户群带走,继而转化成流量,然后利用延伸价值链或增值服务来实现盈利。

5. 线上到线下商业模式

线上到线下(O2O,即Online To Offline),狭义来理解就是线上交易、线下体验消费的商业模式。它主要包括两种场景:一是线上到线下,用户在线上购买或预订服务,再到线下商户实地享受服务;二是线下到线上,用户通过线下实体店体验并选好商品,然后通过线上下单来购买商品。

O2O是互联网与传统商业模式结合的一个非常好的突破口,与传统的消费者在商家直接消费的模式不同,在O2O平台商业模式中,整个消费过程由线上和线下两部分构成。线上平台为消费者提供消费指南、优惠信息、便利服务(预订、在线支付、地图等)和分享平台,而线下商户则专注于提供服务。

6. 平台商业模式

互联网的世界是无边界的,市场是全国乃至全球的。平台型商业模式的核心是打造足够大的平台,产品更为多元化和多样化,更加重视用户体验和产品的闭环设计。

（三）基于电商平台的大学生互联网创业经济

现在，电商平台的业务范围包含了生活的各个角落，其中有房屋销售资料、餐饮娱乐招聘资料、废物收购、汽车销售、旅游信息、沟通交友、兼职服务等相关生活信息，几乎占据了中国所有大中城市。

实体店好比地面作战，一对一吸引消费者，而线上市场好比是空中力量，能实现一对多覆盖。线上线下互补，不可偏废。线上是宣传销售渠道，能吸引粉丝，增加用户黏性，还可以实现二次营销。

特色农产品搭上网络快车走出深山

云南的松茸鸡枞、东北的新鲜人参……把中国各地区的农产品带出深山，直接输送到城市千家万户的餐桌上。吉林大学珠海学院的云翼农业团队的项目"三营——新零售模式下的原生态农特商贸城"就是立足东莞，为都市家庭服务，提供新鲜、有特色的农贸商品。

云翼农业创始人周国荣接受记者采访时表示，自己此前曾接触到物流行业，了解到由于信息不畅通、销售方式单一，农产品滞销现象时有发生，而都市人希望享受到新鲜珍贵的食材，却苦于没有购买渠道。周国荣深入原产地调研，与当地的农户、基地、政府建立起合作关系，再通过互联网营销和推广，开拓有需求的消费者，成功连接起农户与消费者的直接输送通道。"目前，我们已经与东莞200多户家庭建立直接联系的关系，为他们提供当季新鲜高端的农产品。通过互联网开拓客户、维护客户、联系客户，能够降低成本。"

分析：创业的根本目的是满足顾客需求，而顾客需求在没有满足前就是问题。因此，寻找创业机会的一个重要途径是善于发现与体会自己和他人在需求方面的问题或生活中的难处。云翼农业团队借助互联网的媒介手段，链接了生产者和消费者，将高端食材推送到目标顾客。民以食为天，因为平台提供的是反复消费的食品，所以这个创业项目具有可持续发展性。此外，他们结合自身的专业特长，认真分析市场需求和自身情况而选定细分市场，根据整体市场上顾客需求的差异性，提供从田间到餐桌的精准服务。

 活动与拓展

沙漠求生

一、目标
把握创新机会,围绕既定主题进行不同方案的演练。

二、规则和程序
步骤一:阅读案例所设置的游戏场景(如下文)。

步骤二:随机分组,每组4~8人。

步骤三:展开讨论,汇总小组意见,填写表5-3。

步骤四:小组代表展示作品,教师点评。

(请学生在黑板上绘制飞机沙漠坠落示意图,划分各小组展示区。分发不同颜色的便利贴,学生书写机上物品名称,在本组展示区由高到低依次排列便利贴。建议时间:30分钟)

附:游戏情景

八月上旬某一天的上午十点钟。你乘坐的飞机迫降在美国亚利桑那州索纳拉大沙漠中。飞行员已经遇难,其他人均未受伤,机身严重毁坏,将会着火燃烧。

你在飞机迫降前已获知,飞机迫降地点距原定目标位置100公里左右,离飞机迫降点大约80公里附近有个村落。

你所在的沙漠相当平坦,除了偶见一些仙人掌外,可说是一片不毛之地,日间温度约45℃。你们穿着T恤、短裤和教练鞋,每个人都带有手帕。你们总共有50美元现金、一盒烟和一支圆珠笔。

当你深陷沙漠地狱,在生与死的边缘,如何抉择?如何让你的团队突出重围?飞机即将燃烧,机上有15件物品,性能良好,现要求对这些物品按重要性排序,如果只能抢救出其中5项,你会如何选择?

首先是每个人分别单独将这些物品按对自己生存的重要性排序,不得与其他人讨论。时间为5分钟。

然后每个人将把自己的排序情况与小组其他人员进行讨论,并得出小组一致同意的排序。这一步骤时间为10分钟。

机上幸存者与你们组人数相同。假设大家选择共进退,不会分开各走各路。

机上物品清单如下:手电筒(4节电池大小);迫降区的地图;每人一升水;降落伞(红白相间);每人一副太阳镜;指南针;手枪和6发子弹;书——《沙漠里能吃的动物》;塑料雨衣;每人一件外套;1升伏特加酒;

急救箱；折叠刀；一瓶盐片（1000片）；化妆镜。

将个人选择和小组选择的物品排序，填入表5-3中。

表5-3 物品排序表

重要排名	物品编号	
	个人排序	小组排序
1		
2		
3		
4		
5		
6		
7		
8		
9		
10		
11		
12		
13		
14		
15		

提示： 一个新的方法，可能给你带来新的收益。我们经常说，方法总比问题多，但是想出一个新的方法却总是要伤透脑筋。第一，"趋利避害"是大家共有的希冀，"趋利避害"是行动力的根源。第二，个体行为影响团队命运。团队是能凝练和培养英雄的地方。团队英雄的诞生离不开积极主动的工作。第三，有时，选择比努力更重要。100%成功＝100%意愿×100%方法×100%行动。成功必须有100%的意愿，但仅仅有意愿是不够的，你必须将100%意愿转化成100%的方法。第四，自主学习、团队学习是提升才能的捷径。当小团队无法解决时，我们可以寻求大团队。善用大团队进行自主学习是未来成功者的特质。第五，积极主动，因为真理可能就在你手里。个人的成功依赖团队的成功，在团队中要养成积极主动的习惯。

思考与讨论

1. 如何解决制约大学生创业模式选择的因素？
2. 讨论分析今后互联网创业的发展趋势。
3. 分析自己适合在哪个网络平台开始创业。（淘宝网、京东、拼多多还是其他）
4. 思考大学生进行网络创业需要做哪些准备。

模块六　整合创业资源

模块导读

年轻人创业，合伙人一般来自同学、同事、同乡以及这三个圈子的转介绍。除了人，创业还需要技术和经验。

可以看出，人脉、技术、经验等都是企业创立和发展所需的重要资源，如何理解创业资源、获得创业资源和使用创业资源就是我们本模块的主要内容。

通过本模块的学习，同学们能了解创业资源的概念和基本分类，熟悉创业资源的获取途径和影响因素，掌握创业资源的获取流程、评估方法和经验技巧；了解资源整合的概念，掌握创业资源整合与开发的技巧；了解创业融资的概念，熟悉常见的创业融资方式及其特点，了解融资风险的概念，理解融资困难的原因和对策，理解融资风险的内容和基本对策。

创业资源管理

创业决策风格

模块六 整合创业资源

6.1 获取创业资源

名人名言

创业者在企业成长的各个阶段都会努力争取用最少的资源来推进企业的发展,他们要的不是拥有资源,而是要控制这些资源。

——霍华德·史蒂文森

1. 了解创业资源的概念和基本分类;
2. 熟悉创业资源的获取途径和影响因素;
3. 掌握创业资源的获取流程、整合开发的技巧。

程枫:短信里的淘金者

打造互联网云通信平台,月利润达 50 万元,开启了通向移动互联网验证新世界的大门,这就是程枫。

程枫供职于"天喻信息"期间,在与运营商接触的几年里积累了丰富的客户资源。2010 年,程枫决定出来创业,带着六七个人的团队接下了归元寺的线上祈福活动,赚到了创业的第一桶金。公司在成立之初,基于之前做渠道方向的行业短信和通知短信,给湖北的运营商做 SP 增值业务。程枫的团队一度做到了湖北移动运营商增值业务月度结算的第六名,业绩斐然。

然而,程枫并不满足于现状,他看到短信验证码业务正处于受追捧的时期,于是带着十几个人的团队从 2012 年开始转型,逐渐跟移动、联通、电信三大运营商接触。程枫开始为三大运营商做短信业务的渠道代理。两年之后,程枫的公司月度短信下发量达到了 2 亿条。

彼时,程枫意识到短信验证码这个"蛋糕",已经被切分得差不多了,他留意到

工业和信息化部颁发的"10690三网合一"执照,于是他立即注册了一家新公司,半年后终于拿到了工业和信息化部10600的第三方短信运营执照。

通过十多年积累的电信运营集团人脉和PO资源,在与不同地区、不同城市、不同行业的企业不断接触的过程中,程枫很快意识到,如果仅仅只是采用验证码短信/语音,来与企业网站AP进行对接,是很难在众多的虚拟通信平台中脱颖而出的。经过快速调试,程枫的团队积极配合基础电信运营商进行技术革新,整合了全国基础电信运营商资源后推出了"任信验证"服务,颠覆了弊端日益凸显的"语音+短信"的传统验证模式,致力于打造一个"互联网融合云通信服务平台"。

分析:经济学认为资源是能够产生新的价值和使用价值的客观存在物,包括物质资源和人力资源。创业的过程就是创业者建立、整合和拓展资源的过程。创业者能否成功地开发出机会,取决于他们掌握和能整合到的资源,以及对资源的利用能力。优秀的创业者能够创造性地整合和利用资源,再创造竞争优势。本例中的程枫在创业过程中,能够敏锐地把握创新技术点,发现传统验证的弊端,并利用好人脉资源、技术资源、政策资源,提升公司的持续竞争优势。

一、创业资源

创业活动需要各种资源支撑,没有资源就如同"无米之炊"。每个创业企业对各种资源所需的数量和质量都不一样,因此必须事前对此做好评估,并通过各种途径去获取资源,最后要善用资源,对资源进行整合开发,合理应用,充分挖掘和发挥出资源的作用。

(一)如何理解创业资源

1. 创业资源的内涵

创业资源是指创业者在创业过程中可获得或可控制的各种资源的总和,主要表现形式除了常见的资金、场地、设备、物资,还包括人才、机会、环境等各种各样的资源。

2. 创业资源的分类

创业资源的分类有很多种,其中最常见的是将其分为显性资源和隐性资源。显性资源指看得见摸得着的人、资本、物资;隐性资源一般指非实体形式的社会资源、信息资源和政策资源。此外,比较特殊的是企业组织资源,其既有隐性的一面,又有显性的一面。如表6-1所示。

表 6-1 创业资源的分类和要点

资源类型	资源名称	具体内容	要点
显性资源	人力资源	创业者、创业核心团队、关键人员、普通人员	人力资源是最重要的资源，而创业者是最重要的人力资源
	财力资源	现金、负债、股东权益	不同的融资方式都有各自的利弊
	物力资源	场地、设备、原材料等	对物力资源的实际控制和利用是关键
隐性资源	社会资源	商业关系资源、非商业关系资源	社会资源往往能起到关键作用
	信息资源	企业外部信息、企业内部信息	广义的对创业企业有用的一切信息
	政策资源	经济政策、金融政策、行业政策	与创业企业有关的一切政策和法规
双重性资源	组织资源	既有显性的组织结构，又有隐形的组织文化	组织结构和组织文化要相互匹配，具有一致性

（二）创业资源获取

有人说，创业的最高境界是"空手套白狼"，这句话虽然过于绝对，但也有一定道理，因为它突出了资源开发和获取的重要性。当然，资源获取并非易事，尤其是别人的资源不会平白无故地给你使用。高效地获取资源的基本原则和方法在于：首先，要对所需要的资源进行识别和评估，即要了解自身内外部环境和资源状况，要了解自身产品和企业规划，要提前做好资源评估，统筹安排好资源的数量和质量；其次，要了解影响创业资源获取的因素；最后，要了解创业资源获取的途径。

1. 资源识别和评估

资源识别是判断企业创业过程中需要哪些资源。资源识别常常与机会识别结合在一起。资源识别一般有两种模式：一是先发现和确定某一关键资源，然后围绕该资源去发掘出创业机会；二是先发现某种创业机会，再围绕机会去寻找和拓展所需资源。资源评估是对每个阶段企业所需资源的重要程度、数量和质量做一个系统的判断。在实践中，专业的资源评估不是一件简单的事，往往需要结合定量分析和定性分析（比如专家的经验判断）。

资源选择方案

如果你要成立一家培训公司，需要在表 6-2 的 12 种资源里面选择 4 种，那么你会如何选择？

表6-2 12种资源

序号	资源名称	序号	资源名称
1	投资50万元,占50%股份	7	获得一套专业的培训课程
2	资深运营总监	8	资深营销专家
3	与教育主管部门合作的机会	9	利率7%的银行借款20万元
4	获得一套完善的网络培训平台	10	与知名培训集团合作的机会
5	与知名大学合作的机会	11	几名员工
6	位置偏、租金低、面积大的场地	12	位置好、租金高、面积小的场地

对于这类问题,第一步是分类,分类有助于我们将各种零散的资源进行细化统计;第二步是根据现实情况对各种资源进行解释说明;第三步是做出选择。

为了简化和方便分析,我们选择了资深运营总监、银行借款、位置好、租金高、面积小的场地和与知名培训集团合作的机会。但有时候学生对场地和资深营销专家的选择颇有争议,这仍然取决于实际情况。

案例中的资源评估基本过程如表6-3所示。

表6-3 资源评估基本过程

类别	资源名称	资源评估	最后选择
人力资源	2. 资深运营总监	企业运作的重要人物	√
	8. 资深营销专家	企业营销的重要人物,但营销的渠道相对而言有更多的替代性	
	11. 几名员工	基层员工比较容易找到	
财力资源	1. 投资50万元,占50%股份	金额大、无利息、牺牲股权	
	9. 利率7%的银行借款20万元	金额小、有利息	√
物力资源	4. 获得一套完善的网络培训平台	资源10可以提供	
	7. 获得一套专业的培训课程	资源10可以提供	
	6. 位置偏、租金低、面积大的场地	前期成本低,但对学生来说不方便	
	12. 位置好、租金高、面积小的场地	前期成本高,但对学生来说方便	√
社会资源	3. 与教育主管部门合作的机会	除了审批,更多的是间接支持	
	5. 与知名大学合作的机会	有品牌效应,合作难度较大	
	10. 与知名培训集团合作的机会	有品牌效应、资源效应,合作难度相对较小	√

还有一种常见的方法是综合指标法,这种方法在多因素的整体对比时经常用到,也可以用于案例分析6.1的后续分析。这种方法一般分为四步:①构建指标体系;

②确定指标权重，指标的权重通常用 p 表示，代表该指标在指标体系中的相对重要性和影响力，一般有 $0 \leq p < 1$，$\sum p = 0$；③对每个指标评分，评分标准最常见的是百分制，如果是其他方式的评分标准（如十分制等），只需做同比例变换理解；④计算加权平均值。最终我们对计算好的加权平均数进行分析和选择。

案例6.2

判断资源的重要性

仍以案例 6.1 为例，我们初步选择出了四种关键资源，但事实上，这四种资源的相对重要性不尽相同，每种资源获得的难度和可能性也不一样，因此，我们需要利用综合指标法继续对这四种资源进行整体分析和评价。具体过程如表 6-4 所示。

表 6-4 综合指标计算过程

指标名称	权重	评分/分	加权/分
人力资源：资深运营总监	0.4	85	34
财力资源：利率7%的银行借款20万元	0.2	60	12
物力资源：位置好、租金高、面积小的场地	0.1	70	7
社会资源：与知名培训集团合作的机会	0.3	90	27
合计	—	—	80

注：这里指标评分采用百分制。每个指标的权重和评分的合理性很关键，往往需要专家或多方参与。

分析：最终的加权总分是 80 分，此时我们将 80 分与事先设置的评价标准对比。比如我们是比较冒险乐观型的，事先认为总分高于 70 分就可以，现在得分 80 分说明这项创业值得投资；如果我们是高度谨慎型的，事先认为总分要高于 85 分才投资，那么这个项目显然没有达到预期。

2. 影响创业资源获取的因素

企业获取资源的能力主要是基于企业发展空间和获利能力。只要你的创业方案足够优秀，就不怕没有资源，相反，资源还会来主动找你。当然，这是十分理想的情形。除此之外，还有很多因素会影响创业资源的获取。如果用一句话来概括，就是天时、地利、人和，也可以理解成宏观因素、中观因素和微观因素。

影响创业资源获取的主要因素如表 6-5 所示。

表 6-5 影响创业资源获取的主要因素

因素类型	具体因素	影响方式举例
天时 （宏观因素）	政治	相关的政策资源
	经济	融资难度、市场规模
	技术	技术创新和技术应用的约束
	社会	人口结构和素质的变化

续表

因素类型	具体因素	影响方式举例
地利 （中观因素）	竞争者	获得客户的难度
	合作者	影响市场开发和拓展
	供应商	影响赊销的难度
	消费者	影响企业的各种决策
	政府	地方政府的政策、政企关系
人和 （微观因素）	创业者和创业团队	创业者（团队）自身形象、素质、能力以及社会网络关系
	企业自身	企业文化、企业战略、企业组织等都能影响企业获取资源的能力、方式和效率

3. 创业资源获取的一般途径

新企业的创立与发展需要不断地获取内外部资源，由于企业在成立之初自身资源和能力所限，在选择资源获取途径和方式上也会表现出一些差异。创业资源获取路径和要点如表6-6所示。

表6-6 创业资源获取路径和要点

分类依据	途径	内容	要点
资源来源	内部开发	利用企业自有资源	资源种类和数量较少，但使用成本低、效率较高
	外部获取	利用企业外部资源	资源种类和数量较多，但使用成本高、效率较低（主）
杠杆效应	有形资产杠杆	利用自有的财力、物力通过购买、交换、抵押、借贷等方式获得资源	有形资产杠杆效应较小
	无形资产杠杆	利用自己的经验、声誉、技能、社会网络等获得资源	无形资产杠杆效应较大（主）
获取方式	交易	一般分为购买和交换、租借	零和
	合作	股份合作、联盟合作、松散合作	共赢（主）

案例6.3

T恤贸易造就千万富豪

李文是财政专业毕业生，平时聪敏细心，善于观察，处处留心商机。某一天，他突然看到有人穿"三英战吕布"的T恤，回去也想买一件同款，结果到处找都没找到类似的衣服。他发现了这个不错的商机——做一个专门接受定制的个性化服饰网站。

通过努力，他说服了两个关系较好的中学同学加盟成为创业合作伙伴，勇敢地踏上了创业征程。李文开始撰写商业计划书，并尝试接触投资人。但事与愿违，最开始接触的投资人都没看好李文的创业，认为李文过于年轻且没有相关企业运营经验。李文又尝试去找银行贷款，结果因为李文无资产、无抵押，他又碰壁了。

屋漏偏逢连夜雨，资金问题还没解决，李文又遇到了经营上的问题。由于前期的服装侧重于学生班服，目标客户单一，加上服装销售本身具有季节周期，其销售收入从6月份的3万元急剧下跌至7月份的5000元。与此同时，创业团队的其他两个人也选择离去，李文成了光杆司令。就这样，李文垫伏了近一年的时间，直到遇到了以前大学同宿舍的好兄弟李文龙。李文龙对李文的商业模式十分肯定，当即决定辞掉自己收入颇丰的工作而与李文合伙共同"二次创业"。

后来李文龙又拉来了在服饰烫染行业有多年工作经验的谢隆林入股，这样就解决了技术人员问题。他们成立了公司，注册资本50万元。新公司成立后，李文开始加大对产品的设计和创新，除了原有的手绘及印刷T恤，也开始销售手绘鞋。

但早期的激进使得李文又遇到了新的麻烦。原来李文为了开发更好的产品，前期投入了大量资金用于购买各种设备，比如购买服务器、单反相机，构建专业摄影棚等，这让公司迅速陷入财务困境。为此，李文决定改变公司的运营模式，转向已经相对成熟且具有一定流量的B2B平台。终于，B2B平台为公司打开了市场，公司的发展开始进入快速增长期，销售额节节攀高，产品也逐渐走向全国各地。

分析：创业需要各种各样的资源，而人是关键资源。在这个团队中，首先，李文具备能力素质和创业激情；其次，两位志同道合的中学同学加入，使创业正式迈出了第一步；最后，兄弟李文龙的加盟，帮助其解决了早期资金不足和技术人员缺乏等问题，还帮助李文正式成立了公司。在公司经营陷入困境时，李文对运营模式进行了转型，资源整合让公司起死回生。

(三) 创业资源的应用

获得了资源以后，如何高效率地使用资源便是重中之重。资源如果没有被高效率使用，没有产生应有的价值增值，那么资源本身就是一种成本浪费。企业如何更好地发挥资源价值？这就涉及资源的整合与开发。

1. 资源整合

资源整合是指企业对所拥有或控制的各种资源进行识别、选择、配置和激活，并创造出新价值或新资源的一个复杂的动态过程。

一般来讲，培养和提高企业的资源整合能力主要分为两大方面。

（1）内部资源整合遵循"整体大于个体"原则。企业的经营决策应该基于整体长远利益而不是仅限于个人利益、局部利益和短期利益。因此在整合和利用资源的时候，要区分各种资源匹配的成本和收益，发挥出整体大于部分之和的价值增值。

（2）外部资源整合遵循"合作大于竞争"原则。外部资源拥有者往往与企业具有合作和竞争的双重关系，比如供应商和渠道商，对于企业来讲，一方面是产业链嵌合的合作关系，另一方面又是利润分配的竞争关系。企业在整合外部资源的时候，应该理性、客观地看待竞争与合作并存，用共赢思维处理好资源各方的关系和利益分配机制，用战略的眼光去谋取长远利益。

四个整合资源小技巧

1. 借鸡生蛋

我们可以借助他人的资源来解决自己的资源短缺问题。比如"车库创业"文化，就是因为创业者缺少办公场地，转而利用自家的车库作为临时办公地点。再比如对供应商的赊购，可先取得货物，后支付货款。

2. 东拼西凑

不同的资源可能来自不同的渠道，不同数量或质量的资源获取的难度也不一样，固然可以利用东拼西凑、积少成多来逐渐解决资源的短缺问题；但是，这种方式耗时较长，成本也较大，此外，拼凑的资源使用和整合难度也较大。

3. 杠杆效应

杠杆效应又称四两拨千斤，通过找准资源利用的关键或技巧，用最小的成本获得最好的效果。比如利用造势，可通过一些新闻炒作来获得高效宣传。

4. 借船出海

这里的"船"一般是指平台。平台往往有着丰富的资源和经验，已经为创业者铺好了路，利用平台的高起点能帮助我们减少创业风险和成本。加盟连锁店、入驻天猫商城等都是借船出海的典范。

案例6.4

5个U盘起家的大学生创业富豪

"只要你们能够给我们货，我保证给你们卖得很好，我有至少10种途径帮你去卖。"那时候，贺靖每天拿着计划书游走于各类商家之间，给他们描绘合作前景。终于，有一个商家被贺靖的耐心打动了，给了他5个U盘去卖。为了卖出这5个U盘，贺靖和几位同事摆起了地摊。"拿货的价格是50元，市场价是90元。"贺靖清楚地记得，当时他们给这5个U盘定的销售价格是70元。比市场上便宜，加上同学之间的信任，U盘很快脱手。带着赚到的100元，贺靖铺了更多的货，开始向自己班上、学院的同学宣传，更低的价格让学生们纷纷选择从他那里买货，甚至有的班级开始团购。一个月后，整个数码城的人都知道了贺靖这个名字，更多的商家开始给他们铺货，他也赚到了"职业生涯"的第一桶金。

2. 资源开发

资源开发是指开发新资源或开发已有资源的新功能。除知识储备之外，资源开发还需要敏锐的洞察力和创新思维，这是创业者的概念技能之一。头脑风暴法是资源开发的常用方法。

对于创业者，要始终强调下列因素：

（1）为什么这个构思适合于你的企业（个人特征和资金来源）；

（2）谁将是你的顾客；

（3）为什么顾客会到你那里买东西。

纸业大王：他卖纸一年卖了80亿元

全国卫生纸第一品牌维达集团坐落在义乌，其年营收超过81亿元，毛利率高达30.5%。

维达集团的掌门人李朝旺1958年出生于广东江门，家里很穷，有五个孩子，妈妈病了都没钱买药，他自己也曾休学挣钱，后来勉强读完高中。李朝旺认为维达必须集中资源做一个一击即中的项目，实现规模化生产，而他原来的纸制品厂就有一个这样的项目——小包装纸巾。

彼时这是一个尚未被开发的领域，吃饭或外出时，人们一般用手帕，只有酒店有一些面巾纸，质量还很差。李朝旺是在一次去香港陪客户吃饭时发现了这种产品，觉得很好，便决定做。后来他发现上海利民造纸厂生产这种纸巾，叫雪花牌，80%外销，不太看重国内市场，他便申请在广东代理该品牌。代理业务做得很好，蒸蒸日上。代理之外，李朝旺还找了一些代工项目，从香港买了几台二手折叠机，把切割好的原纸做成小包装纸巾。

2000年后，维达继续大力扩张产能，将工厂拓展至北京、四川、浙江、辽宁等地，形成了一个"米字形"布局。李朝旺又投资236亿元在新会三江镇白庙工业区建了一个国内最先进的"第三代造纸厂"，该厂的年产能高达26万吨。目前，这些工厂基本处于满负荷运营状态。

分析：创业不是引"无源之水"，栽"无本之木"，创业要整合好各种所需的创

业资源,创业过程其实也是创业者建立、整合和拓展资源的过程。能够将纸巾生意做到全国第一,维达集团的成功源自一个好的企业构思。

 活动与训练

创业资源的迅速组合

一、目标

学会整合创业过程所需资源。

二、规则和程序

步骤一：根据拟创业项目建立资源清单。

步骤二：找到拥有某种资源的人,将他的名字写在资源清单对应位置。

步骤三：汇总调查结果。

步骤四：利用5分钟时间去寻找和说服他人,组成自己的3人团队。

步骤五：新组建的创业团队代表发言,教师做总结。

(建议时间：20分钟)

 思考与讨论

1. 人们在组建创业资源的过程中会遇到哪些挑战？
2. 创业资源中最重要的元素是什么？
3. 如何在最短的时间内获取最必要的创业资源？

6.2 创业融资

> 广大青年要勇于创业、敢闯敢干，努力在改革开放中闯新路、创新业，不断开辟事业发展新天地。
>
> ——习近平

1. 了解创业融资的内涵；
2. 掌握创业的主要方式和技巧；
3. 分析创业融资的主要问题和策略。

众里寻资千百度

作为互联网界的巨头之一，百度公司的成长依赖了融资的支持，可以说，创始人李彦宏是众里寻他千百度，蓦然回首，融资却在千辛万苦后。当初，他们只制订了 100 万美元的融资计划，并开始寻找融资目标。在与各种背景的投资者接触后，李彦宏倾向于选择有美国背景的投资者，原因在于"他们开的价码、条件比较好"。很快就有好几家 VC 愿意为他们投资，他们看重的是三个因素：中国、技术、团队。"我们选了一家，即 Peninsula Capital（半岛资本）。"Peninsula Capital 是李彦宏要和另一家投资商签署协议时才开始接触的。"当时急着回国，所以我们只给了他们一天的时间。"

第一轮投资者还为百度引来了第二轮融资的领投者德丰杰全球创业投资基金（DFJ），DFJ 随即对百度展开了调查。而另一家创业投资巨头 IDG 决心投资百度，是因为发现李彦宏一直滔滔不绝的不是自己如何厉害，而是怎么去找"比自己强"的技术和管理人员。投资谈判过程相当顺利，2000 年 9 月，德丰杰就联合 IDG 向成

9个月的百度投资了1000万美元。投资者还为百度带来了资本之外的价值。通过Peninsula Capital 的穿针引线，百度与硅谷动力结成了合作伙伴。

分析：资金是企业基础性的重要资源，它就像企业的血液一样融入企业日常经营的整个过程里。在实践中，常常"一文钱饿死英雄汉"，缺乏资金的企业可以说是寸步难行，而创业企业融资并不容易，存在各种现实困难。对于绝大多数处于创业过程中的小企业而言，融资更是难上加难。准备创业者要掌握创业企业融资的基本途径和方式、融资成本核算方法、创业企业融资流程等内容。

一、创业融资分析

（一）创业融资的内涵

创业融资是指创业过程中资金筹集的行为与过程。之所以称为"过程"，是因为融资不是刹那的想法或行为，而是包括几个环节：需求产生、事先评估、方案设计、融资谈判、过程管理、事后评估。不同的融资方式涉及的内容和专业程度不一样，但都可以划分成这几个环节，如表6-7所示。

表6-7 融资的一般过程

步骤	内涵	注意事项
需求产生	要不要融资	资金不是越多越好，没有必要的融资是一种成本
事先评估	确定融资金额、融资存在的困难、融资风险	通过财务报表来预测资金需求，要有一定的战略储备资金
方案设计	确定融资的具体安排、融资渠道和融资方式的选择	确定各个阶段融资时点、融资金额、融资渠道、融资方式
融资谈判	协调沟通、达成一致	融资成本、支付方式等细节落实
过程管理	资金使用管理、风险控制	对资金使用的监管和财务管理活动
事后评估	总结经验教训	为了今后更有效地融资

融资对新创企业具有重要作用，主要表现在：创业融资是创业者抓住创业机会的重要手段；创业融资是企业创立和发展的重要资源；创业融资能够体现创业者或企业的综合能力和信用水平。综上所述，在创业融资的时候，不仅要考虑融不融得到的问题，还要考虑融资额度、融资成本和融资效率的问题。当然，对很多初级创业者而言，可能融到钱才是最重要的。

（二）创业融资的测算

我们通过表 6-8 简单展示一下新创企业启动资金的一般内容。由于企业从创办到盈利需要一个过程且未来经营具有较大的不确定性，为了保险起见，我们建议新创企业在融资测算金额的基础上再上浮 30% 左右进行融资，并且在启动阶段最好准备好 3~6 个月的储备资金。

表 6-8 新创企业启动资金的一般内容

启动资金类型	主要内容	明细举例
固定资产	厂房	各种建筑
	设备	机器、车辆、符合条件的办公家具
流动资金	生产成本	原材料、存货
	劳务成本	工人工资
	管理费用	办公用品费、管理人员工资
	销售费用	促销费用、销售人员工资
	财务费用	融资成本（如利息）
各种费用		办公费、验资费、注册费、培训费、技术转让费、营业执照费、加盟费

二、创业融资的主要方式

融资方式是指如何取得资金，即采用什么融资工具来取得资金。随着金融市场的不断发展和政府的大力支持，新创企业有较多的融资方式可以选择。基于本书的读者定位，我们着重介绍下列八种适合大学生的创业融资方式。

（一）自有资金

自有资金是指创业者或创业团队自己的储蓄，其优点是自己的钱融资成本最低，使用最方便，缺点是数量通常很少。此外使用自有资金往往还有一个特点就是对资金的使用十分谨慎，这一点有时候是优点，而时候又是缺点——谨慎使用资金固然是好事，但有时候对机会的把握又需要大胆地投入。

（二）亲友资金

除自有资金之外的融资都属于外部融资，其中亲朋好友的资金也是常见的创业资金来源，其优点是融资成本较低，难度相对较小，缺点是数量仍然较少，而且有亲情羁绊之后融资风险中增加了亲情风险。

(三) 银行贷款

银行贷款是创业企业最容易想到的融资方式之一，但由于创业企业未来发展具有高度的不确定性，银行为了降低自身风险往往对创业企业贷款十分谨慎。创业者在申请贷款的时候会遭遇银行的严格审核，审核包括创业者的个人能力、经济水平、项目优劣等，往往还会被要求提供抵押物或担保人。

贷款注意事项

1. 选好银行

目前各银行的贷款利率有不同程度的浮动，手续的繁简程度也不一样，贷款者可以多做比较分析，根据自身条件选择最适合自己的银行进行借贷。

2. 创业不一定要申请创业贷款

商业抵押贷款只要符合抵押条件和程序就能获得资金，银行事后一般不会严控资金用途。创业者可以通过抵押贷款来获得资金用来创业，比如，利用住房贷款来创业有时候成本更低。

3. 合理选择贷款期限

银行贷款一般分为短期贷款和中长期贷款，贷款期限越长，利率越高。创业者应该基于自身的用钱周期和还款能力，尽量缩短贷款期限，也可以将长期贷款分解成若干短期贷款，这样既增加了贷款的灵活性，也降低了贷款的利息成本。

4. 了解和用好优惠政策

为了推动"双创"战略，有些银行在政策引导下专门推出了创业贷款，凡是具有一定生产经营能力或已经从事生产经营活动的个人，因创业或再创业需要，均可以向开办此项业务的银行申请专项创业贷款。与普通贷款相比，创业贷款在申请门槛、利率优惠、金额和时效等方面都具有一定的优势。

5. 提前还贷、减少利息

如果新创企业经营较好，现金流充足的话会出现闲置资金，此时可以向贷款银行提出变更贷款方式和年限的申请，直至部分或全部提前偿还贷款，从而减少后续利息支出。当然，能否提前还款最好在贷款之前和银行协商好。

(四) 政府（创业）基金

随着我国创新大战略的推进，越来越多的地方政府拨出专项创新创业资金来扶持大学生创业，尤其是一些科技含量较高、商业模式较好的项目可以积极申报政府设立的各种创业基金。有些省份的高校毕业生成功创业满 6 个月还能享受一次性创业补助，最高可达 8000 元。因此，大学生在创业的时候，应该多了解国家和当地的各种创业政策，充分利用好政策资源。

（五）创业孵化基地

创业孵化基地是指政府引导和扶持下的创业服务平台，能为入驻的创业者提供一定的资源和服务，帮助新创企业完成企业萌芽期的各类创业载体。其中为创业者提供具体帮助的企业或机构称为创业孵化器，当前不少高校都有这样的创业孵化部门。

（六）众筹模式

随着互联网金融的迅速发展，众筹模式逐渐进入创业融资领域，大量的众筹平台涌现出来。众筹，顾名思义就是通过互联网的方式发布筹款项目并募集资金，具有低门槛、重创意、资金来源广、分散风险等特点。在使用众筹模式融资时，要特别注重对项目文案的撰写，要选好众筹融资平台，要重视营销推广细节，要严格规范项目后期管理，等等。

众筹中的小技巧

1. 选择适合自己的平台

目前有很多提供众筹的网站。选择网站时要仔细浏览其具体规定和要求，包括网站定价、客户流量、平均成功率、用户评价、资金管理政策等。

2. 早期预热

众筹的前期准备工作很重要。你可以在众筹开始的前两周进行预推广，及时更新相关动态等都有助于提高众筹效果。

3. 讲一个好故事

比起传统的大肆功能宣传，针对目标客户的特征，用一个能产生共鸣的好故事打动人心往往效果更好。如何讲好一个故事是需要技巧的，有兴趣的同学可以去找些相关资料学习。

4. 优惠和奖励

通过优惠和奖励设计可以帮你快速获得第一批众筹者，并激励他们进行分享。设计技巧可以参考那些比较成功的筹款活动。

5. 重视互动

互动能增进双方的信任和感情，互动也能体现你的责任心。

6. 做好网络宣传

酒香也怕巷子深，尽可能利用各种网络渠道（如微信、微博、QQ、社区网站等）做宣传，你的产品被越多人知道就越好。这涉及网络营销知识。

7. 留下痕迹

做一个陈列清单，将每一个支持你的人留名，名单越长越能为你的产品品质背书，也更容易吸引更多的筹资人。

8. 尽可能借势媒体

媒体具有超强的辐射能力，只要内容有吸引力或传播力，应尽可能寻求媒体合作，这是可遇而不可求的好事。

9. 感恩和庆祝

如果众筹成功，要懂得向每一个参与者表达感谢，让他们和你一同分享成功的喜悦。

（七）天使投资

天使投资主体是自由投资者或非正式风险投资机构，一般针对处于萌芽期和发展初期的新创企业进行投资，其重要特征就是高风险、高回报。天使投资相对风险投资而言，金额较小，但程序更为简单灵活，有时候哪怕是一个创业构思，只要得到投资人的认可也能获得资金。天使投资的终极目标就是投中未来的"独角兽"企业。

在实践中，天使投资往往取决于创业者（团队）的能力和独特魅力、创意的惊艳程度，以及社会关系网络等因素。大学生可以通过熟人或学校平台去寻找天使投资人，也可以通过创业孵化基地，甚至相关网站寻找天使投资，懂得并用好网络营销有时候也会有意外惊喜。

获得天使投资的小技巧

1. 投资的诚信和经验十分重要

不要仅仅为了获得资金而显得饥不择食，选择天使投资人需要小心谨慎。

融资和投资就像硬币的两面,双方都有各自的利益考量。天使投资人通过注入资金获得创业企业股份,投资人的经验、资源和拥有的股份都会直接影响企业未来的经营发展。如果你不熟悉股权、金融等专业知识,寻找专业的财务和法律顾问十分重要。

2. 将自己的项目在权威平台审核和展示

对于创业项目来讲,你和投资人双方是信息不对称的,通过比较权威和知名的第三方平台来展示你的项目,有助于降低信息的不对称,平台也相当于为你的项目进行了一次背书,从而增加获得天使投资的机会。

3. 人和团队格外重要

天使投资属于个人投资,容易受主观感受、喜好等因素影响,有时候不是投资一个项目而是投资一个(被投资者看好的)人或团队。与天使投资者接触沟通时,应事先了解投资人的性格、投资偏好和投资经历,从对方感兴趣的地方切入交流。要重视展示创业者(团队)的创业激情、信心、素质和能力,给人以信任感。如果条件允许,也可以有针对性地邀请与投资人有某种关系或投资人听过的人进入团队。

4. 清晰简洁地描述自己的创业项目或理念

能清晰简洁地向投资人描述自己的项目既是一种能力,也是对对方的一种尊重。投资人往往惜时如金,在描述的时候应该直奔主题,抓住亮点,迅速打动投资人,描述的核心在于让投资人相信你的魅力或项目的前景。

(八)风险投资

风险投资又称为创业投资,主要是指风险投资机构为初创企业提供资金支持并取得该公司股份的一种融资方式。风险投资机构往往是由一群具有较高理论水平或实战经验的专业人员组成。相对天使投资而言,风险投资的金额更大且风险控制要求更高,投资主体往往更愿意投资前景较为明朗的处于成长期的企业。风险投资并不以经营被投资公司为目的,只是提供资金及专业上或业务上的帮助,以通过协助被投资公司快速成长来获取更大利润为目的,最终通过企业首次公开募股(IPO)、并购、回购、清算等方式退出。

最后需要提醒的是,天使投资和风险投资的内容十分专业,如果大学生创业能获得天使投资或风险投资,一般建议聘请法律顾问和财务顾问进行专业指导。毕竟投资人(机构)和创业者是合作竞争的双重关系,确保好利益关系和利益分配是双方都需要认真考虑的问题。

风险投资与天使投资的主要区别如表6-9所示。

表6-9 风险投资与天使投资的主要区别

特征		风险投资	天使投资
相同点		都是通过提供资金获得被投资公司股份并从被投资公司的成长中获利，都具有较高的风险	
不同点	投资者	机构（管理他人的钱）	个人（管理自己的钱）
	投资阶段	针对创业初期或发展期	针对创业初期，风险更高但预期收益也更大
	投资金额	金额较大，一般是百万元起步	金额相对较小，一般不会超过千万元
	投资审查程序	严格的审查程序	审查程序简单，主要是依据投资人自己的喜好和判断
	投资扶持力度	给企业提供专业知识、技能、经验、信息和渠道等多方面的支持	给企业的帮助较少，通常仅限于自身能力和人脉

三、创业融资的主要问题和应对策略

（一）融资风险与应对策略

融资本身是一种风险行为，融资风险包括以下四个方面：

（1）融资的财务风险。融资是有成本的，如果资金的回报率小于融资成本，那么融资就变成了得不偿失的行为。

（2）融资的经营管理风险。资金越多，管理和使用的难度就越大，而且对于天使投资、风险投资等融资方式，融资越多需要出让的股权份额越大，这将对企业经营管理产生重要影响。

（3）融资的信用风险。融资一方面会消耗自己的资源和人脉，另一方面，融资越多，还款难度越大，且出现问题就会影响创业者的信用。

（4）融资的心理风险。钱少的时候人们往往会更加谨慎地花每一分钱，而手中的钱越多，人们花钱往往越容易，决策也越可能倾向风险偏好。

要减少融资风险，可以采取以下基本对策：一是做好融资计划，减少融资成本；二是提高企业经营管理水平，提高资金使用效率；三是恪守信用和契约精神，用共赢思维去看待和连接投资人；四是不忘初心，投资人不骄纵、不浪费。

案例6.5

创业融资并非灵丹妙药

视美乐曾经是中国第一家高科技学生创业公司，名噪一时。1999年3月，王科、邱虹云和徐中组队参加了清华大学的创业大赛,由于表现优秀,之后又被推荐参加了全国大学生创业计划竞赛并最终斩获金奖。在此背景下,三人对创业信心满满,当年6月就迅速成立了视美乐公司,主打产品为多媒体超大屏幕投影电视,该产品被很多公司看好。

由于这种制造类创业前期需要大量资金,视美乐一直积极对外融资。由于名声在外,他们很顺利地得到了第一笔投资——上海第一百货公司250万元的风险投资。然而由于缺乏公司运营管理经验,企业的研发和生产进程并没有想象中顺利,到了第二年,上海第一百货公司没有兑现二期投资5000万元的承诺。

2000年4月,视美乐公司转而与青岛澳柯玛集团有限责任公司合作,共同组建了北京澳柯玛视美乐信息技术有限公司,注册资金3000万元,双方各占50%的股份。原视美乐公司的主要技术人员全部进入澳视公司。之后,澳柯玛集团不断要求增加股份,三位创始人的股份越来越少,最终只占了不到30%,创始人演变成了小股东,创业名存实亡,当初的创业激情也不复存在,因此,王科三人都相继退出了公司管理层,企业也一落千丈。

视美乐的失败并非偶然,也非特例。即便有好的创意或前期资源,大学生创业失败的案例也比比皆是。尤其是像众筹、天使投资和风险投资等融资方式,里面涉及大量专业的金融财会和法律知识,如果掉以轻心,最后结果往往是"为他人作嫁衣"。毕竟投资人不是慈善家,他们也想追求自身利益的最大化。

分析:融资不只是如何得到钱的问题,还包括如何降低融资成本、如何使用钱、如何处理与资金供给方的利益关系等各种问题。融资本身具有各种各样的风险,创业者必须重视融资问题。大学生在实际创业时,应根据自身情况,综合考虑各种因素,选择合适的创业领域和创业类型。

(二)融资困难与应对策略

如何提升融资成功概率以及融资时效,应该是社会各方共同努力的结果:一是创业项目的质量是根本,一个得不到投资人看好的项目肯定是很难融到资金的,除了项目本身的质量,创业计划书也应该写得漂亮;二是政府应进一步加大宣传和实施力度,优化相关扶持政策;三是完善金融市场,积极吸纳和引导社会资本来为大学生创业助力。

车库咖啡雪中送炭

车库咖啡是全球第一家创业主题的咖啡厅。到这里来办公的创业者,只需要每

人每天单点一杯咖啡,就可以享受一天的办公环境,可共享 IOS 设备、Android 设备以及平板电脑测试机、投影、桌面触屏等设备,这里还有许多名人推荐的图书。

车库不是普通的咖啡厅,它为早期的创业团队提供开放式的办公环境,并与早期投资机构对接。车库咖啡定位是"民营资本的孵化器",来这里办公的甚至是思路尚未成型的项目,车库咖啡以咖啡厅为依托为早期创业团队提供创业孵化服务。

车库咖啡及其认证团队推荐的创业企业均可享受北京银行中关村分行提供的"金融产品服务包",包括存贷款服务、公司注册服务、日常结算服务、专属信用卡业务、公司及个人理财咨询等在内的一揽子综合金融服务,并在车库咖啡设立"银行角"。

分析:大军未动,粮草先行。毋庸置疑,资金对于小微创业企业来说非常重要。车库咖啡作为一个创业孵化器,与银行合作扶持有发展潜力的创业项目,其行为属于雪中送炭。当然,公司实力越优越,筹资就越容易。在创业氛围浓厚的众创空间里,出现了蓬勃的团队和靠谱的投资者。随着时代的发展,创业者必须学会拓展创业融资渠道,开发创新资源。

活动与训练

寻找神秘的金主

一、目标

学会创业融资的主要方法。

二、规则和程序

步骤一:划分小组,采用兴趣组合方式进行分组,每组 4~6 人为宜。

步骤二:以小组为单位讨论,拟创业的项目需要多少资金。

步骤三:分发扑克牌给每名教室内的学生,每张牌代表 10 万元投资。

步骤四:各个项目团队开展融资活动,争取拿到尽可能多的扑克牌。

步骤五:统计各小组获得的扑克牌张数,折算成金额,标示在黑板上。

步骤六:融资金额最高的团队代表发言,教师点评。

(建议时间:15~25 分钟)

思考与讨论

1. 筹措创业资金的方式有哪些?
2. 创业融资的流程有哪些?
3. 你所在的城市里有哪几家众创空间提供融资服务?

模块七　组建创业团队

模块导读

人类从原始社会时期开始就已经意识到团队的作用，逐渐学会组成各种组织来增强自己的生存能力，赢得更多生存机会。现代社会人们同样也意识到创业团队的力量远远大于一个人独自奋斗，因此我们需要学习关于团队组建和管理方面的知识，以便更好地发挥团队的作用。为了将创业的想法付诸行动并有效实现创业机会背后的商业价值，创业者往往需要借助团队的力量。进入 21 世纪以来，企业面临的外部环境瞬息万变，市场竞争也越来越激烈，不但初创期的小企业越来越倾向于采用团队创业模式，就连大公司也为了提高自身应对风险的能力，不断导入团队管理方式。美国一家著名风险投资公司的合伙人曾说过，当今世界充斥着丰富的技术、充裕的风险资本和大量的创业者，但真正缺乏的是出色的团队。如何创建一支优秀的团队是初创小企业和大公司未来面临的最大挑战。

本模块主要介绍创业团队、团队特征、组建原则、团队建设的有关内容。第一部分介绍创业团队的含义和特征，创业团队的特征，以及创业团队构建的基本原则和成员角色设置。第二部分介绍了创业团队建设和管理的要素，成功创业团队的特征，以及创业团队建设的原则。

创业团队管理

2019 年的最新发明

7.1 创业团队的结构设计

每种首创事业的成功,最要紧的还是所有当事人的基本训练。

——马明·西比利亚克

1. 了解创业团队的内涵、组织结构和要素;
2. 熟悉创业团队的特征;
3. 掌握创业团队组建的基本原则和成员角色设置。

高职生创业团队

河北工业职业技术学院材料工程系学生杨振在中华职业教育创新创业大赛中,凭借"真空悬浮熔炼炉"摘得一等奖。赛后,他最大的收获是自信,"能和国家优秀青年包括本科生在同一个平台竞技,我们意识到自己也是国家建设中不可或缺的一部分。"此外,杨振还听取比赛中专家评委的改进意见,率领研发团队走访河北敬业集团、河北钢铁集团等生产一线,对自己的项目进行技术创新和改进,使其成功走出实验室,变为小批量生产的设备,先后为河北博厚新能源科技有限公司、石家庄子龙科技有限公司、河北钢铁集团创造经济效益近千万元。目前,他正率领由不同专业同学组成的创新团队开展事业,并且因为团队和谐,取得了较好业绩。

分析: 高职生创业团队要取长补短,要实现最大合力。团队领袖要依托星状结构,引领广大成员为事业拼搏进取。

模块七 组建创业团队

一、创业团队的概述

（一）创业团队的内涵

创业团队是指由两个或两个以上创业者组成的具有特定的组织功能并协同工作的创业群体，团队中的成员有着共同的创业理想，具备不同的专业知识和能力，能够形成一个优势互补的动态系统。狭义的创业团队是有着共同目的、共享创业收益、共担创业风险的一群创建新企业的人。广义的创业团队不仅包括狭义的创业团队，还包括与创业过程有关的各种利益相关者，如风险投资家、专家顾问等。

创业团队成员对企业的经营理念高度认同，具有极强的创新精神，为了实现共同的创业愿景，积极参与新公司的创办、成长、管理等不同发展阶段，共同参与企业决策的制定、实施，共担风险，共享收益，为创业成功发挥了不可替代的作用。按照能力、贡献、角色等不同，创业团队成员按比例享有一定的股权，彼此之间具有一定的利益关系，团结合作，共同承担着企业创建、发展过程中的责任，通常担任企业的高管之职。

（二）创业团队的组织与结构

1. 创业团队的规模

如果创业团队的成员为7人或7人以上，由于人数多，情况复杂，那么意见难以达成一致的情况就会较多，而且还会消耗太多的管理精力和费用，股东利益和管理权威之间也比较容易产生矛盾。在一般情况下，创业团队保持在3～6人的规模比较合理。团队角色的分配中必须有一人担任领导者角色，这个人一定要把握企业发展的宏观方向和前进路线，提出战略计划，交给团队其他人去执行。除领导者以外，团队中的技术专家、运营人员、资金来源者等都是不可或缺的成员。

2. 创业团队的关系

很多创业团队最初大多是由亲戚、朋友、原先的同事或同学组成的。公司创办、经营过程中要时刻注意平衡团队成员关系结构，关系的亲密程度、内容以及形式等都可能会影响到团队的稳定性和企业业绩等。

3. 创业团队的能力结构

一个优秀的创业团队，成员之间要职责明确，分工合理，也就是说团队成员在决策制定、企业管理、技术创新、决策执行等方面要形成能力互补的结构，这样才能促进企业健康、可持续发展。

4. 创业团队的权力结构

根据管理权力理论，在企业管理层中拥有较大权力的往往是在企业中任职时间较长、在企业创始和发展过程中发挥了重要作用的人。这些人是企业管理层中权力最大，也是最受人尊重的。当然这些创始人持有的股票比例也是比较高的。

（三）创业团队的组成要素

1. 目标（Purpose）

创业团队组建的前提是拥有共同的创业理念、共同的创业愿景。只有目标明确且一致，才能让成员积极发挥自己的主观能动性，朝着共同理想而努力。这是整个团队的动力来源和奋斗方向。

2. 人员（People）

每个人都是团队的重要组成部分，都发挥着重要作用。团队成员为了共同的创业目标贡献着自己的智慧、能力、技术、资源等，团队成员之间互帮互助，团结协作，提升着整个创业团队的创造力。

3. 角色分配（Place）

由于创业团队成员在技能、性格、资源等各方面不尽相同，因此需要根据每个人的贡献度合理分配岗位职责，使团队成员人尽其才，优势互补。

4. 权限（Power）

创业团队成员间要根据他们的能力、岗位、股份等情况匹配相对应的权限，每个团队成员应该在自己规定的权限范围内行使自己的权力，享受相关的收益。在设置权限时要科学规划，不能过高或过低，避免出现成员间信息沟通不畅、上报审议程序烦琐、上下级之间不信任、不作为等情况，影响工作效率。

5. 创业计划（Plan）

根据创业目标，团队成员要共同商讨制订出详细可行的创业计划，明确公司发展战略、产品营销方案、融资方案等，制订出具体的分步骤、分阶段实施的计划，并且根据市场调研、分析反馈随时完善和调整项目策略。

二、创业团队的特征

（一）持久的创业热情

创业过程中会面临各种风险、失误和难以预测的突发情况等，没有人能随随便便成功。这时就需要保持持久的创业热情来促进团队坚持不懈，努力向前，同舟共济，避免功亏一篑。

（二）牢固的信任关系和凝聚力

团队中除了较高的能力、技术、资源等因素，相互之间牢固的信任关系尤为重要，只有彼此相互信任，形成互信互惠的良好局面，才能保证团队的长久合作，持续发展。团队成员是利益共同体，共同承担风险与责任，团队的集体利益高于个人利益，团队成员要同甘共苦，共享创业成果，不断加强团队的凝聚力和战斗力。

（三）能力、资源、股权合理配置

小成功靠个人，大成功靠团队。集体的智慧、能力、资源、经验会比单个成员的强大得多，团队成员间要能力和资源互相补充、互相合作，弥补创业过程中出现的短板。与此同时，要给予团队成员相匹配的股权，股权比例要和团队成员创造的价值、贡献度相匹配，平衡好团队成员权利与义务之间的关系，做到透明、公开、公平、公正。

三、创业团队组建的基本原则

（一）共同的目标、一致的价值观原则

创业团队的组建，首先应当有明确的目标，即所组建的团队应确定要做什么，要开发什么产品。除此之外还应具有共同的价值观。创业团队拥有共同的价值观的主要作用体现在以下两个方面。一方面可以保证创业团队在一些重要决策的制定、发展战略规划、收益分配、职权划分、做人处事等基本问题中不会产生原则性分歧，减少内部矛盾对公司项目的影响。如果出现团队成员在一些核心问题上意见无法达成一致的情况，就会严重影响公司项目的推进。如果创业团队成员价值观差别太大，在创业过程中会碰撞出很多的矛盾冲突，继而会影响整个团队的工作效果和发展。另一方面同质性价值观还可以提高工作效率，利于团队沟通合作。

（二）互补原则

创业团队想要获得"1+1>2"的效果，就需要强强联合，优势互补，这就需要

团队成员最大限度地发挥自己在知识、性格、技能、资源等方面的不同作用，依靠集体智慧解决创业团队遇到的问题。一个团队在开展创业活动时，必然会有技术、市场、销售、管理等不同类型的工作任务需要成员去分工、承担，如此便产生了知识、能力互补的人才需求。

(三) 精简高效原则

创业团队要注意精简高效，团队成员贵在精而不在多，这样既可以节约创业成本，又可以避免因人员众多导致意见分歧严重，议而不决等情况的出现。创业团队应当进行有效管理。总体来说，早期创业团队的组建，应当坚持"三个一"，即一个核心、一个共同愿景、一个产品。

(四) 开放性原则

创业过程随时面临各种风险，随时会出现各种突发状况，在创业过程中也可能会出现人员退出、新人加入等情况。所以创业团队需要秉承着开放性原则，吐故纳新，确保团队成员富有活力和创业激情。

四、创业团队成员角色设置

创业团队成员之间要分工明确，根据自己的性格特征、知识能力、资源条件等匹配合适的岗位，担任适合的角色，最大限度发挥自己的作用，同时各团队成员间要密切配合，互帮互助。原则上，创业团队的成员可以按照几种角色来组建，如表7-1所示，但并不是所有角色都必须齐全，创业团队组建初期需要考虑成本，工作效率等情况，可以根据工作需要挑选、分配相应的角色。

表7-1 创业团队的角色设置

公司职务	主要职责
首席执行官（CEO）	对企业的一切重大经营运作事项进行决策，包括对财务、经营方向、业务范围的增减等；参与董事会的决策，执行董事会的决议；主持企业的日常业务活动；对外签订合同或处理业务；任免企业的高层管理人员；定期向董事会报告业务情况，提交年度报告
首席品牌官（CBO）	现代组织（包括企业、政府或其他组织）中设置的专门负责品牌战略管理与运营的高级官员，代表CEO就企业形象、品牌以及文化进行内外部沟通
首席财政官或财务总监（CFO）	具备丰富的金融理论知识和实务经验，负责企业理财与金融市场交互、项目估价、风险管理、产品研发、战略规划、企业核心竞争力的识别与建立，以及洞悉信息技术及电子商务对企业的冲击等
首席营运官（COO）	主要负责企业的日常营运，辅助CEO的工作。一般来讲，COO负责企业职能管理组织体系的建设，并代表CEO处理企业的日常职能事务，协助CEO制订公司的业务发展计划，并对公司的经营绩效进行考核

续表

公司职务	主要职责
首席技术官（CTO）	企业内负责技术的最高负责人。主要负责长期技术方向（战略性）、短期技术方向（战术性）的研究确定；管理技术研究对企业经营活动和营利的影响；主持开发企业中使用的软件等
客户总监（CUO）	为客户制定媒体关系策略和公关活动策划，达成客户的市场或传播目标；督促客户服务团队执行媒体及公关活动，有效分配资源，并保证服务团队的工作质量；负责监督公关项目的计划和实施，使公关项目能在预算的时间和费用内完成；积极拓展客源及开发企业业务；与客户进行紧密的业务联络和沟通
首席市场官（CMO）	负责市场运营工作的高级管理人员，也可称为市场总监、主营市场的副总经理或副总裁等。主要负责在企业中对营销思想进行定位；把握市场机会，制定市场营销战略和实施计划，完成企业的营销目标；协调企业内外部关系，对企业市场营销战略计划的执行进行监督和控制；负责企业营销组织建设与激励工作

案例7.1

创业团队海纳百川

携程"第一团队"的例子可能对很多人来讲已经耳熟能详了，用 DISC 来分析，发现他们四个人正分别代表了 D、I、S、C 四种性格。

（1）企业初创期需要外向而关注人的"I"。季琦，充满创业激情，敢冒风险，勇于挑头做事。他能言善辩，把创业当作自己最大的爱好。因为他热爱新鲜的东西，不愿意做重复性工作，所以他在创立的携程上市后，卖掉携程的股份，跑去北京创办如家。如家上市之后，他又卖掉如家的股份，成立力山投资公司，并建造了 X2 创业园区和汉庭连锁酒店。一旦公司上规模，需要从事流程的改造和细节的完善的时候，季琦感到自己既不擅长也不热爱，就立刻把权力棒交给了梁建章。

（2）企业内部建设期需要内向而关注事情的"C"。梁建章，正是他首创把 ISO 9000 直接从生产型行业放到服务型行业，并且为携程中一线服务人员制定了 34 项定性定量项目在每周管理例会上评估，高要求标准下实现携程接电话平均每一个电话由 240 秒硬生生降到 180 秒。这意味着以前企业要用 400 万元的电话费，现在只要 300 万元。此外从管理成本的角度，管理 300 人的难度也比管理 400 人的难度大大降低了。

（3）内部体系建立之后，需要再对企业效益进行放大的时候，团队中另一个成员的效用开始占据主导，这就是风投家沈南鹏。企业资本运作期需要目的性强、不重感情的"D"。沈南鹏，一个目的性很强而又直言不讳的风投家，身上带有很高的 D 特质。

（4）企业平稳发展期需要稳重、善于支持的"S"。携程上市之后，以上这三个

人都陆续卖掉了手上持有的股份,转而玩其他去了。这时谁来主持携程的大局呢?老成持重的范敏登场了。正是范敏身上的"S"特质可以让他关注细节的完善,安心于相对来讲稳定的重复性工作。

分析: 创业不同阶段需要不同的团队风格:初创期激情四射,建设期作风严谨,资本运作期公事公办,平稳发展期各就其位。携程四君子在不同的阶段各领风骚,各擅胜场。正因为如此,携程才能不做一丝的无用功,在很短的时间内于纳斯达克上市。团队意味着团队其他成员的成功也是你的成功。只有当每个人相信团队的力量,退一步,退回到属于自己的位置上,让最合适的人登台亮相的时候,才能奏出团队的最强音。

创业团队精诚团结

北京冬奥会期间,首都机场的乘客好奇地发现,地服人员的背上背着一个钢铁支架,连接着一个从腿部延伸到腰部的U形支架,腰部两侧的装置不停地闪着亮光。这又是什么"高科技"?原来,这是一套电动腰部助力外骨骼,它通过背部的动力系统帮助使用者完成弯腰和起身的动作。这套外骨骼自重只有5公斤,当工作人员穿着外骨骼搬运较重行李时,设备却可以给予工作人员35公斤的助力。冬奥会期间,面对航空运输的繁重任务,这套外骨骼大显身手。

这套神奇的外骨骼出自北京铁甲钢拳科技有限公司,公司的创始人是年仅28岁的王潮。而他当年创业时,还是一名大二学生。电影《钢铁侠》是许多人的年轻记忆。还是初中生的王潮看完电影后,也梦想成为"钢铁侠",把电影里的那些东西变成现实。第二年,王潮开始尝试制作外骨骼的雏形,甚至高考前也没有停止这项爱好。结束了高考之后,王潮做出了他的第一个外骨骼原型机。虽然只有一只胳膊,但可以协助单手引体向上。上了大学,王潮继续用课余时间钻研这个"机器人"。2014年,王潮做出了全球第一款动力包裹到手指的外骨骼手臂。这套外骨骼手臂概念机还显得有点笨重,重14公斤,可以使手臂增力60千克力,握力增加40千克力。2015年,王潮做出了全身动力外骨骼概念机,这套设备就不只是一只机械臂了,而是将上肢和下肢都包裹起来,有了机器人的雏形,可以奔跑,搬运重物。王潮介绍说,柔性机械外骨骼系统,就像昆虫的外骨骼。人将这套设备穿在身上,搬运重物时,实际上是机械臂在做功,人的手臂只需要用很小的力气就可以了。背起一台冰箱如同背一台笔记本电脑,轻轻松松。这套外骨骼还可以用在助残、军事、工业等领域,比如帮助腿残疾的人自己上楼,让士兵能健步如飞、无障碍奔跑且不会疲劳等。2016年,王潮成立了自己的公司——北京铁甲钢拳科技有限公司,并拿到第一笔订单——与京东物流合作,为快递一线员工"撑腰"。有了机器人的辅助,快递小哥抬起几十斤重的货物时会轻松很多,而且对腰的伤害也会减小很多,效率提高了一倍。

在第三届"中国创翼"创业创新大赛全国总决赛上,"铁甲钢拳外骨骼"作为北京市唯一代表参加了实体项目展示并获得了"创翼之星"奖。这几年,王潮的创业团队不断扩大,实现了融资,目前已经拥有数十项国家发明专利,与德邦物流、京东物流、康明斯、施耐德电气、北京啤酒等多家公司达成合作。"随着生物技术、机电液一体化、控制技术的融合发展不断进步,外骨骼机器人会更好地在更多的应用场景下服务人类。我们也会在未来不断推出新的外骨骼产品。"在王潮团队面前,一个亿万级市场在等待发掘。

分析: 从大学生的创意到高科技公司的发展,创业团队在新时代发挥了前所未有的作用。好的团队可以将好点子变成好项目,再把好项目做成好公司。好公司还会得到融资支持,获得更多发展机会。

活动与训练

组建最佳团队

一、目标

学会组建创业团队的方法。

二、规则和程序

步骤一:划分小组,采用随机的方式进行分组,每组3~6人为宜。

步骤二:讨论,计划创办一家互联网二手车交易公司,拟一份征集合伙人的广告。

步骤三:张贴广告,并用3分钟演讲进行宣讲,吸纳人才。

步骤四:团队成员共同评估,选出几位候选者参加团队合伙人面试。

步骤五:评估团队结构,分析并决定哪个候选人加入后团队组成结构更好。

步骤六:调整后的团队展示团队名称、团队LOGO、团队愿景、创业项目、团队领导者、团队成员及分工、团队管理制度。

步骤七:推选出最佳团队,教师做总结。

(建议时间:30~40分钟)

 思考与讨论

1. 请结合网络搜索资料,举一个企业创业团队案例,并运用创业团队组建相关知识进行分析,以此来增强对创业团队的实际感受。

2. 请谈谈创业团队组建过程需要注意的事项。

3. 查找资料,找一个你认为比较失败的创业团队,分析理由,提出改进方案。

7.2 创业团队的建设与管理

 名人名言

以爱为凝聚力的公司比靠畏惧维系的公司要稳固得多。

——赫伯·凯莱赫

 学习目标

1. 了解创业团队建设和管理的要素；
2. 明确成功创业团队的特征；
3. 掌握创业团队建设的原则。

 导入案例

网友成为创业伙伴

雷浪声是一名"90后"高职毕业生，他的创业团队骨干成员居然全部是网友。他曾就读于广东农工商职业技术学院游戏专业。在学校的交际圈子很小，但是在互联网上却拥有许多资源，认识了创业团队的成员。大二时，他决心毕业后做UI设计（指对软件的人机交互、操作逻辑、界面美观的整体设计）。

大二暑假，雷浪声与几个网友来到深圳，租了一间终日不见阳光的小民房，组成一个6人团队，开始了手机软件开发之旅。雷浪声说："那段时间，我们的活动范围不足500米，有时连续加班30多小时。"团队的第一款产品"刷机精灵"第一版本正式上线测试。

其中一名队员的网名叫"瓶子"，于是他们就为公司取名深圳瓶子科技有限公司。不久，团队得到百万元级的天使投资基金。同年底，团队接受了1800万元投资入股。面对巨大的行业竞争压力，团队加速产品的更新迭代，持续保持在行业的领先位置，赢得国内互联网巨头的青睐和关注。

雷浪声毕业还没到一个月，腾讯CEO亲自出马，以6000万人民币全资收购雷浪

声的公司。团队的每个成员都得到了丰厚的回报，雷浪声说，没有人想到会有这么好的结果，6人再次来到路边的烧烤档庆祝。

从一个青涩学子摇身变成千万富翁，在这条创业路上走到今日，雷浪声感触良多。他说："创业不是靠单打独斗，需要团队的高效分工协作，每个人都要能够独当一面。勇敢挑战困难、担当压力是人生中非常精彩的一部分，不浮躁、不虚伪，善于总结失败经验并用心去沉淀，才能获得更多的成长。"

分析：团队协作需要默契，但这种默契是长期的日积月累来达成的。今天的企业比起以往任何时候都更需要协作精神，资源共享、信息共享才能够创造出高质量的产品或高质量的服务。对于在校大学生创业团队而言，除创业者结合自身经历发现了市场的需求之外，更是因为得到了创业伙伴的支持，才能最终将创业计划落地实施，并走向更大的市场。再成功的企业，人才都是其发展过程中的必要因素。当然，这个团队未必能在最初的时候就如同铜墙铁壁，坚不可摧，但因为多人多能，各尽所需的配比与互补，使得哪怕每个人仅仅在所在领域掌握一点点的经验，也可以让团队的力量很强大。

一、创业团队的建设和管理

（一）加强社会责任感

加强对创业团队成员的价值观、人生观、道德观的教育和社会责任感的培养。

（二）加强对创业团队成员的创新意识和创新精神的培养

创业团队成员要有创新意识，并逐步升华为创业精神。创新就是强调一种创造性思维，就是凭借知识、智慧和胆识去开创能发挥个人所长的事业。提醒创业团队成员全面理解创业的深刻含义，形成一种不创新就不会有创业机遇的共识。同时，创业不是普通的比赛或设计，而是要求能结合专业特长，根据市场前景和社会需要开发出独特的具有创新性的成果，这样才能达到真正的创新。

（三）努力提升创业团队成员的创业技能

具体来讲，创业技能包括对企业的人、财、物及技术资源的配置能力，对市场及环境信息资源的配置能力，对社会关系资源的配置能力，对组织及制度资源的配置能力，对个人行为资源的配置能力。因此，对创业团队成员进行行之有效的创业技能教育和培养是必需的，同时在对成员之间的协同能力的培养上也需要引导者用合理的方法和教育进行疏导，从而达到创业团队协同共振的效果。

（四）对创业团队成员的知识体系的培养

以经济管理类大学生创业成员的基本素质为例，在对他们进行知识体系的培养上主要以金融、商务、法律、市场、营销、管理、财务、税收、企业设立程序和宏观经济政策等知识为主线。此外，还要使他们具备必要的自然科学知识，如商品类别、产品性能、技术性质等。学科教学的过程，也是培养学生创业能力的过程。所以，创业能力教育并不是独立于正规的学科教育之外，而是内化在学科教学之中，这是高校学科人才培养的本质要求。

（五）明确创业目标

创业团队的总目标就是要通过完成创业阶段的技术、市场、规划、组织、管理等各项工作，实现企业从无到有、从起步到成熟。总目标确定之后，为了推动团队最终实现创业目标，再将总目标加以分解，设定若干可行的、阶段性的子目标。

（六）制订创业计划

在确定了一个个阶段性子目标以及总目标之后，紧接着就要研究如何实现这些目标，这就需要制订周密的创业计划。创业计划是在对创业目标进行具体分解的基础上，以团队为整体来考虑的计划。创业计划确定了在不同的创业阶段需要完成的阶段性任务，通过逐步实现这些阶段性目标来最终实现创业目标。

（七）构建创业团队制度体系

创业团队制度体系体现了创业团队对成员的控制和激励能力，主要包括了团队的各种约束制度和各种激励制度。一方面，创业团队通过各种约束制度（主要包括纪律条例、组织条例、财务条例、保密条例等）指导其成员，避免其做出不利于团队发展的行为，实现对其成员的行为进行有效的约束，保证团队的稳定秩序的目的。另一方面，创业团队要实现高效运作，还要有有效的激励机制（主要包括利益分配方案、奖惩制度、考核标准、激励措施等），这样团队成员才能看到，随着创业目标的实现，自身利益将会得到怎样的改变，从而达到充分调动成员的积极性，最大限度发挥团队成员作用的目的。

（八）团队的调整融合

完美组合的创业团队并非创业一开始就能建立起来，很多时候是在企业创立一定时间以后随着企业的发展逐步形成的。随着团队的运作，团队组建时在人员匹配、制度设计、职权划分等方面的不合理之处会逐渐暴露出来，这时就需要对团队进行调整融合。由于问题的暴露需要一个过程，因此团队调整融合也应是一个动态持续的过程。在完成了前面的工作步骤之后，团队调整融合工作可以专门针对运行中出现的问题，不断地对前面的步骤进行调整，直至满足实践需要为止。在进行团队调整融合的过程中，最为重要的是要保证团队成员间有效的沟通与协调，培养、强化团队精神，提升团队士气。

二、成功创业团队的特征

为什么团队创业成功的概率要大大高于个人创业？原因很简单，因为没有人会拥有创立并运营企业所需的全部技能、经验、关系或者声誉。因此，从概念上来讲，如果想要创业成功，就必须组建一支核心团队。团队成员对创业者来说将发挥不同的作用：他们或是合伙人，或是重要员工；他们不可或缺，有了他们，可以解决创业过程中可能出现的一些问题。通过团队，人脉、关系可以变得更广，提高创业成功的概率。

三、创业团队的原则

（一）合伙人原则

一般企业都是招聘员工，而员工都是在做"工作"。但创业团队需要招聘的是"合伙人"，因为合伙人做的是事业。一个人只有把工作当作事业才有成功的可能，一个企业只有把员工当作"合伙人"才有机会迅速成长。所以，创业团队要先解决价值分配障碍，然后去找自己的"合伙人"。

（二）激情原则

创业团队一定要选择对项目有高度热情的人加入，并且要使所有人在企业初创就有每天长时间工作的准备。任何人，不管其有无专业水平，如果对事业的信心不足，将无法适应创业的需求，而这种消极因素，对创业团队所有成员产生的负面影响可能是致命的。创业初期整个团队可能需要每天十六个小时在不停地工作，并要求在高负荷的压力下仍能保持创业的激情。

（三）团结原则

团队是企业凝聚力的基础，成败是整体而非个人的，成员能够同甘共苦，经营成果能够公开且合理地分享，团队就会形成坚强的凝聚力与一体感。

（四）互补原则

创业者寻找团队成员，首先要弥补当前资源能力上的不足，要针对创业目标与当前能力的差距，寻找所需要的配套成员。好的创业团队，成员间的能力通常都能形成良好的互补，而这种能力互补也会有助于强化团队成员间彼此的合作。

此外，调节、融合创业团队还要注意个人的性格与看问题的角度。团队里必须有总能提出建设性意见和不断地发现团队问题的成员，一个都喜欢说好话的组织绝对不可能成为一支优秀的团队。

马化腾和他的五人创业团队

1998年秋天，马化腾与他的同学张志东合资注册了深圳市计算机系统有限公司。之后又吸纳了三位股东：曾李青、许晨晔、陈一丹。为避免彼此争夺权力，马化腾在创立腾讯之初就和四个伙伴约定清楚：各展所长，各管一摊。

马化腾是CEO（首席执行官）、张志东是CTO（首席技术官）、曾李青是COO（首席运营官）、许晨晔是CIO（首席信息官）、陈一丹是CAO（首席行政官）。

都说一山不容二虎，尤其是在企业迅速壮大的过程中，要保持创始人团队的稳定合作相当不容易，工程师出身的马化腾从一开始对于合作框架的理性设计可谓功不可没。从股份构成上来看，五个人一共凑了50万元，其中马化腾出资23.75万元，占了47.5%的股份；张志东出资10万元，占20%的股份；曾李青出资6.25万元，占12.5%的股份；其他两人各出资5万元，各占10%的股份。

马化腾最开始也考虑过和张志东、曾李青三个人均分股份，但最后还是采取了五人创业团队，根据分工占据不同的股份结构的策略。即便是后来有人想加钱，占更大的股份，马化腾均说不行，"根据我对你能力的判断，你不适合拿更多的股份"。因为在马化腾看来，未来的潜力要和应有的股份匹配，不匹配就要出问题。如果拿大股的不干事，干事的持有股份又少，矛盾就会发生。

分析：要采取适当的激励手段，以促进合作，为共同提高过程结果提供推动力。人是需要激励的，平均主义是制约团队激情的重要障碍。当然激励并不仅仅是钱，还有很多诱因。股份制是腾讯团队的一座压舱石，既激励了士气，又防止了分裂。可以说，组织结构设计是创业公司治理的上层建筑，保证了业务持续增长。

 活动与训练

小组合作建高塔

一、目标

培养学生在创业团队管理中的随机应变能力。

二、规则和程序

步骤一：把参与游戏的同学分6组，每组5人。

步骤二：向每个小组发放材料，要求每组在10分钟内用这些材料建一座塔。

步骤三：这座塔高至少50厘米，要求外形美观、结构合理、创意统一。

步骤四：做完之后，展示评比。

步骤五：接受其他组选出的检验员的检验，以吹不倒而且最高为胜利。

步骤六：各组人员发表建塔的感想。

（建议时间：35分钟）

思考与讨论

1. 如何让你的团队高效运转？
2. 高效能团队运作有哪些方法？

模块八　制订创业计划

❀ 模块导读

商业模式的设计与创业计划的制订是创业过程中必不可少的一部分，详尽的创业计划书和商业模式设计方案，就好像有了一份业务发展的指示图一样，他会时刻提醒创业者应该注意什么问题，规避什么风险，并最大限度地帮助创业者获得来自外界的帮助。科学合理的创业计划书和商业模式也会成为衡量创业者未来业务发展的标准。

本模块主要介绍商业模式的设计和创业计划书的编制两个部分：第一部分包含商业模式的定义、本质、类型和选择，商业模式的九大要素和商业模式画布及商业模式设计思路、方法和原则；第二部分包含编制创业计划书的意义、原则、格式、内容和流程等方面的内容。

通过本模块的学习，同学们能够了解创业计划的含义，理清创业计划与商业模式和创业计划书之间的关系，掌握创业计划书的制定原则、流程及主要内容，同时模块中的经典案例、活动与训练等环节能够为制订创业计划起到铺垫的作用。

商业模式开发

创业计划书写作

模块八 制订创业计划

8.1 设计商业模式

名人名言

事在人为，也就是说，办事就要找人，而且要找对人；人找得多了也不行，少了也办不成事；办不同的事，找不同的人。现在我已经弄清楚了。

——陈镇光

学习目标

1. 了解商业模式的定义、本质、类型和选择；
2. 明确商业模式设计的九大要素；
3. 掌握商业模式设计的重要性及设计的思路和方法。

从 0 到开店 1000 家，卖老人鞋赚大钱

近两年，有个卖老人鞋的品牌"足力健"十分火爆，仅 2016 年就从 0 到开店 1000 家。疯狂开店，是因为无一亏损。在这种成果背后，是足力健创始人对于产品深深的执念。他坚持打造优质低价的产品。为此，年近半百的他，一年出差 320 天，亲自下工厂、请顾问、跑店铺，把自己练成了首席产品官，从门外汉蜕变成专家。他就是足力健的创始人张京康。

在做老人鞋之前，张京康做过很多工作，大都与销售有关。走上正轨后，他创业去了，做保健品。结果，两年时间，亏了 3000 万元。后来回忆起这次失败，张京康总结道："那个时候，我更侧重于对产品、品牌和资源的整合，而不是侧重于用户。"再次出发，他根据过往经验，给自己定了创业标准：刚需、高频、细分、80%人的生意、B2C、能做到 10 个亿。于是在 2013 年，他做了一款老年人健康鞋，并在郑州当地媒体做了广告，2014 年开始全国招商，最后竟卖了四十多万双。通过这次"试错"，他便认准了老人鞋行业。

张京康将"以用户为导向"的观念深扎心中。他走的第一步就是用户调研。他成立的第一个部门就是消费者需求调研部（后来升级为用户研究中心），由他直接领导。最初的调研全由他亲自完成。他走访社区，亲自上门，和老人开会聊天。几个月下来，一双手摸过不下500位老人的双脚，但是鞋只卖169元。鞋底，人家报价18元，他8元搞定。他先是花钱请了顾问，完整地了解原料、设备和人工等费用，算出鞋底成本仅7元，于是说："我只给你8元，一年要600万双，做不做？"

在超市里开店，一开1500家。足力健实体店的选址很有意思，专门开在超市里，这也是调研的成果。首先，超市是老人生活中最常去的地方之一；其次，很多老人认为，超市里的品牌可信度更高，甚至有老人对他说："把店开在马路边，一看就是烂，有本事开在超市里头。"

在足力健实体店里，张京康采取了三项措施：流量、试穿、团购。第一，把店开到超市里，做流量产品，发单找人来试穿，这一步解决了流量问题。第二，在试穿时，工作人员亲自为老人脱鞋、换鞋，令很多顾客大受触动。第三，做团购时，也要站在用户角度。足力健有一个"满600送100"的活动，效果不佳。张京康一研究，才发现这样的团购是企业思维，不是用户思维，就将其改为"满600减100"，业绩随即提升40%。

张京康说："创始人一定要成为首席产品官。"现在的他，左手托着用户研究中心，右手托着产品研发中心，心无旁骛，因为他的目标是让中国老人都穿上专业的老人鞋。

分析：老人鞋卖得如此火爆，背后是互联网思维的运筹帷幄。企业家视顾客为粉丝，开发出令顾客尖叫的好产品，超越顾客预期，实现了销量暴增。这表明，成功的商业模式非常一样而又非常不一样。非常一样的是创新性地将内部资源、外部环境、盈利模式与经营机制等有机结合，不断提升自身的营利能力、价值、风险控制能力、持续发展能力与行业地位等。非常不一样的是在一定条件、一定环境下的成功，更多的具有个性，不能简单地复制，而必须通过不断修正才能保持企业持久的生命力。借鉴基础上的创新永远是商业模式中的核心价值。

一、认识商业模式

(一) 商业模式的定义

商业模式是商业运行的内在机理，是企业为满足目标客户的价值主张，将内外部各种资源优化组合，合理调配和利用，并最终实现持续盈利而建立的一种系统结构，也称为企业价值链条。

（二）商业模式的本质

商业模式本质上是由若干要素构成的一组盈利逻辑关系链条。企业对价值主张、价值网络、价值维护和价值实现四种要素进行规划组合，各要素不同的结合方式形成不同的商业模式。

商业模式本质上也是企业价值创造的逻辑，而企业价值是通过顾客、伙伴、企业的交叉互动创造出来的，体现为顾客价值、伙伴价值和企业价值。这三者之间紧密联系——顾客价值是基础，伙伴价值是支撑，企业价值是目标。

1. 顾客价值

顾客价值是企业实际满足的顾客的特定利益目标组合，价值主张和价值网络的共同作用形成了顾客价值。

2. 伙伴价值

伙伴价值是指企业能够提供给合作伙伴的特定利益组合，价值网络和价值维护的共同作用形成了伙伴价值。

3. 企业价值

企业价值是指企业最终实现的盈利，价值维护和价值实现的共同作用形成了企业价值。

（三）商业模式的类型

1. 标准化商业模式

商业模式的标准化就是在企业发展过程中琢磨规则、创造规则的过程。将每一个细节都标准化，而且持之以恒。这种标准化的商业模式在餐饮行业、零售企业应用范围十分广泛，对企业的发展具有如下重要的意义：

（1）降低成本。标准化的第一作用就是降低成本。标准是企业经营多年的智慧和经验的结晶，代表了企业目前最有效的运营方式，可以提高企业的生产效率，减少生产过程中的消耗或损耗，减少生产过程中的浪费，间接地降低生产成本。

（2）明确责任。标准化的商业模式可以促进企业更简单地确定问题的责任。在推行标准化模式的企业里，一项不好的操作会导致一个问题的出现，企业可以通过操作轻易确定问题的责任人：是主管制定的作业指导书不好，还是操作员没有完全按照作业指导书进行操作？只有明确了责任之后，才有可能对今后的工作做出改进与对策。

2. 创新商业模式

创新的商业模式可以改变整个行业的格局，让价值数十亿元的市场重新洗牌。多数人认为企业的成功关键在于商业模式的创新，因此，创新模式也成为众多企业在设计商业模式时的必然考虑。

婚庆公司的创新模式

日照职业技术学院毕业生黄云霄是当地出名的婚礼设计师。随着老百姓的日子越过越红火，对终身大事仪式也越来越看重，于是婚庆行业也应运而生。敏锐的他意识到这是一个前景广阔的朝阳产业，于是他毅然决然选择了辞职，进行自主创业。万事开头难，对婚庆事宜全然不知的门外汉想要开辟自己的新天地是不易的，父母的反对、亲友的质疑，都没有动摇他放手一搏的决心。同时，合作伙伴的出现更加坚定了他的信念。他穿梭于青岛、济南、东营、北京等地考察学习，为自己的婚庆公司做准备。在中间也出现过许多意料不到的问题，但黄云霄并没有放弃，而是选择保持一颗清醒的头脑灵活地去解决这些突发事件。"问题来了就需要解决，时间不等人，必须时刻保持清醒头脑，运用现场的替代品解决好眼前问题。"用智慧打造出来的创业精神，无不诠释着他对每场婚礼的敬意。"对我们而言，一场婚礼就是一场晚会，把每场婚礼当作晚会来办，隆重、热闹，又不失个性。"当回忆起一场村庄式婚礼时，黄云霄会心地笑了，"应我那朋友的要求，在不失农村式婚礼的传统习俗下，融入了现代的元素，成为一大亮点，也颇受农村老少的欢迎。"

如今，有家婚礼婚庆公司在日照已经小有名气，很多优秀的作品步入公众视线，如"sunshine 10℃""人间四月天""花房姑娘""侣行"等主题婚礼，受到新人及他们的家人和朋友的广泛赞誉与好评。当地多家媒体对有家婚礼进行了多次报道。"我们突破租售道具的传统婚庆模式，力求将新人的情感融入婚礼当中，使之成为一场情感的盛宴，我想，这大概也许是很多亲朋好友慕名而来的原因吧。"问及成功时，他连连摆手，谦虚地说自己还有很长一段路要走，眼下还算不得成功，他直言："现在的年轻人都太心浮气躁了，只看眼前。一个人能走多远，关键在看多远。"只要有信念，愿意脚踏实地去征战，没有困难是不可战胜的。

分析：创业者的目标是做成一家有品牌有口碑的婚庆公司。相信有实力有目标有毅力的他一定可以实现自己的人生抱负。奋斗仍在继续，虽然过程艰辛，但我们愿意相信，奋斗结出的果实一定是甜美的，创业精神也永远不会过时。

3. 混业商业模式

混业商业模式就是在现有的几种商业模式的基础上，结合开发出的一种新的行业商业模式，也属于一种跨界、跨行业的商业模式。随着市场经济的发展和人们需求的不断多样化，建立在不同行业基础之上的混业商业模式正逐渐成为初创企业设计商业模式的一个重要选择。对于创业者来说，尝试将不同的行业杂交融合，让客户获得更好的价值体验，满足不同的市场需求，也是一个让企业快速成长的好办法。混业商业模式一旦运作妥当，可以帮助企业快速倍增业务，当今很多企业都在采用混业商业模式。

借助不断演进的商业模式，企业可以通过顺藤摸瓜的方式，吸取其他企业发展的技术、经验、客户群，然后独立门户，从后台走向前台，逐渐树立自己的品牌和信誉。借助持续的自我创新和市场拓展力，这种不断上位的商业模式就会渐渐朝更成熟的商业模式迈进。初创企业在起步初期，面临资金、市场、客户等众多壁垒，不妨借助不断上位的商业模式，为自己企业的发展汲取力量。

4. 依附商业模式

依附商业模式指的是中小企业可以充分利用大型企业的资源来发展自己。大型企业有良好的商誉和极具影响力的品牌，有广泛快速的营销网络，有充裕的资金和管理技术，只要中小企业具有良好的资源整合能力，一切都能为它所用。大型企业虽然具有众多优势，但是这些企业也不是万能的，它们的发展需要很多的配套工程，如非核心的零部件或某些服务都需要外部提供。中小企业在实力比较弱小时可以为大企业提供服务，以此来争取发展机会。

案例8.2

美特斯邦威的"空手道"

美特斯邦威在几年前也只是个小企业，有自己的生产车间，也有自己的终端店，典型的前店后厂模式，看到哪个产品好销就跟进生产。这种模式的企业在中国有上万家，大家都在同质化竞争着，谁也难以做大。

休闲服的销售对象主要是时髦的青年男女，他们的消费偏好是流行、时尚。美特斯邦威发现，在原有的产业链中，针对这样的消费偏好，对应的关键环节不是原料、生产、分销、终端，而是设计。企业应以设计为关键环节，把握流行趋势，提前设计出流行的服装，以引爆流行，制造时尚，让消费者纷至沓来。

经过分析，美特斯邦威砍掉了生产车间，卖掉了终端店，利用有限的资金，花重金从法国、意大利、香港聘请设计师，同时专注于品牌建设。美特斯邦威不生产一件成衣，产品全部由全国的200多家OEM服装厂代工生产，销售则通过分散在全国的2000多家加盟店来完成。2006年，美特斯邦威的销售额突破30亿元，2007年达到40亿元，2008年8月28日成功在深圳交易所上市。现在，美特斯邦威已是中国本土市场和国际休闲服装著名品牌。美特斯邦威的成功在于，上游环节利用社会闲散资源进行虚拟化的生产，这样不但降低了资金占用成本，而且也实现了社会资源的有效利用；对下游终端，通过特许加盟形式，降低了自建终端成本，也降低了风险，从而能够持续不断地实现盈利。

分析：美特斯邦威模式就是在企业资源有限的情况下，借助社会资源，通过把握关键环节、重新组织产业价值链来实现超常规的发展。

5. 创造需求模式

创造需求模式就是进行价值创新，满足客户未被满足的需求，这是商业模式创新的灵魂。市场的核心就是在需求和满足需求的供给之间变化。创造需求的一个重要标准是：别人有的，我去改进；别人没有的，我去创造。企业要在不断的调研中寻找事实依据，创造机会，并要不断满足市场的需求，始终坚持客户需求至上，保持与时俱进，这样才能实现盈利。

6. 增长扩展模式

现在的许多知名大企业往往是从一个小企业起家的，经过在业界的摸爬滚打，逐步壮大发展起来，建立自己的权威。增长扩展模式是他们所采取的商业模式之一。增长扩展商业模式通常主要包含3种方式：连锁方式、委托管理方式、收购兼并方式。企业扩张的模式有很多种，如海尔的品牌扩张以多元化为模式，在进行多元化扩张过程中结合自身优势选择了并购这一方式，包括整体兼并、投资控股、品牌运作、虚拟经营等形式。

二、商业模式的选择

对于初创企业而言，一个优秀的商业模式要符合5个标准：定位准、市场大、扩展快、壁垒高、风险低。

（一）定位准

市场定位的核心是要寻找到一个差异化的市场，为这个市场提供满足客户需求的、有价值的、独有的产品，让客户愿意为此付费。确立好的市场定位的关键是细分市场，并寻找到能够利用自身优势来满足该细分市场所需要的产品或服务。企业在进行目标市场定位时，需要考虑：是否有客户所需要的产品或服务？是否能够为目标市场和顾客创造价值？是否确定了独特的市场定位？客户是否愿意为产品或服务付费？

（二）市场大

要进行深入的市场分析，需要判断市场容量是否足够大。并不是为任何一个市场提供了所需的产品或服务就是一个优秀的市场定位。优秀的市场定位标准是，大规模，持续增长，保持竞争力。因此在做市场分析的时候，要注意产品或服务是否能够满足目标客户的基本需求、目标市场规模是否足够大、是否能保证快速增长、如何保证持续性的增长等问题。

（三）拓展快

能够迅速、大规模地扩展客户群的商业模式可以保证企业收入的持续高速增长，因此新增客户速度是否快、客户群能否快速大规模地扩展，是衡量商业模式好坏最关键的因素。

（四）壁垒高

如果一个行业有很高的行业壁垒，那创业者只能望而却步；而如果这个行业壁垒低，人人都可以进入，那么创业者也一定要考虑自己进入的优势在哪里。优秀的商业模式一定要和自身独有的优势紧密结合。所以，一般创业者以低起点进入行业后，要建立起高的壁垒，让竞争者难以进入，这是建立商业模式需要考虑的重点因素。

（五）风险低

创业者要评估商业模式可能面临的各种风险，如行业监管、行业竞争、潜在替代品等。当然，评估的目的并不是单纯地回避风险，而是要识别出所有可能的风险，并制定相应的应对策略，使得风险能够可控和得到有效管理。几乎所有的商业成功都是冒着很多不确定的高风险取得的。企业要通过有效的风险管理来创造商业奇迹。

创业路上总是存在各式各样的困难，而选择合适的商业模式则是困难之一。其实，一个成功的商业模式既不是一蹴而就的，也不是在实践中一成不变的。

三、设计商业模式

（一）商业模式的要素

1. 商业模式九要素

亚历山大·奥斯特瓦德（Alexander Osterwalder）和伊夫·皮尼厄（Yves Pigneur）认为商业模式包含九种必备要素：

（1）价值主张。即公司通过其产品或服务能向消费者提供何种价值。表现为：标准化/个性化的产品/服务/解决方案，宽/窄的产品范围。

（2）客户细分。即公司经过市场划分后所瞄准的消费者群体。表现为：本地区/全国/国际，政府/企业/个体消费者，一般大众/多部门/细分市场。

（3）渠道通路。描绘公司用来接触、将价值传递给目标客户的各种途径。表现为：直接/间接，单一/多渠道。

（4）客户关系。阐明公司与其客户之间所建立的联系，主要是信息沟通反馈。表现为：交易型/关系型，直接关系/间接关系。

（5）收入来源（或收益方式）。描述公司通过各种收入流来创造财务的途径。表现为：固定/灵活的价格，高/中/低利润率，高/中/低销售量，单一/多个/灵活渠道。

（6）核心资源及能力。概述公司实施其商业模式所需要的资源和能力。表现为：技术/专利，品牌/成本/质量优势。

（7）关键业务（或企业内部价值链）。描述业务流程的安排和资源的配置。表现为：标准化/柔性生产系统，强/弱的研发部门，高/低效供应链管理。

（8）重要伙伴。即公司同其他公司为有效提供价值而形成的合作关系网络。表现为：上下游伙伴，竞争/互补关系，联盟/非联盟。

（9）成本结构。即运用某一商业模式的货币描述。表现为：固定/流动成本比例，高/低经营杠杆。

2. 商业模式画布

一个有效的商业模式不是上述这九种要素的简单罗列，而是要素之间存在着有机的联系。可以用图 8－1 所示的商业模式画布这一工具来描述。

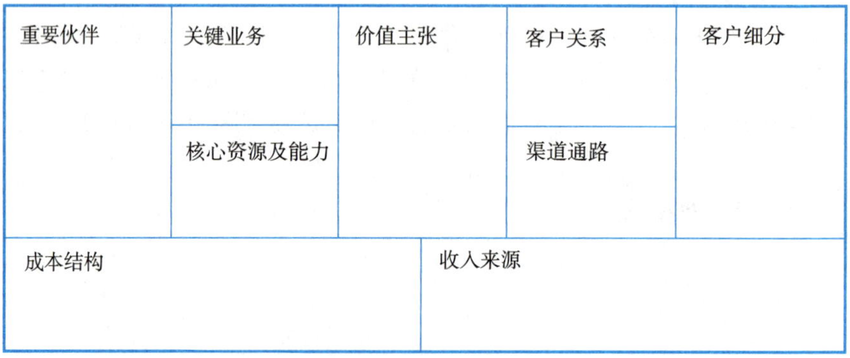

重要伙伴	关键业务	价值主张	客户关系	客户细分
	核心资源及能力		渠道通路	
成本结构			收入来源	

图 8－1　商业模式画布（商业模式九要素）

根据这九大要素间的逻辑关系，一般商业模式的设计可以分四步进行：

（1）价值创造收入：提出价值主张，寻找客户细分，打通渠道通路，建立客户关系。

（2）价值创造需要基础设施：衡量核心资源及能力，设计关键业务，寻找重要伙伴。

（3）基础设施引发成本：确定成本结构。

（4）差额即利润：根据成本结构调整收益方式。

不同类型的公司在进行商业模式设计时参照的要素重点是不一样的。一般而言，应用产品或服务的领先战略型的公司更重视价值主张的创新。应用客户关系领先战略的公司更加关注客户关系、渠道通路和客户细分对商业模式的影响。运营管理领先的公司则将更多的工作重点放在了核心资源及能力、重要伙伴、成本结构的优化上。

（二）设计商业模式的思路与方法

1. 设计商业模式的思路

设计商业模式时，应该以满足顾客需求为立足点和出发点，从创业者现有的资源以及市场竞争的实际情况出发，以发现价值、创造价值、传递价值和获取最大化价值为目标。至于企业盈利，则是客户价值最大化之后的必然产物，并且盈利的多少与企业所创造的客户价值、伙伴价值的大小成正比。

商业模式设计是分解企业价值链条和价值要素的过程，涉及要素关系的重新组合或新要素的增加，也是创业机会开发环节中一个不断试错修正的过程。

2. 设计商业模式的方法

商业模式的设计方法主要有参照法、相关分析法和关键因素法。

（1）参照法。这是设计商业模式的一种有效方法。该方法是以国内外商业模式作为参照，然后根据本企业的具体情况，如资源环境战略技术，企业的发展阶段、规模等不同特点进行相应的调整，从而确定企业商业模式设计的方向。每个创业者都想为自己的企业设计一个独特、全新的商业模式，以求颠覆行业内现有企业，但想要设计一种全新的商业模式是一件很难的事情。为此，许多企业的商业模式设计都是通过参照法起步的，如德克士模仿了肯德基和麦当劳。采用参照法进行商业模式设计时需要注意，一定要根据企业自身的情况加以调整和改进，创新地摸索出符合本企业的商业模式。一般来说，参照其他企业的商业模式可以归纳为全盘复制、借鉴提升两类。

（2）相关分析法。这是在分析某个问题或因素时，将与该问题或因素相关的其他问题或因素也纳入分析的行列，通过对比，分析其相互关系或相关程度的一种分析方法。相关分析法需要根据影响企业商业模式的各种权变因素，运用有关商业模式设计的一般知识，使影响因素与商业模式一一对应，从而确定企业的商业模式。利用相关分析法，可以找出相关因素之间的规律性联系，通过研究如何降低成本，达到价值创造的目的。如亚马逊通过分析传统书店，在网上开办了电子书店。

（3）关键因素法。这是以关键因素为依据来确定商业模式的设计方法。商业模式中存在着多个变量，它们影响着设计目标的实现，其中若干个因素是关键的和主要的（即成功变量）。通过对关键成功因素的识别，找出实现目标所需的关键因素集合，确定商业模式设计的优先次序。关键因素法主要有以下五个步骤：①确定商业模式设计的目标；②识别所有的关键因素，分析影响商业模式的各种因素及其子因素；③确定商业模式设计中不同阶段的关键因素；④明确各关键因素的性能指标和评估标准；⑤制订商业模式的实施计划。

案例8.3

社区团购商业模式未必完美

2020年下半年以来，"社区团购"在一线城市兴起，也吸引了众多互联网大公司的参与。这些互联网巨头动用资本的力量，用补贴换客户、用价格换流量，导致社区团购市场"热"而无序。

互联网巨头为了抢占市场、抢夺客户、抢拼流量，都给予社区团购大力度的补贴，从表面看，社区团购确实给社区居民带来了不少实惠，然而这种"用价格换流量"的做法，使原本那些在为小区居民服务的小实体店难以为继。

下沉服务，本身并没有什么问题，前提是必须公平公正、平等竞争。互联网巨头凭借强大的资金实力，出手就是"补贴+优惠"，令实体商店毫无还手之力。对外讲是以量换价，实际都是补贴在作怪。就算集体采购可以在价格上有点优势，而在服务和商品的品质方面，比不上小实体店，特别是小蔬菜店，还是有差距的。

分析：社区消费在一定程度上具有公益性，不能完全从经济效益的角度考虑问题。而资本的唯一目的就是逐利。资本在公益方面的所作所为，也是建立在逐利基础上的。自然，在社区团购问题上，互联网巨头就很难以公益之心对待。可以想象，搞社区团购的互联网巨头用"烧钱"的模式排挤完竞争对手后，涨价、上市圈钱就将上演。

（三）商业模式设计原则

1. 客户价值最大化原则

随着客户经济时代的到来，企业应该改变过去传统理念中追求企业利润最大化的原则，要以实现客户价值化为核心，如果坚持客户价值的最大化，那么企业的利润就自然包含其中了。所以，作为创业者应该明白客户价值最大化是主产品，企业利润最大化是副产品。

企业可以通过两大方式来实现客户价值的最大化：

（1）企业可以通过增值服务，创造需求的方式来实现客户价值的最大化。企业可以不断提供增值服务方案，不断完善客户服务，让客户更准确地掌控企业的服务信息，以顺应瞬息万变的市场动态。

（2）可以通过个性服务和专业服务来实现客户价值的最大化。如，戴尔公司"以客户为中心"的直销模式，根据客户的需求配置电脑，去除零售商的利润，以更好的服务、更有效率的方式直接将产品送到客户手中，并把零售环节省下来的利润返还给客户。

案例8.4

网上开蛋糕店生意火

大学毕业以后，小红决定在网上开一个蛋糕店，自己创业。在没有资金，没有实体店面的情况下，借助网络的优势，小红在3个月内卖了几百个蛋糕，并且得到合伙人及很多消费者的好评。

小红创业成功有两方面的原因：一方面，她在网上搜索了多种蛋糕的图片，并把这些图片加以修饰，辅以详细的文字介绍，为客户提供便利；另一方面，她与全国各大城市的蛋糕配送店签订合同，建立合作关系。她还记下了每一个客户的名字，甚至记下他们买蛋糕的故事。

每次当客户订蛋糕的时候，她都很热情地介绍，蛋糕一送到，她就立刻给客户打电话详细询问客户的满意度。有时候，由于特殊原因，蛋糕并没有按照约定时间送到，她就会向客户道歉，真心实意地退款，甚至会免费补送其他礼物。当客户预订的蛋糕临时不要了，或者蛋糕送达但接收人不在家的时候，她也会尊重客户的意见，退款给他。除了和客户建立愉快的合作关系，全国许多家蛋糕店也很乐意和她合作，因为小红总是以互惠互利为原则，给予合作方最大的体谅。

客户订的每一个蛋糕，都有一个美丽的故事在里面，都传递一份真诚的感情，而她，也负责地传递着这份感情。有一次，一个客户订了一个蛋糕给远隔千里的父母，蛋糕送到之后客户打来电话说，父母很激动，感动得都说不出来话了。小红真诚地为客户着想，最终赢得客户的信赖，而这份真诚也为她的网上蛋糕店带来了源源不断的客户。

2. 持续盈利的原则

持续盈利是指企业既要有盈利的能力，又要有持续发展的后劲，盈利应具有可持续性、稳定性、长久性。对于初创企业而言，商业模式能否持续盈利至关重要。

3. 高效整合资源的原则

资源整合是企业战略调整的手段，也是企业经营管理的常规工作。整合是要实现资源的优化配置，使资源得到最大化的利用，实现整体利益最优。对于初创企业而言，企业的资源整合要立足于企业的发展战略和市场需求，通过一系列的组织协调，把企业内外部的资源进行有机整合，从而形成企业的核心竞争力。如被誉为"价格屠夫"的格兰仕是全球市场整合和资源整合的榜样，该公司并没有掌握全球微波炉制造的核心技术，也没能掌控全球销售网络，但依靠整合全球市场和全球资源，把一家中国的格兰仕变成了世界的格兰仕。

4. 不断创新的原则

商业模式的创新贯穿于企业经营的每个环节中，成功的商业模式不一定都体现在技术创新上，也可以是企业运营的某一个环节，如资源的开发、研发模式、制造方式、营销体系的创新，或是对原有模式的重组、改造，甚至是对整个商业规则的颠覆。每一环节的创新都有可能造就一种成功的商业模式。

5. 有效融资的原则

企业快速成长需要资金，谁拥有资金谁就赢得了企业的发展先机，也就掌握了市场的主动权。因此融资模式的打造对企业有着特殊的意义，对初创企业来说更是如此。如江南春的分众传媒就是凭借其成功有效的融资模式，实现了一统电梯媒体的"霸业"。

6. 控制风险的原则

风险可以指系统外的风险，如政策、法律和行业风险，也可以指系统内的风险，如产品的变化、人员的变更、资金的短缺等。商业模式也会面临风险，如果一种商业模式抵御风险的能力很差，就像在沙丘上建立的大厦一样，经不起考验。因此创业者在设计商业模式时还应考虑其为企业规避风险的效能。如海尔提出了"东方亮了再亮西方"的理论，用以防范多元化的风险，并取得了非常理想的效果。

案例8.5

海尔的风险管理

海尔之所以能在逆市中更上一层楼，很大程度上是因为十多年的风险管控创新。

目前海尔集团已经是全世界第四大白色家电制造商、中国最具价值品牌。海尔公司在全球30多个国家和地区建有贸易公司与设计中心，全球有10多个工业园。企业的规模大意味着企业面临的风险也非常大，风险在遇到集团管控问题后会变得更加复杂。首先，集团企业在取得协同、整合、规模优势等利益的同时，随着资产规模的扩大，涉足企业的增加，所属子公司的地域分布趋于分散，企业所面临的投资、运营、管理风险必将增大，于是对集团的管控能力特别是风险内控体系也提出了更高的要求。其次，因集团化、多元化、国际化之后产生的多层次、多法人的问题，风险管理也会成为一个跨层次、多对象的体系。因此随着企业规模的壮大，触角的全球生长，风险管理便自然成为企业经营的重要环节。

在国际运作中，海尔的理念是"出口创牌"。战略分为三步："走出去""走进去"和"走上去"。"走出去"仅仅是把产品出口到海外；"走进去"则是成为当地的名牌。在国际扩张的路径上，海尔的手段主要是：整体兼并、投资控股、品牌运作和虚拟经营。海尔兼并扩张的一条基本原则就是"总体一定要大于局部之和"，必须兼并一个成功一个，最大限度地优化资源配置，挖掘企业重组后的潜能，以此作为并购风险规避的基石和保障。

（四）商业模式中存在的致命缺陷

一般来说，不成功的商业模式存在以下几种致命缺陷：一是对顾客完全误读，如果企业开发出来的商业模式并不为消费者所接受，这种商业模式就很难维持下去；二是完全不合理的经济性，若这种商业模式的成本远远超出了企业的承受能力，则必定存在巨大的风险；三是简单抄袭别人的商业模式，初创企业如果不从企业的实际情况出发，不从客户的具体需求出发，只是全部照搬一些优秀商业模式的外在形式，是很难成功的；四是轻易改变商业模式，企业的商业模式一旦确定下来，便不可轻易改变。商业模式的创新并不意味着随意的改变，很多初创企业轻易改变了自己的商业模式，结果导致创业失败。

（五）商业模式的评价

一个具有竞争力的成功商业模式，通常需要具备一些能够创造价值与竞争优势的特质，而这些特质就是商业模式评价的关键因素。

1. 适用性

适用性是评价商业模式的首要前提。市场环境瞬息万变，而每个企业面对的内外部环境千差万别，不同企业设计的商业模式应既具有普适性又有能将自己与其他企业区分开来的独特性。这种独特性表现在它怎样为企业赢得顾客，吸引投资者和创造利润。一般而言，商业模式没有好坏之分，只有是否适用的区别。

2. 有效性

有效性是评价商业模式的关键点。一般认为，商业模式的有效性是企业在一定时期、一定条件下能够利用其为自己带来最佳效益的盈利战略组合。根据埃森哲咨询公司对70家企业的商业模式所做的研究分析，这种有效性应当具有以下三个特点：

（1）提供独特价值。有时候，独特价值指的是新的思想，而在多数情况下，它往往是产品或服务独特性的组合。这种组合可以向客户提供额外的价值，或让客户能用更低的价格获得同样的价值，或者用同样的价格获得更多的价值。

（2）难以模仿。企业通过确立与众不同的商业模式来提高行业的进入门槛，从而保证利润来源的稳定。

（3）脚踏实地。脚踏实地就是要把商业模式建立在对客户行为的准确理解和把握上。

3. 前瞻性

前瞻性是商业模式的灵魂所在。商业模式与企业的经营目的是相关联的，一个好的商业模式要和企业长远的经营目标相结合。商业模式实际上就是企业为达到自己的经营目标而选择的运营机制。企业以盈利为目的，其运营机制在保证企业盈利的前提下向市场提供产品或服务。当今的企业必须在动态的环境中保证自己的商业模式能够灵活反应、及时修正、快速进步和快速适应。简言之，商业模式应具有长久的适用性、有效性，以达到持续盈利的目的。

福临门食用油斩获"21世纪中国企业最佳商业模式创新奖"

21世纪中国最佳商业模式评选颁奖典礼是目前国内年度最具专业性的商业盛会。2016年，中粮福临门数字营销方案以其颠覆性的商业模式，突破行业常规的创新方法、数字化营销生态闭环赢得投资界、媒体界、业界的一致认可，获得"21世纪中国企业最佳商业模式创新奖"。

福临门食用油数字营销体系由"一瓶一码"物联网技术，"开箱有奖"营销方式以及"透明物流"运输管理三个核心单元组成。三个单元相互支撑，贯穿整个产业链条，实现消费者互动、精准营销、过程化管理完美耦合，形成福临门独具特色的良性营销生态闭环。此举不仅是粮油行业营销方式的颠覆性创新，更是快速消费品领域的扛鼎之作。

"一瓶一码"通过扫码进行品牌与消费者一对一的个性化互动，让消费者洞察产品，更方便消费者快速、直接获得品牌信息，切实保障消费者权益；"开箱有奖"给每箱食用油产品赋予唯一二维码，销售门店开箱时领取红包，在为客户提供更便捷、更快速的返利方式的同时，大大提升了渠道数据的真实性，实现数字化管理；"透明物流"系统通过实时追踪，实现运输环节透明化，货物的实时状态体现在客户面前，实现全链条可追溯，为提升客户满意度及内部整体供应链效率奠定了基础。

福临门食用油的数字化营销正是从产品、价格、渠道、促销四个关键营销环节入手,提升客户价值,降低客户成本,提供客户便利,丰富客户沟通,实现了由经典4P行销导向完美让渡为4C消费者导向,巧借"互联网+"大数据时代趋势,创造消费者需求,调整营销结构,助力粮油行业的供给侧改革。面对日益升级的消费市场,福临门紧跟时代,利用互联网技术架设与消费者沟通的桥梁,为中国的消费者提供了解产业链条的窗口,保障了食用油的品质与安全,从而持续引领行业发展,不断为中国的消费者奉献出安全、营养、健康、美味的食用油。

分析:商业模式其实无处不在,不管你的公司是大是小,只要你是一个商业组织,就有你自己的商业模式。商业模式最核心的三个组成部分是创造价值、传递价值、获取价值,这三个部分环环相扣,形成闭环,缺一不可,少了任何一个,都不能形成完整的商业模式。其中,创造价值是基于客户需求,提供解决方案;传递价值是通过资源配置、活动安排来交付价值;获取价值是通过一定的盈利模式来持续获取利润。福临门的商业模式始终关注消费者,提供让百姓放心的食用油,又借助互联网技术开展数字化营销,无疑高人一筹。

活动与训练

初选商业模式

一、目标

培养学生选择商业模式的能力。

二、规则和程序

步骤一:以小组为单位,就"吃、喝、玩、乐、住、教、行"与老百姓的生活息息相关的七个方面展开,选择一个本组准备进入的领域。

步骤二:分析该领域的目标顾客和商业机会。

步骤三:组长对小组成员进行分工,每个成员负责编写商业模式的一部分,组长负责统稿并修改。

步骤四:现场展示,各小组互评商业模式,教师评选并总结。

(建议时间:20分钟)

 思考与讨论

1. 商业模式设计应考虑哪些因素?遵循哪些原则?
2. 商业模式创新选择什么时机?
3. 思考商业模式对创业项目的意义。

8.2 编写创业计划书

名人名言

计划的制订比计划本身更为重要。

——戴尔·麦康基

 学习目标

1. 了解编写创业计划书的意义和原则;
2. 熟悉编写创业计划书的格式和内容;
3. 掌握编写创业计划书的注意事项。

 **导入案例**

好计划带来好生意

吉姆·麦克瑞(Jim Macurry)和盖瑞·库辛(Gary Kusin)有一个极好的想法:经营一个零售店,向家庭销售计算机和游戏软件。在头脑风暴过程中,他们发现还没有这样的零售商来满足这个目标市场的需求。盖瑞的一个老朋友罗斯·佩罗特(Ross Perot),向他们提供关于创业计划的建议。罗斯在他们薄弱的书面计划中找出一些漏洞,并教授给他们一些新的知识,告知他们什么是好的计划。例如,他们计划在第一个月内就开12家店,而且年内还准备开更多的店,但他们并不知道如何开业和在什么地方开店。这样的计划显然难以实现,因为起步阶段的规模过于庞大。罗斯·佩罗特也很喜欢这个经营设想,并在一家银行为他们做了300万美元的信用担保,同时拥有三分之一的权益。在他的帮助下,这两个创业者重新完善了计划,开始追求更加合理的目标。他们的第一家店于1983年在达拉斯开业。他们把公司命名为巴比奇(Babbages),即以19世纪的数学家、第一台计算机的设计者查尔斯·巴比奇的名字命名。今天,这家公司已经拥有259家连锁店,销售额达到209亿美元,在消费者软件销售商中排名领先。

分析： "机会永远属于已经准备好的人"，而在创业中真正的"准备好"，并不是要达到财力雄厚或是能力卓越，反而是事前先做足功课，全方位地评估所有的考量因素，并且尽量以全面的角度来审视商机的可行性。准备创业方案是一个展望项目的未来前景，细致探索其中的合理思路，确认实施项目所需的各种必要资源，再寻求所需支持的过程。好生意绝对不是一时冲动的想法，而是缜密谋划后的实践。

一、了解创业计划书

（一）编写创业计划书的意义

创业计划书，又称商业计划书，是对与创业项目有关的所有事项进行总体安排的文件，包括人员、资金、物质等各种资源的整合，前景展望、战略确定等，即创业计划书是创业者自己制定的一份完整、具体、深入的行动指南，是创业者创业的蓝图，也是筹措创业资金的重要依据。

对大学生进行创业教育并非单纯要求每个大学生都进行校园创业，只是希望大学生具有创业意识，能够识别和把握创业机会，在机会成熟时实现创业成功。学习编写创业计划书是进行创业学习的重要内容。编写创业计划书的意义如下：

1. 编写创业计划书是进行系统思考的过程

在编写创业计划书的时候，创业者必须深入思考创业所需的资金、设备、技术、人员、市场等各方面的因素，需要思考管理运营能力、提供的产品或服务是否满足顾客需要、与竞争对手将如何展开竞争、如何限制竞争对手的跟进模仿等问题。在创业融资之前，创业计划书首先应该是给创业者自己看的。创办企业不是过家家，创业者应该以认真的态度对自己所有的资源、已知的市场情况和初步的竞争策略做尽可能详尽的分析，并提出一个初步的行动计划，通过创业计划书使自己心中有数。

2. 创业计划书是创业者的行动指南

创业计划书是创业的总方案和行动大纲，一份好的创业计划书能够使创业者明白自己创业的内容与目标、策略与方法、管理与组织、利益与风险等，还能使团队其他成员了解创业的发展方向，增进创业团队的凝聚力。

3. 有利于对外进行宣传

在一定程度上，创业计划书还是企业对外宣传的文本。创业需要获得多方支持，需要与投资者进行沟通，吸引投资者的兴趣，促使投资者进行投资。此外，创业者

还要和员工进行沟通，描绘企业的发展前景，激励员工工作的激情和创造性，吸引新员工加入企业。有时候，创业者还需要与供应商沟通，为创业获得良好的外部环境。

（二）编写创业计划书的原则

1. 重视市场

创业活动的成败与市场关系密切，在编写创业计划书的时候，不能闭门造车，靠空想制订计划，要进行详细的市场调查，在计划书中要体现出创业者对市场现状及发展趋势的把握。这样的创业计划书才是有根据的、可行的。

2. 突出自己的优势

必须表明自己公司的优势，这些优势如何确保公司在市场中立于不败之地，如何与竞争者抗衡，如何使自己处于有利地位，这些都是创业计划书必须回答的问题。

3. 客观真实

创业计划书中关于市场潜力、预期收益的数据必须客观真实，不能低估成本，高估收益，尽量使用权威数据说话。

4. 可操作性

创业计划书是行动的指南，必须具体，具有可操作性。

二、编写创业计划书

很多初次创业的创业者没有弄明白创业计划书的作用是什么。一些创业计划书因冗长而缺乏重点，或由于缺失了某些关键环节，从而错失机会，不可不谓之可惜。编制创业计划书的目的之一就是在创业初始运行期指导创业者的行为。

案例8.6

编制餐饮创业计划书

在大学校园中一直被诟病的就是大学食堂的饮食问题，大学校园的饮食质量不高已成为公认的问题，它仅仅是满足了学生们的温饱问题，而质量却远远没有达到学生们的要求。部分大学的饮食状况甚至令人担忧，有的大学食堂发生了集体食物中毒事件。

为保障大学生的饮食安全，提高大学生的饮食质量，成立大学餐饮联盟，某校学生创业团队编写了一份创业计划书，旨在为高校大学生提供价格低廉、安全高质、富有特色的食品，同时为各高校提供一定数量的勤工助学岗位，帮助贫困生更好地完成学业。计划书部分内容摘选如下：

一、创业机构设置

大学餐饮联盟为总部，在高校通过考核招收大学毕业生，并且签订一年工作合同，培训后在所在高校设立高校餐饮分部。

大学餐饮联盟在各地适当选址，建立蔬菜种植基地、水果种植基地以及牲畜养殖场，建立配送车队，为各高校分部统一生产、配送蔬菜与水果等食品原料，并且和农业研究机构合作，通过高科技不断提高所生产原料的质量，降低成本。

大学餐饮联盟总部设立管理培训部门，各高校餐饮分部在所在高校招收大四非考研大学生为管理人员，并送培训部门培训。

大学餐饮联盟从厨师培训学校招收厨师，进行适当培训后送到各高校餐饮分部担任厨师，同时各高校餐饮分部自行招收学生或者社会下岗人员作为窗口服务员。

大学餐饮联盟总部不定时到各高校进行质量抽查，保证为各大学提供保质保量的餐饮服务。

二、创业细节

1. 大学餐饮联盟的经营范围是特色食品，如鲁菜、川菜、粤菜等，以及地方名吃，并且进行学生生源地调查，根据高校地理位置适当调整各菜系以及地方名吃的搭配，使来自不同地方的学生都能吃到适合自己口味的饭菜。

2. 大学餐饮联盟的经营理念是一切为了大学生吃得更好。

3. 大学餐饮联盟以提供助学岗位，交纳一定食堂租金为条件同各高校进行洽谈，为大学餐饮联盟的发展壮大铺平道路，食品原料由大学餐饮联盟负责统一生产、配送，在降低食品原料成本的同时保证食品原料的质量和安全。

4. 大学餐饮联盟招收的管理人员为本校大四非考研学生，让深受大学饮食质量低下之苦的大学生监督员工的工作，切实保证大学餐饮联盟所提供食品的安全与质量。

分析：这份计划书包含学生的创业热情，但是还略显稚嫩。例如，这个项目要求去招收一些学生来进入管理层和服务层，不能保证管理的高效性。若要合理地控制成本，就要先从小范围做起，待企业有些规模之后再逐步扩大，这样才能够有更好的收益。

初创公司的风险很多，包括政策风险、管理风险、市场风险、技术风险、人才风险和资金风险等。对于创业者来说，在创业能力不断提高的基础上，除了注意搜集信息，再就是要确立好创业计划。只有创业活动而无创业计划是盲目的，反之，只有创业计划而没有创业活动，其目标是虚无的。因此，创业者既要选准创业目标，同时还要及时制订周密计划，付诸行动，以早日实现创业目标。

（一）创业计划书的格式

创业计划书的基本格式通常包括封面、保密要求、目录、摘要、正文、附录几部分。

1. 封面（标题页）

封面可以放一张企业的项目或产品彩图，但需留出足够的版面排列以下内容：创业计划书编号、公司名称、项目名称、项目单位、地址、电话、传真、电子邮件、联系人、公司主页及日期等。

2. 保密要求

保密要求可放在标题页，也可放在次页，主要是要求投资方项目经理妥善保管创业计划书，未经融资企业同意，不得向第三方公开创业计划书涉及的商业秘密。

3. 目录

目录标明各部分内容及页码，要注意确认目录页码同内容的一致性。

4. 摘要

摘要是对整个创业计划书的概括，目的在于用最简练的语言将计划书的核心、要点及特色展现出来，吸引阅读者仔细读完全部文本，因而一定要简练，一般要求在两页纸内完成，它是投资者首先要看的内容，必须能让投资者有兴趣并渴望得到更多的信息。计划书摘要应从正文中摘录出投资者最关心的问题，包括对公司内部的基本情况介绍、公司的能力以及局限性、公司的竞争对手、营销和财务战略、公司的管理队伍等，要进行简明而生动的概括。

5. 正文

正文是创业计划书的主体部分，要分别从公司基本情况、经营管理团队、产品或服务、技术研究与开发、行业及市场预测、营销策略、产品制造、经营管理、融资计划、财务预测及风险控制等方面对投资者关心的问题进行介绍，要求既有丰富的数据资料，使人信服，又要突出重点，实事求是。

6. 附录

附录是对正文中涉及的相关数据、资料的补充，作为备查。

（二）创业计划书的内容

1. 摘要

摘要是为了吸引战略合伙人与风险投资人的注意，将创业计划书的核心提炼出来制作而成的，它是整个创业计划书的精华，涵盖计划书的要点，一般要在后面所有内容编制完毕后，再把主要结论性内容摘录于此，以求一目了然，在短时间内给投资者留下深刻的印象。在摘要中，企业必须回答以下问题：

（1）企业所处的行业，企业经营的性质和范围。
（2）企业主要产品的内容。
（3）企业的市场在哪里？谁是企业的顾客？他们有哪些需求？
（4）企业的合伙人、投资人是谁？
（5）企业的竞争对手是谁？竞争对手对企业的发展有何影响？
（6）如何投资？投资数量和方式是什么？
（7）投资回报及安全保障。

摘要如同推销产品的广告，编制人要反复推敲，力求精益求精，形式完美，语句清晰流畅而富有感染力，以引起投资人阅读创业计划书全文的兴趣，特别要详细说明自身企业的不同之处以及企业获取成功的市场因素。

2. 企业介绍

这一部分是向战略合伙人或者风险投资人介绍融资企业或项目的基本情况。具体而言，如果企业处于创建期，现在也只有一个美妙的商业创意，那么，应重点介绍创业者的成长经历、求学过程，并突出其性格、兴趣爱好与特长，创业者的追求、独立创业的原因以及创意如何产生。

对公司未来发展的详尽规划，本公司与众不同的竞争优势，公司的法律地位，公司的公共关系，公司的知识产权，公司的财务管理，公司的纳税情况，等等，描述要客观，要中肯地进行分析，这样才能够赢得投资者的信任。

3. 管理团队介绍

管理团队是投资者非常看重的，这部分主要是向投资者展现企业管理团队的结构、管理水平和能力、职业道德与素质，使投资者了解管理团队的能力，增强投资信心。

4. 技术产品（服务）介绍

在进行投资项目评估时，投资人最关心的问题之一就是企业的产品、技术或服务能否以及在多大程度上解决现实生活中的问题，或者企业的产品（服务）能否帮助顾客节约开支，增加收入，这是市场销售业绩的基础。

技术产品（服务）介绍一般包括以下内容：产品的名称、特性及性能用途，产品处于生命周期的哪一阶段，市场竞争力如何，产品的研究和开发过程，产品的技术改进、更新换代或新产品研发计划及相应的成本，产品的市场前景预测，产品的

品牌和专利。

5. 行业、市场分析预测

行业与市场分析预测主要是对企业所在行业基本情况、企业的产品或服务的现有市场情况、未来市场前景进行分析，使投资者对产品或服务的市场销售状况有所了解。这是投资者关注的重点问题之一。

（1）行业分析主要介绍行业发展趋势、行业发展中存在的问题、国家有关政策、市场容量、市场竞争情况、行业主要盈利模式、市场策略等。

（2）市场分析包括已有的市场用户情况、新产品或服务的市场前景预测等几个部分。

6. 市场营销策略

企业的盈利和发展最终都要拿到市场上来检验，营销成败直接决定了企业的生存命运。营销策略的内容应包括：营销机构和营销队伍的建立，营销渠道的选择和营销网络的构建，广告策略和促销策略，价格策略，市场渗透与开拓计划，市场营销中意外情况的应急对策，等等。

介绍市场营销策略时，创业者要讨论不同营销渠道的利弊，要明确哪些企业主管负责销售，主要使用哪些促销工具，以及促销目标的实现和具体经费的支出等。一般来说，中小企业可选择的市场营销策略有以下几种：

（1）集中性营销策略。即企业只为单一的、特别的细分市场提供一种类型的产品（如制造汽车配件），这种方法尤其适用于那些财力有限的小公司，或者是在为某种特殊类型的顾客提供服务方面确有一技之长的组织。

（2）差异性营销策略。即为不同的市场设计和提供不同类型的产品，这种战略大多为那些实力雄厚的大公司所采用。

（3）无差异性营销策略。即只向市场提供单一品种的产品，希望它能引起整体市场上全部顾客的兴趣。当人们的需求比较简单，或者产品并不被人们认为很重要时，该策略较为适用。

7. 生产制造计划

生产制造计划旨在使投资者了解产品的生产经营状况，这一部分应尽可能把新产品的生产制造及经营过程展示给投资者。主要的内容包括：

（1）公司现有的生产技术能力、企业生产制造所需的厂房、设备情况。

（2）质量控制和改进能力。

（3）新产品的生产经营计划，改进或将要购置的生产设备及其成本。

（4）现有的生产工艺流程、生产周期标准的制定及生产作业计划的编制。

（5）物资需求计划及其保证措施，供货者的前置期和资源的需求量。

（6）劳动力和雇员的有关情况。

同时，为了增大企业的评估价值，应尽量使生产制造计划更加详细、可靠。

8. 财务分析与预测

这部分包括公司过去若干年的财务状况分析，今后三年的发展预测以及详细的投资计划，旨在使投资者据此判断企业未来经营的财务状况，进而判断其投资能否获得理想的回报，因而，它是决定投资决策的关键因素之一。

财务分析与预测主要是明确说明财务预测的依据、前提假设和预测方法，然后给出公司未来三年预计的资产负债表、损益表以及现金流量表。

财务预测的依据，前提假设是投资者判断企业财务预测准确性和财务管理水平的标尺，也是投资者关注的焦点。其主要依据和前提假设是企业的经营计划、市场计划的各项分析和预测，就是说，要在这部分明确回答下述问题：

（1）产品在每一个期间的销售量是多少？

（2）什么时候开始产品线扩张？

（3）每件产品的生产费用是多少？

（4）每件产品的定价是多少？

（5）使用什么分销渠道？所预期的成本和利润是多少？

（6）需要雇佣哪几种类型的人员？雇佣何时开始？工资预算是多少？

由于财务分析预测在公司经营管理中的重要地位，企业需要花费较多的精力来做具体分析，必要时最好与专家顾问进行商讨。

对于中小企业来说，财务预测既要为投资者描绘出美好的合作前景，同时又要使得这种前景建立于坚实的基础之上，否则反而会令投资者怀疑企业管理者的诚信或财务分析、预测及管理能力。

开办一家小书店的资金预算

王同学大学毕业后准备开办一家小书店。在经过考察以后，她决定租用一间50平方米的门面房。下面是她开办书店进行的资金预算。

（1）店铺装修：普通的中小书店，装修每平方米200元。50平方米的书店约需投入装修费10000元。

（2）书架：中档的报价为每个300元。书店需放置30个书架，共计9000元。

（3）营业设备：电脑、扫描仪、打印机、电话、传真等，大约10000元。

（4）初始备货的采购资金：初步确定50000元。

（5）房租，每月租金5000元，预备3个月的租金，共计15000元。

（6）人员工资，需雇用店员2个，每人每月平均1000元，预备3个月工资，共计6000元。

（7）其他费用预留：水电、通信、公关、物流等费用，每月预算1000元，预备3个月费用，共计3000元。

合计103000元。开这样一个50平方米的小书店需要启动资金103000元。

9. 融资计划

融资计划主要是根据企业的经营计划提出企业资金需求数量，融资的方式与工具，投资者的权益，财务收益及资金安全保证，投资退出方式，等等。它是资金供求双方共同合作前景的计划分析。融资计划的主要内容包括：

（1）融资数额是多少，已经获得了哪些投资，希望向战略合伙人或风险投资人融资多少；计划采取哪种融资工具，是以贷款、出售债券，还是以出售普通股、优先股的形式筹集。

（2）企业未来的资本结构如何安排？企业的全部债务情况如何？

（3）企业融资所提供的抵押、担保文件，包括以什么物品进行抵押或者质押，什么人或者什么机构提供担保。

（4）投资收益和未来再投资的安排如何。

（5）如果以股权形式投资，双方对公司股权、控制权及所有权比例如何安排。

（6）投资者介入企业后，企业的经营管理体制如何设定。

（7）投资资金如何运作，投资的预期回报，投资者如何监督、控制企业运作，等等。

（8）对于吸引风险投资的，风险投资的退出途径和方式是什么，是企业回购、股份转让还是企业上市？

10. 风险分析

这部分内容主要是向投资者分析企业可能面临的各种风险隐患，风险的大小以及创业者将采取何种措施来降低或防范风险，增加收益，等等。主要包括：

（1）企业自身各方面的限制，如资源限制、管理经验的限制和生产条件的限制等。

（2）创业者自身的不足，包括技术上的、经验上的或者管理能力上的欠缺等。

（3）市场的不确定性。

（4）技术产品开发的不确定性。

（5）财务收益的不确定性。

（6）针对企业存在的每一种风险，企业进行风险控制与防范的对策或措施。

11. 附件和备查资料

附件主要是对创业计划书中涉及的一些问题的细节和相关的证书、图表进行描述或证明，如企业的营业执照、公司章程、验资审计报告、税务登记证、高新技术企业（项目）证书、专利证书、鉴定报告、市场调查数据、主要供货商及经销商名单、主要客户名单、场地租用证明、公司及其产品的介绍、宣传等资料、工艺流程图、各种财务报表及财务预估表及专业术语说明，等等。它与创业计划书主体部分一起装订成册。

备查资料只需列出清单，待资金供给方有投资意向时查询。

（三）创业计划书的完善

在创业计划书编制完成之后，融资企业还应对计划书进行完善，以确保计划书能准确回答投资者的疑问，增强投资者对本企业的信心。创业者可以从以下几个方面对计划书加以检查：

（1）是否显示出创业者具有管理公司的经验。

（2）是否显示了企业有能力偿还借款，要给预期的投资者提供一份完整的财务比率分析。

（3）是否显示出企业已进行过完整的市场分析，要让投资者坚信计划书中阐明的产品需求量是确实的。

（4）是否容易被投资者所领会。

（5）是否有计划摘要并放在了最前面，计划摘要是否写得引人入胜。

（6）是否在文法上全部正确，计划书的拼写错误和排印错误很可能就使企业丧失机会。

（7）能否打消投资者对产品或服务的疑虑，如果需要，企业可以准备一件产品模型。

（四）编写创业计划书的注意事项

（1）目标性。创业的目的不仅是追求企业的发展，而且要有创造利润的可能，要突出经济效益。

（2）完整一致性。创业计划书要将运营计划完整陈列，涵盖创业经营的各项功能要素，前后基本假设或预估相互呼应，逻辑合理。

（3）优势竞争性。创业计划书要呈现出资源、经验、产品、市场及经营管理能力的优势。

（4）团队和谐性。创业计划书要展现组建经营团队的思路、人员的互补作用，尽可能突出专家的作用和高管的优势、人才队伍专业化的水平，并明确领军

人物。

（5）市场导向性。创业计划书要明确市场导向的观点，明确指出企业的市场机会与竞争威胁，并充分显示对市场现状的掌握与对未来发展预测的能力。

（6）客观实际性。一切数字尽量客观、实际，以具体资料为证，并尽量同时分析可能采用的解决方法。切勿凭主观意愿估计，高估市场潜力或报酬，低估经营成本，夸大其词。工作安排要循序渐进，有条不紊，可操作性强。

视频简历点石成金

戴娜在高专毕业后，进入上海市浦东人才市场做了一名档案管理员。随她一同留在上海发展的河南同学宋晓蔓，却因高不成低不就，工作问题一直悬而未定。见好姐妹整天抱着一大摞简历四处奔波又四处碰壁，一副疲惫不堪的样子，戴娜灵机一动，建议她说："求职竞争太激烈了，你不如制作一份视频简历试试，说不定就能出奇制胜呢！"

在戴娜的全程协助下，宋晓蔓在一家网吧的包间里，对着电脑摄像头拍起了最简单的"求职片"。通过戴娜的循循善诱，宋晓蔓轻松而愉快地完成了20分钟的视频录像。第二天，这段录像文被这对学计算机专业的女孩儿剪辑成了6分钟的视频。看着自己的精彩表现和完美造型，宋晓蔓激动地连续看了3遍。接着，宋晓蔓又花150元把"求职视频"刻录在15张光盘上，分别寄给了10多家用人单位。就在宋晓蔓忐忑不安地想投递的时髦简历会不会又被人家扔进垃圾桶时，第一个联系电话飘然而至："你的简历很独特，一下子就把我的目光从千人一面的纸制简历中吸引开了。这不单是一份简历，它让我看到了你敢于创新的一面，欢迎你前来详谈。"随后，宋晓蔓又陆续收到了几家公司的面试通知。正在她犹豫不决之时，喜从天降——上海一家著名网站发来E-mall约她第二天面试。由于她得体的言谈举止和扎实的专业知识深深打动了用人单位，最后主考官高兴地通知宋晓蔓："你成功了！成功的原因就在于你懂得人性化地推销自己，是其他面试者都忽略掉的事情，而这正是我们所需要的。欢迎你在下周一来上班！"

一个求职创意，竟把就业无门的女友变成了小白领，这件事带给戴娜以很大的触动。看到视频简历背后蕴藏的巨大商机后，戴娜产生了自己当老板的大胆想法。她制订创业计划，向家乡的亲友筹借4万元，购置齐了电脑、摄像头、打印机、数码摄像机以及光盘刻录等相关软件。很快，浦东人才市场附近就出现了上海第一家"视频简历吧"，每月的纯利润已攀升到4万元。

分析：商机是否存在，或者评估能力与获利并不难。即使商机市场的确存在，也确定"能做"与"能赚钱"之外,还有一个关键的"愿不愿意做"的考量因素,只是大部分的人,刚开始评估商机时,并不会放入个人的真正追求和价值理念,往往到了要真正开始行动之前,这些考量才会开始出来挑战准备创业的人。因此,将任何一个"看到或发现到"的商机转换成"决定要做"的创业机会的秘诀,就在于要把自己完全放入其中去考量。要创业之前,让我们好好学习艺电公司的发展历程,切实明白创业计划的重要价值。

活动与训练

撰写创业计划书

一、目标

培养学生撰写创业计划书的能力。

二、规则和程序

步骤一:以小组为单位,就创业项目展开讨论,讨论创业计划书的基本结构和内容,组长负责最后敲定。

步骤二:组长对小组成员进行分工,每个成员负责编写创业计划书的一部分或几部分,组长负责统稿并修改。

步骤三:现场展示,教师评选并总结。

(建议时间:20分钟)

思考与讨论

1. 创业计划书对于创业者和投资者有哪些作用?
2. 创业计划书的质量优劣如何评价?评价指标有哪些?
3. 编写创业计划书的常见技巧有哪些?

第三部分

创业实践

模块九　创办企业

❀ 模块导读

企业是一种以获取利润或特定的目标为目的，运用各种资源或生产要素（土地、劳动力、资本和企业家等），向市场提供商品或服务，实行自主经营、自负盈亏、独立核算的具有法人资格的社会经济组织。在社会发展过程中，企业是创新的最活跃主体。

新企业成立的途径和市场进入模式主要有：创办一个全新的企业、特许经营和收购现有企业。一家新企业可以选择的法律组织形式有多种，在我国主要有：个人独资企业、合伙企业和有限公司。

创办企业过程中，新企业选址是一个复杂的决策过程，涉及多种因素，主要影响因素有五个方面：政治因素、经济因素、技术因素、社会文化因素和自然因素。

创业者在创办企业过程中，必须了解和遵守有关法律法规，以确保自身和他人的利益没有受到非法侵害。与创业有关的法律主要有专利法、商标法、著作权法、劳动法、反不正当竞争法、产品质量法、公司法、民法典等。

了解和学习如何创建企业是当前大学生创新创业基础教育的重要组成部分。通过了解和学习、实训和实践，大学生将掌握创办企业常见的几种法律形式及如何选择企业法律形式，了解企业在创办过程中的相关程序与环节。同时，经营者应积极遵守法律法规，经营应符合道德标准，主动承担社会责任。

本模块主要介绍创办企业的法律形式，企业选址、起名与注册，以及相关企业法律内容。

4大不可思议的新发明

创建企业必须掌握的
企业法律形式

9.1 企业法律形式选择

名人名言

办企业有如修塔，如果只想往上砌砖，而忘记打牢基础，总有一天塔会倒塌。

——浦木清十郎

学习目标

1. 了解创办企业的常见法律形式；
2. 理解个人、合伙和有限公司的法律形式创建条件、区别；
3. 能根据自身需要选择适合创业发展的企业法律形式并创办企业。

导入案例

和同学一起开公司

即将毕业的大学生汤文广，在大学期间经过刻苦努力和钻研，取得较优异的学习成绩，有着良好的思想道德品质，积极参与课外技能大赛活动和寒暑假企业实践等活动，获得了丰富的经验。他经过与其他同学友好沟通，交流了创业的想法和选择的创业项目后，三位同学愿意一起在即将毕业时选择开始创业。经过对市场前期调查和咨询创业导师，团队决定创办企业，但选择什么样的法律组织形式来成立企业，是他们团队面临的问题。

团队经过分析，最终选择了成立有限责任公司，制定公司章程，股东3人，注册地址位于广州市区某商业街，注册资金3万元，经营范围按国家许可规定。

分析：大学生毕业选择创业，根据自身条件和环境，选择适合自己的企业法律组织形式是创办企业面临的直接问题。这就决定了解企业法律组织形式及流程不但十分必要，而且为今后运营管理企业打下良好基础。

对于创业者来说，要创办一家企业，首先清楚有关企业创立的一些基本知识是十分必要的。如企业的基本内涵是什么，为何要创办企业，何时适合创办企业，创办企业需要哪些条件，企业有哪些法律形式，遵守哪些相关法律法规，履行哪些企业成立的程序及相关条件，等等。只有清楚了这些有关企业创办的基本知识，进行企业创办才有实质性意义。

一、企业法律组织形式

企业法律组织形式反映了企业的性质、地位、作用和行为方式，规范了企业与出资人、企业与债权人、企业与政府、企业与企业、企业与职工等内外部的关系。毫无疑问，企业法律组织形式必须和我国的社会制度相适应，和我国的生产力发展水平相适应，同时要充分考虑企业的行业特点。企业只有选择了合理的组织形式，才有可能充分调动各个方面的积极性，使之充满生机和活力。

（一）个人独资企业

个人独资企业是最早出现的企业法律组织形式。个人独资企业又称个人业主制企业，是指依法设立，由一个自然人投资并承担无限连带责任，财产为投资者个人所有的经营实体。

（二）合伙企业

如果两个或两个以上的人员共同创业，就可以选择合伙制作为新企业的法律组织形式。根据《中华人民共和国合伙企业法》，"合伙企业"是指自然人、法人和其他组织依照本法在中国境内设立的普通合伙企业和有限合伙企业。普通合伙企业由普通合伙人组成，合伙人对合伙企业债务承担无限连带责任。《中华人民共和国合伙企业法》对普通合伙人承担责任的形式有特别规定的，从其规定。有限合伙企业由普通合伙人和有限合伙人组成，普通合伙人对合伙企业债务承担无限连带责任，有限合伙人以其认缴的出资额为限对合伙企业债务承担责任。

（三）公司制企业

公司是现代社会中最主要的企业组织形式。它是以营利为目的，由股东出资形成，拥有独立的财务，享有法人财产权，独立从事生产经营活动，依法享有民事权利，承担民事责任，并以其全部财产对公司的债务承担责任的企业法人。公司是企业法人，有独立的法人财产，享有法人财产权，公司以其全部财产对公司的债务承担责任。

1. 有限责任公司

有限责任公司的股东以其认缴的出资额为限对公司承担责任。根据《中华人民共和国公司法》（以下简称《公司法》），创业者设立有限责任公司，应当具备下列条件：①股东符合法定人数；②有符合公司章程规定的全体股东认缴的出资额；③股东共同制定公司章程；④有公司名称，建立符合有限责任公司要求的组织机构；⑤有公司住所。

2. 股份有限公司

根据《公司法》，创业者设立股份有限公司，应当具备下列条件：①发起人符合法定人数；②有符合公司章程规定的全体发起人认购的股本总额或者募集的实收股本总额；③股份发行、筹办事项符合法律规定；④发起人制定公司章程，采用募集方式设立的要经创立大会通过；⑤有公司名称，建立符合股份有限公司要求的组织机构；⑥有公司住所。

3. 一人有限责任公司

根据《公司法》中关于一人有限责任公司（简称"一人公司"）的特别规定，创业者也可设立一人有限责任公司。一人有限责任公司其实是有限责任公司的一种。

二、创业企业法律组织形式的比较和选择

下面就个人独资企业、合伙企业、有限责任公司、一人公司和股份有限公司法律组织形式对于创业者优劣势进行比较，如表9-1所示。

表9-1 各种企业组织形式对于创业者的优劣势比较

法律组织形式	优势	劣势
个人独资企业	1. 企业设立手续非常简便，费用低； 2. 所有者拥有企业控制权； 3. 可以迅速对市场变化做出反应； 4. 只需缴纳个人所得税，无须双重课税； 5. 在技术和经营方面易于保密	1. 创业者承担无限责任； 2. 企业成功过多依赖创业者个人能力； 3. 筹资困难； 4. 企业随着创业者退出而消亡，寿命有限； 5. 创业者投资的流动性低
合伙企业	1. 创办较简单，费用低； 2. 经营上比较灵活； 3. 企业拥有更多人的技术和能力； 4. 资金来源较广，信用度较高	1. 合伙创业人承担无限责任； 2. 企业绩效依赖合伙人的能力，企业规模受限； 3. 企业往往因关键合伙人死亡或退出而解散； 4. 合伙人的投资流动性低，产权转让困难

续表

法律组织形式	优势	劣势
有限责任公司	1. 创业股东只承担有限责任，风险小； 2. 公司具有独立寿命，易于存续； 3. 可以吸纳多个投资人，促进资本集中； 4. 多元化产权结构有利于决策科学化	1. 创立的程序相对复杂； 2. 存在双重纳税，税收较重； 3. 不能公开发行股票，筹集资金的规模受限； 4. 产权不能充分流动，资产运作受限
一人公司	1. 设立比较便捷，管理成本比较低； 2. 鼓励个人创业以及技术型企业； 3. 风险承担责任小，经营机制灵活	缺乏信用体系，筹资能力受限，财务审计条件严格，运营较难
股份有限公司	1. 创业股东只承担有限责任，风险小； 2. 筹资能力强； 3. 公司具有独立寿命，易于存续； 4. 职业经理人进行管理，管理水平较高； 5. 产权可以股票形式充分流动	1. 创立的程序复杂； 2. 存在双重纳税，税收负担较重； 3. 股份有限公司要定期报告公司的财务状况、公开自己的财务数据，不便严格保密； 4. 政府限制较多，法规的要求比较严格

总结案例

大学生自主创业企业法律形式的选择

从我国目前的立法现状来看，已形成较为完善的企业法律制度，《中华人民共和国公司法》，就是一部鼓励投资兴业的服务性公司法。高校毕业生中有志自主创业的学生在这种大环境下可以说大有作为。根据我国现行法律，大学生创立企业可以采用的法律形式有公司（包括一般有限责任公司和一人有限公司）、合伙企业、个人独资企业。这四种企业法律形式各有利弊，大学生在自主创业时应具体分析做出慎重选择。另外，股份有限公司注册资本较高，故对大学生初次创业不太适用，但可应用于原企业发展壮大、资金积累雄厚以后作为转换而成的企业法律形式。

大学生团队创业可供选择的企业主要法律形式是一般有限责任公司。

1. 一般有限责任公司是指有2名以上50名以下股东（自然人或法人）组成的对公司债务承担有限责任的法人组织。可见，一般有限责任公司适用于由2~50名大学生组成的创业团队，这2~50名大学生成为所设立的有限责任公司的股东，以他们的出资额为限对公司债务承担责任，该公司则以其全部资产为限对公司债务承担责任。

2. 《公司法》第二十六条规定："有限责任公司注册资本为在公司登记机关登记

的全体股东认缴的出资额。法律、行政法规以及国务院决定对有限责任公司注册资本实缴、注册资本最低限额另有规定的，从其规定。"

3. 在当今的大学生创业大潮中，有许多大学生采用以自己的知识成果入股的方式创业。对此，《公司法》第二十七条规定："股东可以用货币出资，也可以用实物、知识产权、土地使用权等可以用货币估价并可以依法转让的非货币财产作价出资；但是，法律、行政法规规定不得作为出资的财产除外。"

4. 一般有限责任公司要求具有较为完善的公司治理结构，如股东会、董事会、经理、监事等。这就要求在采用一般有限责任公司作为大学生自主创业企业形式时，这一大学生团队要广泛吸纳各种类型的人才作为发起人，不但要有拥有资金、掌握专利技术的大学生，还要有拥有管理、经营、财会等多方面专长的人才加入。另外，基于一般有限责任公司是集资合性与人合性于一身的企业法律形式的特点，这一大学生团队的协作精神、互信基础也是不可或缺的。

（作者：许晓辉，李龙）

活动与训练

团队创业选择企业法律形式

一、目标

认识和理解企业法律形式及其重要性，能够根据不同类型的创业者团队选择运用不同的企业法律形式。

二、过程和规则

步骤一：班级随机分组，每3~5人为一组，并推选出一名组长。

步骤二：请各小组以"团队创业选择企业法律形式"为题，假设自己的团队现在要创业，根据团队情况，通过小组交流讨论后，选择并决策企业法律形式，每小组代表上台发表团队创业选择的企业法律形式并阐明原因。各小组组长和教师分别进行打分和评价，最终评价得分最高的小组为优胜组。

步骤三：教师总结和反思。

（建议时间：25分钟）

 思考与讨论

1. 对于将要创业的创业团队来说，为何选择适合创业发展的企业法律形式进行创办企业是重要决策？为何企业要特别重视营销技巧的运用？

2. 请通过网络查询，找到我国企业法律形式的类型，并分别联系实际例子，进行讨论和分享。

9.2 企业的选址、起名与注册登记

  名人名言

良禽择木而栖，贤臣择主而事。

——《三国演义》

 学习目标

1. 了解企业选址的概念、原则及步骤；
2. 了解企业注册登记流程；
3. 了解企业的选址、取名、与注册登记相关的法律法规及其规定；
4. 能根据创业者自身需要初步选择适合创业的地址；
5. 能根据创业需要熟悉并运用企业注册登记流程。

 导入案例

全聚德的起名

始创于同治年间的"全聚德"其实最早的时候并不叫"全聚德"，而是叫"德聚全"。前门大街上一家名叫"德聚全"的干果铺干不下去了，要转手，杨全仁便接过来，把开生冷鸭摊改成开烤鸭店了。一来他的名字中间有一个"全"字，二来"聚德"意为聚拢德行，以标榜自己做买卖讲德行。于是，他请来一位对书法颇有造诣的秀才，挥笔书写了"全聚德"三个大字，制成金字匾额挂在门楣之上，这样才有了后来大名鼎鼎的"全聚德"。全聚德的买卖越做越大了。

创业者要把自己的创业项目通过生产经营来实现，必须有一定的经营场所。根据法律规定，创业者需要选择合法的经营场所并依法注册登记后，方可进行正常运营。因此，企业选址对企业者来说也是一项科学决策的过程，企业选址的好坏将直接或间接影响创业项目的成功与失败。

一、企业选址

企业选址是指如何运用科学的方法决定设施的地理位置，使之与企业的整体经营系统有机结合，以便有效、经济地达到企业的经营目的。

（一）企业选址的原则

1. 成本费用原则

企业首先是经济实体，因此经济利益对于企业无论何时何地都是重要的。建设初期的固定费用、投入运行后的变动费用、产品出售以后的年收入，都与企业选址有关。

2. 集聚人才原则

人才是创业最宝贵的资源，创业选址得有利于吸引人才。反之，因创业搬迁造成员工生活不便，导致员工流失的事情时有发生。

3. 接近用户原则

对于服务型企业，几乎都需要遵循这条原则，如银行、电信、影剧院、医院、学校、商店等；许多制造企业也把工厂搬到消费市场附近，以降低运费和损耗。

4. 长远发展原则

企业选址是一项带有战略性的经营管理活动，因此要有战略意识。选址工作要考虑到企业生产力的合理布局，要考虑市场的开拓，要有利于获得新技术、新思想。在当前世界经济越来越趋于一体化的时代背景下，还要考虑如何有利于参与国际间的竞争。

5. 兼顾其他原则

兼顾政策因素、环境因素、文化因素、社情民意等。企业选址是否适合政策要求，是否符合当地环保政策，是否适应当地气候条件，是否符合当地人民风俗习惯和社情民意，等等。

（二）影响企业选址的因素

对企业而言，一个合适的投资地点，必须是政府/园区与企业的共赢，企业投资某地，需要在成本上降低，在管理上增效，在市场上扩量；对于政府而言，一个合适的投资项目，必须是当地产业的强链、建链、补链，必须是当地产业优势的最大限度发挥与产业集聚的全面提升。影响创业选址的因素主要有以下几方面：

1. 区位交通

区位交通是一个地区或园区发展最为根本的依托。区位要素需要考虑大区位和小区位。

2. 经济基础

经济基础是衡量园区所在城市综合能力的指标，显示了园区外部综合发展环境，对园区发展有间接但重要的影响。一般采用GDP、人均GDP、人均可支配收入、地方政府财政收入等指标来表示园区所在城市的经济基础。地方财政收入区县一级能够达到30亿元（剔除转移支付资金），一般而言，经济基础较为优质。

3. 产业基础

产业基础是投资企业最为看重的要素，主要包括产业企业数量、规模以上企业数量、该产业产值占区域内所有产业产值比重、产业上下游企业数量集聚情况、原材料供应商数量及供应程度，下游购买企业数量及销售渠道等。大量的案例也印证了产业基础对于企业选址的重要性。例如，纺织企业在佛山西樵集聚度较高，农产品在山东寿光周边集聚度较高，LED及灯饰在中山小榄及周边集聚度较高，竹产品在浙江安吉集聚程度较高等。

4. 产业要素

产业要素是企业选址的重要因素，主要包括土地、水、电、气、人工五大因素。物流企业选址一般重点关注土地要素，饮品企业一般重点关注水要素，线路板企业一般重点关注电价因素，纺织企业一般重点关注人工要素。医药行业最为关键的是研发创新，因此能否获得高端研发创新人才是行业选址重要因素。当然，不少企业也采用了研发实验室与生产厂分离的方式来解决落户地人才不足的问题等。

5. 政策支持

政策支持是投资选址中最难评估也最难协商的部分，原因是行政监管多，需要绕开的因素多，加之政府行政效率低下，达成一致需要较多时间。政策支持，常见的有：针对某一特定行业的扶持政策；针对高端人才（高管个税返还），有相应的扶持政策；针对土地因素，有政府定下来的基准地价折扣优惠政策；针对电价，有可能通过政府牵头协商，拿到直供电电价（不上网电价）；针对技改，政府可能有专项资金支持……

6. 履约能力

政府政策履约能力是项目，尤其是倾"全市之力""全县之力"引进的重点项目考虑的重点。就在招商竞争白热化、招商政策透明化的今天，"开门迎客，关门打狗"的案例并没有减少。履约能力方面，主要考察地方财政实力、政府服务、决策人更替三大要素。

7. 土地条件

土地是一切产业活动的基础，没有土地就没有产业发展的空间。我们需要重点关注土地属性、土地可获得性、建设条件、用地成本等四大要素。土地属性是重点，面积、形状、连片性、平整度都是考虑的重要内容；土地可获得性是容易忽略的坑，土规、拆迁、未来可扩张空间都是考虑的内容；建设条件主要考虑地形、水文地质、高压线走向、市政道路、河流走向等详细内容；用地成本主要考虑各类土地的价格。

8. 自然条件

自然条件对于大多数项目而言，具有一致性，但这不是它被忽略的理由。自然条件对于项目具有基础性影响。某汽车整车制造商从韩国引进的专家团队，在抵达当地后两天，决定辞去工作回国，原因是该整车制造商位于华北地区，冬季雾霾严重。我们重点关注环境质量和自然灾害两大要素。

（二）企业选址的方法及步骤

企业选址的方法包括地址因素评分法、量本利分析法、重心法及运输模型法。

地址因素评分法在常用的选址方法中是使用最广泛的一种，因为它以简单易懂的方式将各种不同因素综合起来，便于应用。地址因素评分法的具体步骤如下：①决定一组相关的选址决策因素。②对每一因素赋予一个权重以反映这个因素在所有权重中的重要性，每一因素的分值根据权重来确定，而权重则要根据成本的标准差来确定，而不是根据成本值来确定；③对所有因素的打分设定一个共同的取值范围，一般是1～10，或1～100；④对每一个备选地址的所有因素按设定范围打分；⑤用各个因素的得分与相应的权重相乘，并把所有因素的加权值相加，得到每一个备选地址的最终得分；⑥选择具有最高总得分的地址作为最佳的地址。示例如表9-2所示。

表 9－2　备选地址评分

因素	权重	得分（总分100）/分		加权得分/分	
		地点1	地点2	地点1	地点2
邻近已有商店	0.10	100	60	10.0	6.0
交通繁华	0.05	80	80	4.0	4.0
租金	0.40	70	90	28.0	36.0
大小	0.10	86	92	8.60	9.2
布局	0.20	40	70	8.0	14.0
运作成本	0.15	80	90	12.0	13.5
合计	1.00			70.6	82.7

因此，企业选址的步骤可归纳如下：

（1）明确目标。

（2）收集有关数据并进行分析，拟定初步的候选方案。

（3）对于初步拟订的候选方案进行详细的分析。

（4）确定最终方案。

二、企业的起名

（一）如何给企业起名

对于一个小企业来说，如何让顾客记住企业名称（又叫字号或商号），是一件非常重要的事情。让我们来看看下面一组有趣的测试题：你看到"格力"想起了什么？你看到"安踏"想起了什么？这些名字已经代表了一个公司的形象，甚至代表了一种产品，它们已经在消费者的心中留下了深刻的印象。

 1. 企业起名的原则

（1）起名应本着乐观向上、积极进取的原则，并且让人产生联想、容易记住，还要注意与其他店、厂名区别开来。名字不要误导消费者，企业的名称不要带有消极倾向。

（2）名字不要太长，一般不超过四个字，如国内知名企业"海尔""格力"等。

（3）名字应该易读、易写、易记，用词不可生僻拗口，也不要落俗套、随大流。有的公司，专门要给自己的小企业起一个古里古怪、读起来别别扭扭的名字，这实在不是一个聪明之举。

企业名称的规则一般是：行政区划＋字号＋行业特点＋组织形式，例如：兴宁市＋叶南渔村＋农产品开发＋有限公司。

2. 工商登记企业名称

拟定出自己企业的名称以后，要在注册前到工商部门进行电脑查询，确定自己拟定的名称是否与别人已注册的企业名称相重复，即"名称查重"。所以，在拟定企业名称的时候，最好多拟定2~3个备用，做到有备无患，少跑冤枉路。按照国家有关法律规定，企业名称具有专用性和排他性，一旦核准登记，在规定的范围内享有专用权，受法律保护，其他单位和个人不得与之混用或假冒其名称。另外，名称要符合有关法律的规定，受法律保护的名称还可以转让或出售。

（二）企业起名的规范

企业起名要注重企业名称的合法性、专业性、品牌战略、行业特点；同时，从与现代市场紧密结合的角度看，还要注意企业名称的国际性，不能违反其他国家的法律。要为公司起个好名称需要注意以下几点：

1. 合法性

毋庸置疑，企业起名后需要经过工商注册机构审核。企业起名一般有8个备选方案，可供工商部门审核通过。合法性是企业起名的首要条件，要引起重视。

2. 品牌唯一性

新成立的企业一般没有什么品牌优势，但是，一旦企业发展起来，就会树立起自己的品牌地位。这里有两点需要注意：

（1）新成立企业的名称不要与现有的企业名称或市场品牌相重音或近形。这主要是因为一旦惹上侵权纠纷，不仅白白地给别人做了宣传，还将企业的人力、资金投入浪费掉了。

（2）新成立企业的品牌一旦打响，有可能被别的企业利用。如果企业的品牌信息不具有独特性、唯一性，很容易让他人获得"打擦边球"的机会，这在市场非常常见。

（3）反映企业品质与文化。一些企业在起名时认为企业名称一定要大气，一定要像通用、中国移动等那样响亮。我们常说，名字也是信息，名字要因人而异，企业名称也要根据企业发展的阶段状况而定，名不副实是一大忌讳。甚至有些企业不懂国家关于企业名称的规定，非要成立"中"字、"国"字头公司。

三、企业注册登记

企业在依法经营前，须进行注册及备案手续，须依照我国《公司法》等法律法

规规定的流程进行办理。根据市场调查分析,进行企业经营场所的确定→准备好公司章程、股东资料、预先企业名称、经营范围、公司法律形式和注册资金等资料→到市场监督管理部门,提交资料并进行核准,进行公司登记注册→核发营业执照(三证合一,是指企业的营业执照证、税务登记证、组织机构代码证由原来三个行政部门所发的证书统一合并为一个证书)。企业营业执照的获得,是企业已依法注册备案并可依法经营的有效资质凭证。

(一)企业名称核准

首先,企业注册须进行企业名称预先核准申请,企业名称需要工商行政管理部门根据申请人申请的字号的区域范围进行查重,并按要求进行填写。申请书格式样表如表9-3和表9-4所示。

表9-3 企业名称预先核准申请书样表(第1页)

申请企业名称	
备选企业名称(请选用不同的字号)	1.
	2.
	3.
经营范围	许可经营项目: 一般经营项目: (只需填写与企业名称行业表述一致的主要业务项目)
注册资本(金)	(万元)
企业类型	
住所所在地	
指定代表或者委托代理人	
指定代表或委托代理人的权限: 1. 同意□不同意□核对登记材料中的复印件并签署核对意见; 2. 同意□不同意□修改有关表格的填写错误; 3. 同意□不同意□领取《企业名称预先核准通知书》。	
指定或者委托的有效期限	自 年 月 日至 年 月 日

注:1. 手工填写表格和签字请使用黑色或蓝黑色钢笔、毛笔或签字笔,请勿使用圆珠笔。
    2. 指定代表或者委托代理人的权限需选择"同意"或者"不同意",请在□中打"√"。
    3. 指定代表或者委托代理人可以是自然人,也可以是其他组织;指定代表或者委托代理人是其他组织的,应当另行提交其他组织证书复印件及其指派具体经办人的文件、具体经办人的身份证件。

表9-4　企业名称预先核准申请书样表（第2页）

投资人姓名或名称	证照号码	投资额/万元	投资比例/%	签字或盖章
填表日期			年　月　日	
指定代表或者委托代理人、具体经办人信息	签字：			
	固定电话：			
	移动电话：			
（指定代表或委托代理人、具体经办人身份证明复印件粘贴处）				

注：1. 投资人在本页表格内填写不下的可以附纸填写。
　　2. 投资人应对第（1）（2）两页的信息进行确认后，在本页盖章或签字。自然人投资人由本人签字，非自然人投资人加盖公章。

（二）根据市场调查，确定经营场所

在创办企业前，要结合市场进行必要的调查、分析与研究工作，以便获取更为准确的信息，为后期建立企业进行相应决策做好准备。

例如，商圈调查可以预估商店坐落地点可能交易范围内的消费人群、流动人口量等人口资料，并通过消费水准预估营业额等消费资料。对商圈的分析与调查，可以帮助经营者明确哪些是本企业的基本顾客群，哪些是潜在顾客群，力求在保持基本顾客群的同时，着力吸引潜在顾客群。

运用成熟的经验与科学的方法，把要企业的经营项目置于当前的市场环境中，对项目的发展及周边所处的综合环境进行可行性调查研究与决策分析。一般运用SWOT分析方法、PEST分析方法等进行企业经营项目的战略分析。

（三）企业税务登记

税务登记是税务机关依据税法规定，对纳税人的生产、经营活动进行登记管理的一项法定制度，也是纳税人依法履行纳税义务的法定手续。税务登记是整个税收征收管理的起点。税务登记种类包括：开业登记，变更登记，停业、复业登记，注销登记，外出经营报验登记，纳税人税种登记，扣缴税款登记，等等。税务登记的种类分为设立税务登记、变更税务登记和注销税务登记三种。

(四)创办新企业相关法律

1. 企业的法律环境和责任

既然已经选择了创业,就需要了解企业的法律环境和要承担的企业责任。所有创业者都要按照国家法律的规定开办和经营企业,并承担相应的企业责任。企业只有进行了工商登记注册,才能受到国家法律的保护。这里的法律,是专门指由全国人民代表大会及其常委会依照立法程序制定,由国家主席签署公布的规范性文件,其法律效力仅次于宪法,如《公司法》、《中华人民共和国民法典》(以下简称《民法典》)、《中华人民共和国企业破产法》等。

德邦物流选址分析

德邦物流公司的业务涵盖快递、快递、车辆集成、仓储和供应链,致力于为跨行业的客户提供全面的物流选择,让物流给企业带来更大的商业价值,给消费者一种更好的体验。德邦继续紧跟客户需求不断创新,坚持以自营商店和商业伙伴相结合的网络扩张模式,建立优化的路线,优化运输成本,为客户提供快捷、高效、便捷、及时、安全可靠的服务。

1. 定量分析

定量分析方法主要有重心法、交通规划法、双层规划法、聚类法和遗传算法等。企业在进行物流中心选址时用此方法可以找到更加准确和有效的解决方案。在物流配送中心进行选址时最常用的方法是重心法,重心法可以更加具体地把物流资源点和需求点看作分布在某一平面内的物流系统,每个点的需求和资源分别作为对象的权重,对象系统的重心作为物流出口的最佳设置点。

2. 定性分析

定性分析方法主要是基于选址因素和选址原则,依靠具有丰富的经验、知识和综合分析能力的专家或管理人员来确定配送中心的具体位置。定性分析方法有专家评分法、德尔菲法。定性方法的优点在于它集中于历史经验,简单且易于实现;缺点是容易犯经验主义和主观主义的错误,而且当有许多可供选择的地点时,做一个理想的决定是不容易的,这导致了决策的低可靠性。

物流中心选址的内部布局最好有足够的空间并且简单而得体,周围的停车场和其他设施是必要的。多边形地面没有任何优点,除非它有很大的空间。此外,选址的规模和和外观也是公司运营的重要考虑因素。无论从哪个角度,都能看到物流中心,从一个地方到另一个地方旅行的车辆和徒步旅行者的角度来评估物流中心的可见性。选址的可视性不仅影响到客户的吸引力,而且对后续操作也有重大影响。同时,无论是在物流中心的业务内容、方法、产品质量、服务、装饰等方面,还是在物流中心的选址位置上,应突出自身的形象特征。在一个拥挤的商业中心,物流中心尤为重要;图像特征是物流中心吸引力的重要参考指标之一。

分析: 在选址时,必须遵循"以最低成本创造自己的成本和客户最大的经济效益"的原则。选址问题主要是地理条件、地形、环境、交通条件、供电、通信等方面。

活动与训练

团队创业选址

一、目标

认识和理解创业企业选址的重要性和影响因素,能够根据项目运用选址方法选择适当地址进行创业。

二、过程和规则

步骤一:班级随机分组,每3~5人为一组,并推选出一名组长。

步骤二:请各小组以"团队创业选址"为题,假设自己的团队现在要创业,根据团队情况,通过小组交流讨论后,选择适合的地址,每小组代表上台发表团队创业选择企业地址并阐明原因。各小组组长和教师分别进行打分和评价,最终评价得分最高的小组为优胜组。

步骤三:教师总结和反思。

(建议时间:20分钟)

企业注册流程实训

1. 实训内容

就市场调查后进行决策,确定企业的经营场所后,进行企业名称预先核准申请备案、企业法律形式的确定等内容。

2. 实训目的

通过实训,学生了解和掌握创建企业所进行的企业注册流程,了解并掌握相关工商管理行政法律法规知识及实践能力。

3. 实训安排

(1)小组成员进行讨论,明确企业经营场所、经营范围、注册资本及缴费形式、法律形式、公司章程、注册资本等(如表9-5所示)。

表 9-5　企业注册登记相关信息

项目	内容
企业经营字号	
企业经营场所	
股东及法人	
经营范围	
注册资本	
法律形式	
公司章程（主要内容）	
其他	

（2）分工合作，模拟市场监督管理部门进行营业执照、税务登记证、组织机构代码证（或三证合一）的流程办理，填写相应信息表格，提交申请（如表 9-6 所示）。

表 9-6　政府管理要求梳理表

政府管理要求	相应办理或政府管理部门
营业执照	
税务登记证	
组织机构代码证	
其他特殊证	

（3）完成相应信息表格，各小组总结并提交相应报告。

成立公司的前期调研

一、目标

掌握对公司的经营产品或项目展开全面市场调查的有关知识和技能。通过实训，学生掌握项目市场调查分析研究方法，并能熟练采用 SWOT、PEST 等分析法进行模拟创建企业的战略决策，培养学生实践创新能力与决策能力。

二、过程和规则

（一）概述

组成一个 3~6 人的团队，讨论决定实施某一个项目（为项目而成立公司并投资运营）。公司决定注册成立前，需要对公司的经营产品或项目展开全面的市场调查（如商圈调查），为后期决策服务。现用所学过的 SWOT 分析法或 PEST 分析法对你所在团队的项目进行市场调查分析，给出是否为此项目（产品或服务）开办注册公司进行运营的决策。主要流程如图 9-1 所示。

图 9-1 成立公司的前期调研

（二）实施步骤

1. 小组成员讨论，明确项目商圈并进行市场实地调查，完成商圈调查表。
2. 分工合作，进行信息整理与分类工作。
3. 根据收集整理的信息，运用学过的 SWOT、PEST 等分析法，各小组讨论与分析研究，完成分析表。
4. 对分析研究结论初稿进行检查和修正，直到无误之后给出最后决策，给出结论。
5. 完成报告并提交。

（三）填写有关表格

1. 市场商圈调查，明确团队项目信息（如表 9-7 所示）。

表 9-7 商圈调查表（示例）

商圈名称（项目名称）					
商圈结构	十字形结构　□三角形结构　□井字形结构 平行线结构　□直线结构				
商圈性质	商圈级别	□一级商圈　□二级商圈 □三级商圈　□四级商圈			
	商圈地位	□核心商圈　□次级商圈　□边缘商圈			
	商圈属性	□商业区　□娱乐区　□金融区 □综合区　□住宅区　□校区			
	商圈生命期	□成长期　□形成期 □成熟区　□衰退期			
商圈基础设施	绿化情况	□好 □一般 □差	物业管理	□好 □一般 □差	
	交通情况	□好 □一般 □差	休息区	□好 □一般 □差	
购买力评估	客单价	□2000元以上　□1500~2000元　□800~1500元 □500~800元　□300~500元　□100~300元 □50~100元　□10~50元　□10元以内			
	客流量	____人/天（日常）　　____人/天（周末）			
	常住人口消费力	□高　□中　□低			

续表

交通便利评估	公交站：____个 公交线路：____路 停车场：____个 地铁：□有 □无 高速公路：□有 □无
竞争程度评估	商圈主力店或公司：____家 分别是：_____ 商圈品牌店或公司：____家 分别是：_____
其他	

2. 分析研究与决策。

如选择 SWOT 分析方法，请将小组讨论的结果填入表 9-8 中。

表 9-8 SWOT 分析表

环境	主要分析项	列出分析项的主要内容	比较决策
内部	优势（S）		
	劣势（W）		
外部	机遇（O）		
	威胁（T）		
结论			

如选择 PEST 分析方法，请将小组讨论的结果填入表 9-9 中。

表 9-9 PEST 分析表

环境	主要分析项	列出分析项的主要内容	比较决策
宏观环境	政策（P）		
	经济（E）		
	社会（S）		
	技术（T）		
结论			

3. 可行性归纳分析（如表9-10所示）。

表9-10 可行性分析表

可行性项目	描述	比较
经济性		
技术性		
管理性		
其他		
结论		

思考与讨论

1. 新创企业选择地址应考虑哪些因素？

2. 请通过实地调研或网络查询，运用影响企业选址因素评价法进行项目选址，并分别联系实际讨论和分享。

模块十　新创企业经营

❀ 模块导读

　　管理好处于初创期和成长期的新创企业，是任何新创企业发展进程中都必须面对的一个巨大挑战。新创企业经营阶段是企业生命周期中最危险、失败率最高的阶段。新创企业经营失败率高的原因来自企业内部和外部两个方面。从企业内部来看，新创企业自身拥有的资源有限，企业营销技巧和经验不足，企业内控制度管理不完善，员工管理水平有限，抗风险能力脆弱；从企业外部来看，新创企业对顾客资源建设、供应商、金融机构、政府等利益相关者的影响受限。受内外因素的影响，新创企业的生存经营能力或多或少受限制。因此新创企业要突破这一容易失败的阶段，就要加强经营管理，赢得市场，赢得利益相关者关注，降低企业经营成本和风险，增强企业经营的稳定性。

　　新创企业管理的首要目标是在市场竞争中生存下来，保证能够"活着"，让消费者认识和接受企业的产品或服务，尽快使新产品或服务开始盈利并进入良性循环。

　　本模块主要介绍新创企业经营过程中的营销技巧、客户资源建设、员工管理、财务管理内容。

构筑创业公司的品牌"护城河"

没钱，没资源的公司怎么做品牌？

10.1 营销技巧

名人名言

营销是没有专家的，唯一的专家是消费者，就是你只要能打动消费者就行了。

——史玉柱

 学习目标

1. 了解新创企业营销管理；
2. 理解和运用营销中常用的营销方式；
3. 能运用营销技能开展新创企业产品营销。

大学生创业失败率高

一份由第三方教育数据咨询与评估机构发布的报告显示，在政策的鼓励和就业形势的倒逼下，我国高校毕业生自主创业人数近年不断增加。但是，综合中国社科院等机构的调研数据，中国大学生初次创业失败率超过九成，失败率极高，绝大部分"大创牌"企业夭折于初创经营期，熬不过三年。中国大学生的创业成功率低于全社会的平均创业成功率，与国际平均水平和欧美发达国家水平相比也有较大的差距。

分析： 大学生创业失败率较高，主要影响因素有组织的临时性、过高的经营与交易成本、营销经验欠缺、经营管理经验不足和社会联系度较弱等。

对于创业者来说，新创企业的成长不是一帆风顺的。创业者必须应对企业在初创期和成长期所面临的不同问题，其领导风格和必备的技能也必须随着发展阶段不同而变化。因此，对于成长中的企业，要把营销管理、人力资源管理和财务管理工作尽可能做好。

一、新创企业的营销管理

新创企业营销最重要的事情是销售、定价、创建品牌。对于新创企业而言，在没有资本投入的情况下，理想的状态是企业的新产品通过市场销售出去，获得相应利润或价值，为企业生产经营进入良性循环创造条件。所以营销管理在新创企业经营管理过程中是关键一环。掌握营销技巧和方法，把产品卖出去，是新创企业营销活动成功的关键。成功的营销会带来优质的产品、满意的顾客和更大的利润，因此，创业者学习营销技巧知识和技能是很有必要的。

（一）营销技巧

营销，指企业发现或发掘准消费者需求，让消费者了解该产品进而购买该产品的过程。这一过程往往包含机会的辨识、新产品开发、订单执行。如果这一流程处理得好，营销通常都是成功的，如果哪个环节出了问题，企业就会面临生存危机。营销是一个系统工程，主要有产品、盈利方式、销售渠道和传播渠道四个环节支撑整个营销体系。

营销技巧是对客户心理、产品专业知识、社会常识、表达能力以及沟通能力等的掌控运用。营销技巧是销售能力的体现，也是一种工作技能，营销实际上是人与人之间沟通的过程。

案例10.1

如何应对"我随便看看"

我笑颜以对，可顾客却毫无反应，一言不发或冷冷回答："我随便看看。"这类问题在我们的零售终端经常遇到，许多导购也觉得十分困惑，不知道如何处理。其实，要解决这个问题，首先，导购要明白进店的顾客分为很多种，有的人来可能就是要买东西，有的人来可能只是收集信息，而有的人纯粹是来逛店看着玩的。对于不同的顾客应该在把握好接近时机的基础上采取不同的接待策略。

店面导购常用的几种应对方式：

应对1：没关系，你随便看看吧。

应对2：好的，那你随便看吧。

应对3：那好，你先看看，需要帮助的话叫我。

分析：问题既然已经产生，我们就应该尽量用正确的方式将顾客的消极行为引导到积极的方向上。以上三种应对方法只是在回避问题，没有积极地解决问题，属于不正确的店面销售方法。作为导购人员，没有主动地、有意识地顺势引导顾客并将销售过程向前推进，从而减少了顾客购买的可能性。

（来源：https://wenku.baidu.com/view/4c7c930b6c85ec3a87c2c556.html? sxts = 1572660555283&sxts = 1572661421653）

（二）营销方式

营销方式是指营销过程中所有可以使用的方法。包括服务营销、体验营销、知识营销、情感营销、教育营销、差异化营销、直销、网络营销等。

1. 服务营销

服务营销是一种通过关注顾客，进而提供服务，最终实现有利的交换的营销手段。实施服务营销首先必须明确服务对象，即"谁是顾客"。服务营销是企业在充分认识并满足消费者需求的前提下，为充分满足消费者需求在营销过程中所采取的一系列活动。

服务作为一种营销组合要素，真正引起人们重视是在20世纪80年代后期，这一时期，由于科学技术的进步和社会生产力的显著提高，产业升级和生产的专业化发展日益加速。一方面，产品的服务含量，即产品的服务密集度日益增大；另一方面，随着劳动生产率的提高，市场转向买方市场，消费者随着收入水平提高，其消费需求也逐渐发生变化，需求层次也相应提高，并向多样化方向拓展。消费者对各种服务产品的质量要求也就是对服务人员的技术、技能、技艺的要求。服务者的服务质量不可能有唯一的、统一的衡量标准，而只能有相对的标准和凭购买者的感觉体会。因此，对服务营销而言，服务者的技术、技能、技艺直接关系着服务质量。

2. 体验营销

体验营销又称体验式营销，指的是通过看、听、用、参与的手段，充分刺激和调动消费者的感官、情感、思考、行动、联想等感性因素和理性因素，重新定义、设计的一种思考方式的营销方法。体验营销要求产品或服务具备一定的体验特性，顾客为获得购买和消费过程中的"体验感觉"，往往不惜花费较多的代价。

体验营销能否被消费者接受，与地域差异关系密切。各个国家和地区由于风俗习惯和文化的不同，价值观念和价值评判标准也不同，评价的结果存在差异。因此，体验营销活动的安排，必然适应当地市场的风土人情，既要富有新意，又要符合常理。

伯恩德·H. 施密特在《体验式营销》一书中将不同的体验形式称为战略体验模块，并将其分为五种类型：

（1）知觉体验（即感官体验）。即将视觉、听觉、触觉、味觉与嗅觉等知觉器官应用在体验营销上。感官体验可区分为公司与产品(识别)、引发消费者购买动机和增加产品的附加价值等。

(2)思维体验。即以创意的方式引起消费者的惊奇、兴趣,对问题进行集中或分散的思考,为消费者创造认知和解决问题的体验。

(3)行为体验。指通过增加消费者的身体体验,指出他们做事的替代方法、替代的生活形态与互动,丰富消费者的生活,从而使消费者被激发或自发地改变生活形态。

(4)情感体验。即体现消费者内在的感情与情绪,使消费者在消费中感受到各种情感,如亲情、友情和爱情等。

(5)相关体验。即通过实践自我改进个人渴望,使别人对自己产生好感。它使消费者和一个较广泛的社会系统产生关联,从而建立对某种品牌的偏好。

3. 知识营销

知识营销是通过有效的知识传播方法和途径,将企业所拥有的对用户有价值的知识(包括产品知识、专业研究成果、经营理念、管理思想以及优秀的企业文化等)传递给潜在用户,并逐渐使其形成对企业品牌和产品的认知,最终将潜在用户转化为用户的过程和各种营销行为。

知识营销是向大众传播新的科学技术以及它们对人们生活的影响,通过科普宣传,让消费者不仅知其然,而且知其所以然,重新建立新的产品概念,进而使消费者萌发对新产品的需求,达到拓宽市场的目的。知识营销需要一定的信息传播途径,否则就成为空洞的概念。知识营销创造、使用、储存、提升并转化知识智力,是一种全新的营销理念,它把信息技术、市场预测、营销决策等体现人的素质智力资源等主要环节统一起来,共同为企业服务,以取得最好的经济效益。

知识营销注重挖掘产品文化内涵,增加营销活动知识含量,并注重与消费者形成共鸣价值观;注重与消费者建立结构层次上的营销关系,使消费者成为自己产品的忠实顾客;加强营销队伍建设,使营销更适合产品高技术含量、智能化、个性化的要求。

知识经济时代,营销市场的一个重要特点就是信息网络技术介入商品流通环节,从而导致新的营销手段即网络化营销的出现。网络营销是一种符合知识经济时代要求的方便、快捷、有效的营销方式,具体介绍见下文"网络营销"部分。

4. 情感营销

情感营销是从消费者的情感需求出发,唤起和激起消费者的情感需求,诱导消费者产生心灵上的共鸣,寓情感于营销之中,让有情的营销赢得无情的竞争。在情感消费时代,消费者购买商品所看重的已不是商品数量的多少、质量好坏以及价钱的高低，而是为了一种感情上的满足、一种心理上的认同。随着情感消费时代的到来，消费行为从理性走向感性，消费者在购物时更注重环境、气氛、美感，追求品位，要求舒适，寻求享受。

5. 教育营销

教育营销就是把新的消费理念、新的生活方式等观念与思想通过会议营销、人际传播营销、知识营销、体验营销、文化营销、体育营销等营销形式来教育与引导消费者和潜在消费者，使消费者和潜在消费者接受新的消费理念与生活方式，改变原有的思维习惯、消费习俗、生活方式，使消费者的生活品位提升一个档次，使营销水平更上一个新的层次的营销理念和营销模式。企业要取得消费者的认同，接受产品或服务，"产品营销"是低层次的被动销售，而教育营销则是快于市场一拍、引导市场消费的主动营销行为。

6. 差异化营销

差异化营销是指面对已经细分的市场，企业选择两个或者两个以上的子市场作为市场目标，分别对每个子市场提供针对性的产品或服务以及相应的销售措施。企业根据子市场的特点，分别制定产品策略、价格策略、渠道策略以及促销策略并予以实施。差异化并不是目的，而是手段，其最终目的是在客户心中形成差异，占领客户的心智，进而占领市场。差异化营销，核心思想是"细分市场，针对目标消费群进行定位，导入品牌，树立形象"，目的是在市场细分的基础上，针对目标市场的个性化需求，通过品牌定位与传播，赋予品牌独特的价值，树立鲜明的形象，建立品牌的差异化和个性化核心竞争优势。

随着技术的发展、行业的垂直分工以及信息的公开性、及时性，越来越多的产品出现同质化，寻求差异化营销已成为企业生存与发展的一件必备武器。差异化营销可以分为产品差异化、服务差异化和形象差异化等。

7. 直销

直销是指在固定零售店铺以外的地方（例如个人住所、工作地点或者其他场所），由独立的营销人员以面对面的方式，通过讲解和示范将产品或服务直接介绍给消费者，进行消费品的行销。直销的产品不通过各种商场、超市等传统的公众的销售渠道进行分销，而是直接由生产商或者经销商组织产品销售。直销往往是以生产商文化的形式直销和以经销商文化的形式直销，以消费来获得利润。

狭义直销就是产品生产商、制造商、进口商通过直销商（兼消费者）以面对面的方式将产品销售给消费者，包括单层直销和多层直销。

直销主要有三个方面的要素：一是公众消费意识；二是一对一关系的建立与形

成；三是现场展示与焦点促销。由于直销直接面对客户，减少了仓储面积并杜绝了呆账，没有经销商和相应的库存带来的额外成本，因而可以保障公司及客户利益，加快企业成长步伐。

8. 网络营销

网络营销（On-line Marketing 或 E-Marketing）是企业整体营销战略的一个组成部分，它是为实现企业总体经营目标所进行的，以互联网为基本手段，营造网上经营环境的各种活动，是一个广义词。从目前的商业来讲，网络营销更宽泛地涵盖网络产品及投放互联网概念。

网络营销是随着互联网进入商业应用而产生的，尤其是万维网（www）、电子邮件（e-mail）、搜索引擎、社交软件等得到广泛应用之后，网络营销的价值越来越明显。网络营销可以利用多种手段，如 E-mail 营销、博客与微博营销、网络广告营销、TMTW 来电付费广告、交换链接、视频营销、媒体营销、会员制营销等。总体来讲，凡是以互联网或移动互联为主要平台开展的各种营销活动，都可称为整合网络营销。

（三）品牌营销

品牌营销，是企业通过市场营销使客户形成对企业品牌和产品的认知过程。企业要想不断获得和保持竞争优势，必须构建高品位的营销理念。高级的营销不是建立庞大的营销网络，而是利用品牌符号，把无形的营销网络铺建到社会公众心里，把产品输送到消费者心里，使消费者消费时选择并认可这个产品，投资商选择合作时认可这个企业。这就是品牌营销。

1. 品牌营销的途径

（1）信息网络传播。信息时代让人们有了利用信息网络技术进行传播信息的方式，这也为企业营销产品或服务提供便利。信息网络在全球普及建设上是其他媒体无法比拟的，任何人在任何地方、任何时刻都能进入网络世界。这可以大大拉近企业与消费者之间的距离，让企业提供更为详细、生动、准确、快捷的产品及品牌定位信息。

网络具有低成本、宣传强度广、可预测性、互动性、实时性、广泛性等特点，这些都是其他媒体不具备的。这使产品营销与品牌传播不仅可以得到更多消费者的回应，也可以接触到更为广泛的消费者，从而为营销过程中品牌开辟一条新的传播途径。这种新的网络宣传方式，很容易受到消费者的青睐，对新创企业的产品品牌发展有很大作用。

（2）整合营销传播。在品牌传播方式的创新上，除电子商务、网络广告之外，还有一个重要方式是整合营销方式。整合营销传播是在计划中对不同的沟通形式做出估计，并通过对各种分散的信息整合，最终达到明确一致的沟通。它是一种市场营销传播计划观念。

这种营销方式综合运用各媒体的优势，为企业品牌的传播提供了前所未有的高度统一、强度传播、广告宣传的途径。企业可以通过盘点自己的品牌优势，综合运用整合营销传播方式，达到事半功倍的良好效果。

（3）整合品牌推广。整合品牌推广是在整合各类营销传播的基础上发展起来的。品牌是整合营销传播的核心，企业的一切品牌推广活动都要向品牌聚集，通过整合营销传播来经营、强化品牌关系，从而积淀品牌资产。整合品牌推广的中心是营造品牌关系，不仅仅是扩大品牌知名度，更重要的是提升消费者对品牌的信任度。这是一种以客为尊的营销哲学，可利用各类媒体，采用各种方式提升品牌价值，积累品牌这一无形资产。

2. 品牌营销的策略

品牌营销的策略包括四个：品牌个性、品牌传播、品牌销售和品牌管理。

（1）品牌个性。简称BP，包括品牌命名、包装设计、产品价格、品牌概念、品牌代言人、形象风格、品牌适用对象等。

（2）品牌传播。简称BC，包括广告风格、传播对象、媒体策略、广告活动、公关活动、口碑形象、终端展示等。在传播上，BM与整合营销传播所不同的是，BM的媒体可以是单一媒体，也可是几种媒体组合，完全根据市场需要决定。

（3）品牌销售。简称BS，包括通路策略、人员推销、店员促销、广告促销、事件行销、优惠酬宾等。

（4）品牌管理。简称BM，包括队伍建设、营销制度、品牌维护、终端建设、士气激励、渠道管理、经销商管理等。

3. 品牌营销的原则

从一般意义上讲，新创企业的产品竞争要经历产量竞争、质量竞争、价格竞争、服务竞争到品牌竞争的过程，前四个方面的竞争其实就是品牌营销的前期过程，当然也是品牌竞争的基础。从这一角度出发，新创企业要做好品牌营销，以下几方面须重视。

（1）质量第一。任何产品，恒久、旺盛的生命力无不来自稳定、可靠的质量。例如，药品作为治病救命的特殊产品，消费者对其质量（疗效）的期望值是相当高的，因此导致对品牌的忠诚度和遗弃率也相当高。患者一旦认可一种药品，其购买和使用的行为将有可能是长期的，比如众所周知的正红花油、保济丸等具有悠久历史的传统品牌。相反，哪怕只有一次失效的经历，患者都有可能从此将其"打入另册,永不叙用"。

（2）诚信至上。人无信不立,同理,品牌失去诚信,终将行之不远。为什么同仁堂、胡庆余堂、九芝堂等品牌形象能历久不衰？某些品牌都只各领风骚三五年？除了产品的市场属性和生命周期等因素,更重要的原因就是前者靠脚踏实地、诚信为本,后者靠华而不实的广告和虚拟概念炒作。时间是检验诚信与否的标尺。

（3）定位准确。市场定位是整个市场营销的灵魂。的确,成功的品牌都有一个特征,就是以始终如一的形式将品牌的功能与消费者的心理需求连接起来,并能将品牌定位的信息准确传达给消费者。市场定位并不是对产品本身采取什么行动,而是针对现有产品的创造性思维活动,是对潜在消费者的心理采取行动。因此,提炼对目标人群最有吸引力的优势竞争点,并通过一定的手段传达给消费者,然后转化为消费者的心理认识,是品牌营销的一个关键环节。

（4）个性鲜明。就像吉普车适于越野、轿车适于坦途、赛车适于运动比赛一样,对于产品的功效诉求和目标靶向,一定要在充分体现独特个性的基础上力求单一和准确。单一可以赢得目标群体较为稳定的忠诚度和专一偏爱,准确能提升诚信指数,成为品牌营销的着力支点。

（5）传播巧妙。在同质化的市场竞争中,唯有传播能够创造出差异化的品牌竞争优势。独特的产品设计、优秀的广告创意、合理的表现形式、恰当的传播媒体、最佳的投入时机、完美的促销组合等诸多方面都是巧妙传播中的关键因素。

（6）突出品牌。品牌是符号,是浓缩着企业各种重要信息的符号。把企业的信誉、文化、产品、质量、科技、潜力等重要信息凝练成一个品牌符号,着力塑造其广泛的社会知名度和美誉度,烙印到公众心里,使产品随品牌符号走进消费者心里。这个过程就是打造品牌。品牌附加值不是按照其投资额推算的。强势品牌低投入、高收入,所带来的高额利润多超出市场平均水平。品牌是形象,是信誉,是资产;品牌是衡量企业及其产品社会公信度的尺度。品牌竞争力是企业的核心竞争力。经济全球一体化的形势下,市场竞争取决于品牌竞争。

书店里的故事

书店里,一对年轻夫妇想给孩子买一些百科读物,推销员过来与他们交谈。以下是当时的谈话摘录。

客户：这套百科全书有些什么特点？

推销员：您看这套书的装帧是一流的,整套都是这种真皮套封烫金字的装帧,摆在您的书架上,非常好看。

客户：里面有些什么内容？

推销员：本书内容编排按字母顺序，这样便于资料查找。每幅图片都很漂亮逼真，比如这幅，多美。

客户：我看得出，不过我想知道的是……

推销员：我知道您想说什么！本书内容包罗万象，有了这套书您就如同有了一套地图集，而且还是附有详尽地形图的地图集。这对你们一定会有用处。

客户：我是为孩子买的，让他从现在开始学习一些东西。

推销员：哦，原来是这样。这个书很适合小孩的。它有带锁的玻璃门书箱，这样您的孩子就不会将它弄脏，小书箱是随书送的。我可以给您开单了吗？

（推销员作势要将书打包，给客户开单出货。）

客户：哦，我考虑考虑。你能不能留下其中的某部分，比如文学部分，我们可以了解一下其中的内容？

推销员：本周内有一次特别的优惠抽奖活动，现在买说不定能中奖。

客户：我恐怕不需要了。

这位推销员的失误之处在哪？显而易见：不明白客户购买此书的动机；没有掌握一些产品介绍技巧；自始至终以自己为主，忽略客户的感受。

分析：客户在选购各类产品时，都会有其不变的大方向。例如购买办公机器是为提高公务处理的效率及合理化，购买生产设备是为提高生产率，等等。顺着大方向去满足客户的要求，能使你的展示、介绍更加打动客户的心。如果不明白大方向，就要"不耻下问"，弄清楚客户关注的利益点，接下来的介绍要时刻围绕利益点展开，随带进行一些附加利益的介绍。不能像以上案例中的推销员一样，始终按照自己的计划、步骤、节奏来介绍。

在与客户交往中，最难判断的是他们的关注点或利益点。一个好的推销员应该借鉴华佗的治病箴言"望、闻、问、切"来弄清楚他们关注什么。

（来源：http://www.360doc.com/showweb/0/0/870618412.aspx）

 活动与训练

营销技巧大比拼

一、目标

认识到营销是一个过程，营销方式和技巧对于营销活动的重要性，能够在新创企业经营中理解和初步运用不同的营销技巧。

二、过程和规则

步骤一：班级随机分组，每3~5人为一组，并推选出一名组长。

步骤二：请各小组以"营销技巧大比拼"为题，关注自己家乡的丰富特产，最终选取一种农产品，在小组交流讨论后，制定营销方案及营销技巧，各小组代表上台介绍如何用营销技巧来营销这一农产品。各小组组长和教师分别进行打分和评价，最终评价得分最高的小组为优胜组。

步骤三：教师总结和反思。

（建议时间：25分钟）

 思考与讨论

> 1. 新创企业在经营中，为何要特别重视营销技巧的运用？
> 2. 请通过网络查询，找到常用的营销技巧，并分别联系实际例子进行讨论和分享。

10.2 客户资源建设

名人名言

你要改变自己的管理方式、管理制度、组织机构，如果你仍用过去的办法，就难以驾驭和掌控企业，更不用说永续经营了。

——安迪·葛鲁夫

 学习目标

1. 了解客户资源建设概念；
2. 了解新创企业客户资源建设的方法；
3. 能运用客户资源建设技能初步开展工作；
4. 能运用财务管理知识和方法进行新创企业财务管理。

如何留住客户资源

创立于1995年的深圳雷地科技集团，研发了先进的常温金刚石镀膜技术，并拥有全部知识产权。去年上半年，雷地成功地将此项技术应用于手机窗口的生产上。采用金刚石镀膜的手机窗口，耐磨抗压，市场前景广阔。

为了让新产品迅速地打开市场，雷地投入了大量的物力和人力。就在公司签回了第一笔大订单不久，公司内部却发生了聘用的销售主管跳槽事件。随之不久，雷地便失去了这家最大的客户资源，使处于市场开发初期的雷地损失了近三分之一的销售收入。

在跳槽事件之前，雷地虽然也采取了相应的措施来保护自己，比如与员工签订保密协议，规定员工辞职必须提前告诉公司、辞职后五年内不得从事相关行业等，但这些制度并没有真正约束那些离职人员。

雷地面临的问题是：如何才能防止自己的客户资源被跳槽的市场人员带走？

(来源：http://news.cctv.com/lm/123/19/71090.html)

分析：客户是企业利润的源泉和动力，运用客户资源建设方法，充分发挥客户资源优势，对未来企业的发展有着重要作用。

对于创业者来说，良好的客户资源是企业源源不断获得收益的重要保证，也是提升市场竞争优势的重要条件。充分利用客户资源需要掌握建立客户资源的途径和方法。可以说，建立客户资源管理体系是新创企业未来发展的动力。

一、客户资源

客户资源是指企业集群为了更好地锁定和开拓目标客户，通过建立专业、细分、通畅的群内交易渠道，以更好地获得客户需求，把握市场变化。很明显，企业集群的客户资源可以更好地增加其市场竞争优势。因此，新创企业搞好客户资源建设是获得市场和提高竞争力的重要内容。

(一) 客户资源利用途径

1. 尝试做自己的客户

可能很多企业在抱怨客户满意度调查得来的结果存在很大的偏差，有些甚至不管用，实际上，调研并不能完全准确地反映问题，它只能做参考而不能当治病药方。企业要调查客户满意度最直接、最有效的方法就是尝试认真做自己的客户，这样你就会亲自体验自己的产品好不好用、员工服务态度好不好，甚至体验到客户在企业遭遇到的各种"折磨"，这远远比客户满意度调查来得真实。一个偌大的超市肯定存在不少"折磨"客户的问题，可是任你怎么问，客户也不一定把真实的感受告诉你，即使你到现场去观察也没用。这时你不妨试着当一名到超市买菜的客户，记住：要尝试在不同时段去，因为不同时段所反映的问题往往大不相同。

2. 尝试做竞争对手的客户

在企业竞争中要做到百战不殆，仅仅知己显然是不够的，还要知彼，即看看你的竞争对手是怎么做事的？哪些做得比你的企业好？哪些让客户不满意？思考其中的原因，总结出竞争对手的优势和不足。其实这就是企业的情报战，是现代企业竞争的重要手段，但它是建立在某种市场准则、法律法规及企业道德的基础上而进行的。对对手的情报收集最好的途径之一，就是不妨尝试做竞争对手的客户。

事实上，这种途径已经得到广泛应用。比如有实力相当的两家企业之间通过不断借鉴对方的做法来优化和改进自身，这方面典型的代表有麦当劳与肯德基、国美和苏宁，以及联通和移动等；再如一家相对较弱的企业通过对比行业内的领袖级企业来提升自身的竞争力。但是以上两种做法并不是真正地去做竞争对手的客户，它们更多的是以从业者的身份去观察和模仿对手，这是旁观者和模仿者的表现，其所得到的体验远不如做竞争对手的客户获得的体验。

3. 学会与过去的老客户交流

客户往往是理性的，他们不会随便选择需要的产品或服务。在一般情况下，他们选择产品或服务会综合考虑经济承受力、价格、产品功能、质量、服务水平、个人喜好等因素。他们只有觉得"物有所值"才会选择购买。那么，当一个客户突然舍弃你的产品或服务而"移情别恋"你的竞争对手的时候，必然有其内在的原因。这时可能有人除觉得可惜和无奈之外就将之抛到脑后。其实，老客户是一种可再利用的资源。对企业来说，准确了解老客户为什么离去，他们对企业的产品或服务有什么意见和建议，在老客户眼中什么样的产品可以满足基本需求，这些都是很重要的信息资源。这些信息一方面有助于开发新的客户，避免同样的错误再发生；另一方面老客户的离开并不意味永远离开，因为市场是自由的市场，客户是有自主选择权的，只要企业的产品或服务能够让老客户觉得更有诱惑力，老客户是会重新回来的，这就是"回头客"。

因此，企业，特别是企业的营销部门，应该重视与过去的老客户交流，从中获取有价值的市场信息。

4. 让客户帮助你寻找问题的症结

客户是企业的产品或服务的使用者和体验者，是最有发言权的。当企业碰到问题的时候，借助客户的力量往往可以达到事半功倍的效果。客户能帮企业寻找什么样的问题呢？比如：产品性能和功能是否满足不同消费能力的客户的需求？产品的价格定位是否合理？消费者的承受能力如何？消费者对售后服务是否满意？还有就是他们对外包装、员工的服务态度等有什么意见？这些企业里面的老大难问题，长期以来都困扰着诸多企业。有部分企业为了解决问题，一方面不断请专业公司做调研规划分析，另一方面不断做市场客户满意度调查，但是效果甚是不理想，而且成本高、时间长。因此，让客户帮助你寻找问题不失为一个好办法。

实践表明：很多客户不买企业的账，即使愿意帮助企业，他们往往也不知道如何去表达产品或服务可能存在的问题和产生问题的根本原因在哪里。那么，如何让客户把内心的真正想法表达出来呢？这就需要企业费一番功夫。比如：一些企业邀请

消费者召开关于某某问题的深度座谈会，通过科学的引导和互动让消费者说出他们最真实的想法。

5. 从客户中聘用重要人员

在人才竞争激烈的时代，企业对人才，特别是行业内的高端人才的获取已经达到无孔不入的程度，其中互挖竞争对手的墙角更是屡见不鲜。遗憾的是，很多人只知从竞争对手挖走人才，却不知从客户中聘用。事实上，企业内某些重要职位更需要真正了解产品或服务的人才，而这方面的人才往往可以从下游客户中获取。这是一个企业获取关键人才的重要途径。

二、建立客户资源的方法

如何建立有效的客户资源呢？建立有效的客户资源需要靠经营客户，那么如何经营客户？如何积累客户资源？建立有效客户资源的常用七大方法如下：

（一）主动询问客户的需求

销售员对客户的跟踪服务是增进彼此感情的最好方法。无论是主动询问产品满意度，还是询问客户的其他服务要求，销售员都可以从中找到话题，打破尴尬的局面，让客户对销售员的跟踪服务感到满意，同时又加深了双方的感情。

（二）寻找共同话题

当销售员联系上客户以后，如果仅仅只是就服务内容进行交谈，那么谈话内容会非常僵硬，不利于增进彼此间的感情。当询问完服务内容之后，销售员可以就某些共同爱好或兴趣进行交流，找到共同话题，这样更容易吸引客户，增进彼此间的亲密感。

（三）适时登门拜访

在与客户长期联系的过程中，如果双方关系较为友好，销售员还可以在适宜的时机登门拜访客户。这样既可以表示对客户的尊重和重视，还能深入了解客户的信息。

（四）让礼物成为与客户沟通的桥梁

在中国，礼多不怪，适时赠送客户一些小礼物，是沟通感情和维系关系的重要桥梁，如在客户公司周年庆典或是客户生日那天送上祝福。通过赠送一些小礼物来表达真诚的谢意和良好的祝愿，能进一步增进销售员与客户间的感情，建立更加亲密的关系。

（五）做好售后服务

良好的售后服务是留住客户、形成良好口碑、塑造企业良好形象的重要前提。销售员负责的是销售工作，但是仍然要尽最大的努力帮助客户解决售后问题。如果自己解决不了，就要立即联系相关的负责人尽快解决，切忌推卸责任。要知道，客户是不会同一个不负责任的人长久合作的。

（六）帮客户一些小忙

有的时候客户也会遇到一些产品以外的小问题，如果销售员在场就要力所能及地帮助客户，为其提供一些交易以外的帮助，而这常常会让客户感动，客户也会在必要的时候给以销售员支持和赞誉。比如客户需要一个当地的导游，那么销售员可以主动充当，也可以帮忙寻找一位专业导游。

（七）关心客户经营，提供行业信息

从某种程度上说，销售员的利益同客户的利益是一致的。客户的经营状况好，可能会增加产品的需求，促成再次合作，从而惠及销售员所在的企业。所以，服务客户就等于帮助自己，关心客户的经营状况，就等于再次获得合作的机会。

建立有效的庞大的客户资源需要经营，互惠互利永远是建立有效客户资源的不二法则。若想成为一个成功的销售员，需要懂得学习如何去经营客户关系，如何提高沟通的技巧，如何提高自己的销售技巧，等等。

总结案例

广为集团利用信息化平台管理客户资源

广为集团对信息化一直非常重视，企业ERP系统、OA系统等信息化办公平台在2009年就开始使用，为广为集团的内部交流、资源共享、办公服务整合提供了极大便利，但是针对业务端信息化一直未确定系统方案。

广为集团子公司多，各个子公司也有相应的管理体系，M8系统首先把原来分散在业务员手里的客户信息集中起来，避免了业务员变动导致的客户信息丢失，快速解决了广为集团各个子公司客户资源的采集，保证了客户资源的安全性和完整性。同时邮件与客户绑定，避免把A客户的报价误发给B客户的同名人员。新业务员的外发邮件，需经主管审核才能发出，减少新人出错带来的不良影响。这一点给子公司管理层带来很大帮助，使之告别传统抄送邮件模式。

（来源：http://www.fumasoft.com/portal/article/index/id/161）

 活动与训练

如何寻找与打造良好的客户资源

一、目标

认识到客户资源是企业的重要资产和企业发展的利润源泉，掌握常用建设客户资源的方法或途径，能够在企业经营中理解和初步运用不同的建立客户资源的方法。

二、过程和规则

步骤一：班级随机分组，每3~5人为一组，并推选出一名组长。

步骤二：请各组成员以"如何寻找与打造良好的客户资源"为题，先自己列出个人观点。

步骤三：将列出的个人观点与组内成员相互交流，讨论后形成统一的小组观点。

步骤四：列出小组观点，每组随机抽取一名代表上台介绍如何寻找与打造良好的客户资源。各小组组长和教师分别进行打分和评价，最终评价得分最高的小组为优胜组。

步骤五：教师总结。

（建议采用对分课堂模式，时间：25分钟）

 思考与讨论

1. 在新创企业经营中，如何更好地建立和管理好客户资源？

2. 请通过网络查询，找到建立客户资源目前常用的方法，并分别联系实际例子进行讨论和分享。

10.3 员工管理

名人名言

人才是利润最高的商品，能够经营好人才的企业才是最终的大赢家。

——柳传志

学习目标

1. 了解企业员工管理的概念；
2. 理解员工管理的原则及方法；
3. 能根据自身需要选择适合企业发展的企业员工管理方法。

顺丰管理员工的秘诀

如何管理好员工，如何充分发挥员工的作用，使员工为企业所用，已经成为企业人力资源管理中不能忽视的重要课题之一。

顺丰速运一直致力于在企业中创造一种积极的工作氛围。顺丰的许多高管都是曾与王卫一起打拼过来的人，经历过许多挫折和困难，因而，也非常能理解业务员可能遇到的困窘和困惑。为了减轻员工的工作压力，提高员工的工作积极性，顺丰的高管一直努力为员工营造轻松自由的工作环境，规划良好的职业生涯规划。

顺丰速运为新入职的员工设计了一套标准化的培训体系，新员工不仅要参加军训，还要接受一系列有关服务技巧、服务标准和管理方面的培训。顺丰速运还有"内部种子计划"，为员工规划良好的职业晋升渠道，激发员工的工作热情。

王卫认为，顺丰速运的管理体系只是企业管理的"外功"，要练好"外功"，还必须有"心法"的协助（如图10-1所示），要不然就容易"走火入魔"，误入歧途。"有爱心，与员工有同理心；有舍心，与员工慷慨分享；有狠心，出于爱与舍，对员工严格要求；有恒心，长期坚持这样做下去。"——王卫的"心法四诀"不仅包括对经营管理的领悟,还包括对人生和人性的理解,满足员工的需求,为员工创造良好的晋升渠道。王卫认为,要管理好员工,首先应该重视员工的价值,满足员工的不同需求,还要平等对待每一位员工。只要做好这几点,就算让你管 40 多万人,也没有大问题。

(来源:《顺丰模式你学得会:最具影响力企业背后的商业逻辑和经营战略》)

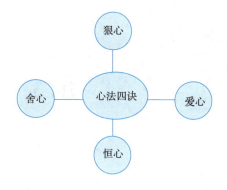

图 10－1　员工管理要有"心法四诀"

分析: 员工是企业的第一资源,用心管理好员工,发挥员工的聪明才智,对企业完成目标与创造更大价值有着重要的意义。

对于创业者来说,资金和市场是创业者最担忧和最关注的焦点,许多企业在开创之初就将大量精力投在了融资、市场开拓、控制成本等方面,却忽略了企业人力资源管理体系建设,相当一部分新创企业主要靠亲戚朋友、同学同事来构建创业团队,管理往往借助于友情、亲情来进行。而随着企业发展,这种粗放管理的弊端显现出来,不仅影响企业的正常发展,也严重威胁企业的生存。因此,如何把握和开发人力资源,是新创企业必须重视的问题。新创企业要从塑造以人为本、科学管理的企业经营管理环境,重视人才引进、培养和激励等方面增强企业在市场竞争中的优势。

一、员工管理的内涵

员工管理是人力资源管理的范畴,是指企业在创立初期通过各种政策、制度和管理活动,吸引、开发、激励和保留员工,充分发挥员工的工作积极性,最终实现组织目标的过程,也是企业由于产品、市场营销及企业组织管理体系等方面的创新而对人力资源管理体系进行重新构建的过程。

在企业成长过程中,企业必须有规划地做好人才的选、训、用、留,而要实现这些功能,需要相应的管理策略和手段。因此做好人力资源管理规划、员工职位需求与分析、员工招聘、员工培训、绩效管理、薪酬管理、人事统计与档案管理等是企业员工管理必不可少的工作。

员工管理对于新创企业来说,有着极大的重要性。人力资源的短缺是新创企业在发展中面临的主要制约因素之一。很多创业者在企业渡过生存期后面临的第一个挑战就是寻找合适人员来支撑企业的发展。

员工管理可为企业提供合适的人力资源。企业通过对人力资源中员工的战略规划和工作分析提前为企业各项用人计划做好准备,为企业确定什么时候需要人、需要多少人、需要什么样的人等。在此基础上，通过招聘和培训等有效的管理措施吸引、配置好人力资源，为企业发展发挥出最大的作用。员工管理有利于控制人工成本、调动员工的积极性，为企业内部的管理工作提供支持。

二、员工管理的原则及要领

（一）员工管理的原则

员工管理是新创企业经营管理中一项人力资源管理活动。员工管理一般遵循以下原则：

1. 充分了解企业的员工

每个人对自己都是如此简单，而对他人却是如此复杂。作为管理者，要能充分地认识到了解员工不是一件很容易的事。管理者如果能充分理解自己的员工，工作开展起来会顺利得多。俗话说"士为知己者死"，一个能够充分了解自己员工的管理者，无论是在工作效率上，还是在人际关系上，他都将会是个一流的管理者。管理者与员工彼此间相互了解，在心灵上相互沟通和默契，对管理者来说尤为重要。

了解员工，有一个从初级到高级阶段的程度区别，分为三个阶段：

第一阶段：了解员工的出身、学历、经验、家庭环境以及背景、兴趣、专长等，同时还要了解员工的思想，以及干劲、热诚、诚意、正义感等。

第二阶段：当员工遇到困难时，管理者能事前预料他的反应和行动，并能恰如其分地给员工雪中送炭，这就表明管理者对员工的认识更进了一步。

第三阶段：知人善任。能使每个员工在其工作岗位上发挥最大的潜能，给员工足以考验其能力的挑战性工作，并且在其面临困境时，给予恰当的引导。

2. 聆听员工的心声

企业的管理者都有强烈的自我主张，这种倾向一方面有助于果断、迅速地解决问题，另一方面也会使管理人员一意孤行，听不进他人的意见，导致决策失误。

在企业管理中，聆听员工的心声，也是团结员工，调动其积极性的重要途径。员工一旦思想出了问题，就会失去工作热情，要其卓越地完成任务是不可能的。这时，作为管理者，应耐心地听取他的心声，找出问题的症结，解决他的问题，才能有助于管理目标的实现。对待犯错误的员工，也应当采取聆听的办法，不应一味责难，而应给他解释的机会。只有了解实际情况后，才能对他对症下药，妥善处理。

3. 德才兼备，量才使用

"尺有所短，寸有所长"，每个人在能力、性格、态度、知识、修养等方面各有

长处和短处，用人的关键是适用性。为此，管理者在用人时，要先了解每个人的特点。十个员工十个样，有的员工工作起来利落迅速，有的员工谨慎小心，有的员工擅长处理人际关系，有的员工却喜欢独自埋头在统计资料里默默工作。在许多企业的人事考核表上，都有一些关于处理事务的正确性、速度等评估项目，能够取得满分的员工才称得上优秀的员工。作为一个管理者，不仅要看到人事考核表上的评分，更重要的是要在实践中观察，结合每个员工的长处给其恰当的工作，再从他的工作过程中观察其处事态度、速度和准确性，从而真正测出他的潜能。也只有如此，管理者才能灵活、有效、成功地管理员工，使事业蒸蒸日上。

4. 淡化权力，强化权威

对员工的管理最终要落实到员工对管理者，或下属对上司的服从上。这种领导服从关系可以来自权力或权威两个方面。管理者地位高，权力大，谁不服从就会受到制裁，这种服从来自管理者权力。管理者的德行、气质、智慧、知识和经验等人格魅力，使员工自愿服从其领导，这种服从来自管理者的权威。要成功地管理员工，特别是管理比自己更优秀的员工，人格魅力形成的权威比行政权力更重要。

5. 创造适宜的工作环境

根据生理需要设计工作环境，可以加快速度、节省体力、缓解疲劳；根据心理需要设计工作环境，可以创造愉悦、轻松、积极、充满活力的工作氛围。对工作环境进行人性化的改造，如在工厂附近设立各种专用汽车设施，在公司内开设多家食堂和饭店，为体力劳动者增设盥洗室，保持工作地点整洁干净……

6. 提高员工士气

影响员工士气的因素至少包括三个层面：企业层面、管理者层面、员工个人层面。要提高员工士气应该从这三个方面着手。

（1）企业和管理者层面。一是要深入了解员工的需求。了解员工的需求可以通过平时的沟通、会议、员工的抱怨、调查问卷等渠道。只有深入了解员工的需求，企业才能有效地激励他们，充分调动他们的工作积极性。

二是要为员工创造良好的工作氛围。谁都不愿意在这样的工作氛围下工作：干活就出错，一出错就被指责；大事小事都要请示；办公/现场环境乱七八糟；周围人都在聊天、打私人电话、吵架、不干活；团队成员相互拆台、不负责任；人际关系复杂；上司总是板着脸。谁都愿意在这样的工作氛围下工作：宽松、和谐自由的气氛；办公/现场整洁温馨；团队成员相互帮助，精诚合作；人际关系简单明了；敢于尝试，不会受到指责；微小的进步和成绩都能获得上司和同事的认可和赏识。

因此创造一个良好的工作氛围是中、基层主管日常管理工作的一项重要工作之一。

三是要对员工认可与赞美。人的天性是喜欢得到别人的认可与赞美,因此,对于员工的微小进步,管理者应该及时给予真诚的认可与赞美;在批评员工时要适当注意技巧,不能伤害员工的自尊,一般状况下批评尽可能在私下进行。

四是要促进员工成长。在工作中不断得到成长,是绝大部分员工的期望,作为管理者,帮助员工不断成长是其一项重要工作职责。

(2)员工个人层面。员工士气高低的最终决定因素是员工自己,只有自己才能对自己的士气做主。士气决定行为,行为决定习惯,习惯决定命运,所以员工的命运决定于员工自己的士气。只有每一位员工始终保持着积极的心态,做自己积极心态的主人,公司的员工士气才能更高,员工的人生才能更辉煌。

以上提升员工士气的建议还需要针对企业的具体情况分重点进行,最好是企业进行一次调查,了解员工的真正需求,然后根据需求采取针对性的措施。提升员工士气是一个长期努力的过程,期望立竿见影是不现实的,最重要的是一点一滴不断持续行动。

(二)员工管理的要领

企业之间的竞争归根到底是人的竞争。如何有效地激发员工的积极性,使员工更加忠诚于企业,尽心尽力地完成工作,是每一个企业领导者希望解决而又经常不得要领的一个问题。

1. 转变观念,尊重员工

以前那种把管理职务当官来看,将员工当作工具,封建家长式的作风应当被抛弃。取而代之的是,尊重员工的个人价值,理解员工的具体需求,适应劳动力市场的供求机制,依据双向选择的原则,合理地设计和实行新的员工管理体制。将人看成企业重要资本,是竞争优势的根本,并将这种观念落实在企业的制度、领导方式、员工的报酬等具体的管理工作中。

2. 设立高目标

留住人才的关键是:不断提高要求,为他们提供新的成功机会。人人都希望获胜,热爱挑战是优秀员工的普遍表现,如果企业能不断提出更高的目标,他们就会留下。管理者要认识到员工在成长时需要更多地运用自己的头脑来帮助企业并被认可的机会,因此必须创造并设计一些挑战机会以刺激员工去追求更高的业绩。只有当员工感到自己在工作中能够得到不断的支持,能够不断地学到新的东西,他们才会留下来并对企业更加忠诚。

3. 经常交流

没有人喜欢被蒙在鼓里,员工会有自己的许多不满和看法,虽然其中有正确的,也有不正确的。所以，员工之间、员工和管理者之间需要经常交流。管理者要征询员工对企业发展的意见，倾听员工提出的疑问，并针对这些意见和疑问谈出自己的看法——什么是可以接受的？什么是不能接受的？为什么？如果企业有困难，应该公开这些困难，同时告诉员工企业希望得到他们的帮助。要记住：纸是包不住火的，员工希望了解真相。

4. 授权

授权是在管理中最有效的激励方法，授权意味着让基层员工自己做出正确的决定，意味着你信任他，意味着他和你同时在承担责任。当一个人被信任的时候，就会迸发出更多的工作热情和创意。所以，我们建议不要每一项决策都由管理者做出，完全可以授权的事不要自己去做，管理者要担当的角色是支持者和教练。

5. 辅导员工发展个人事业

每一个员工都会有关于个人发展的想法，并都认为自己的想法是正确的。聪明的做法是为每一位员工制订一个适合个人的发展计划。我们建议在日常谈话中，在评估员工业绩时应该经常询问员工其心中的职业发展目标是什么，并帮助他们认识自己的长处和短处，制定切实可行的目标，采用达到目标的方法，以支持员工的职业生涯计划，然后尽力培养、扶植他们。那种不针对员工具体想法和需求，把教育和培训一股脑地抛到员工身上的做法是不明智的。

6. 让员工参与进来

在实际工作中，有最好想法的人往往是那些直接参与任务执行的人。让一线员工参与进来，让员工知道管理者对他们的意见很重视。员工不希望被简单的命令和指示，他们希望在工作中起更重要、更有意义的作用，他们渴望参与决策。当员工希望参与，而管理者却不给他们这种机会时，他们就会疏远管理者和整个组织。如果管理者能够尊重员工的看法，那么即使最终没有采纳他们的建议，也将发现他们同样更愿意支持你的决定。

7. 信守诺言

也许管理者不记得曾经无意间对什么人许过什么诺言，或者管理者认为那个诺言根本不重要，但管理者要记住，员工会记住你答应他们的每一件事。身为管理者的你，任何看似细小的行为随时都会对组织的其他人产生影响，管理者要警惕这些影响。如果管理者许下了诺言，就应该对之负责。如果必须改变计划，管理者要向员工解释清楚这种变化。如果管理者没有或者不明确地表达变化的原因，员工会认为你食言，这种情况经常发生的话，员工就会失去对管理者的信任。对管理者丧失信任通常会导致员工失去对企业的忠诚。

8. 多表彰员工

成就感能够激励员工热情工作，满足个人内在的需求。在长期工作中，我们总结出以下奖励要点：①公开奖励标准，要使员工了解奖励标准和其他人获得奖励的原因；②以公开的方式给予表扬、奖励，表扬和奖励如果不公开，不但失去它本身的效果，而且会引起许多流言蜚语；③奖励的态度要诚恳，不要做得太过火，也不要巧言令色；④奖励的时效很重要，奖励刚刚发生的事情，而不是已经被遗忘的事情，否则会大大减弱奖励的影响力。

9. 宽容失败

员工的尝试能够帮助企业有所创新，因此不要因为员工失败就处罚他们，失败的员工已经感受到非常难过了，而是应该更多地强调积极的方面，鼓励他们继续努力。同时，帮助他们学会在失败中学习，和他们一起寻找失败的原因，探讨解决的办法。要对员工有益的尝试予以信任和支持，批评或惩罚有益的尝试，便是扼杀创新，结果就是员工不愿再做新的尝试。

10. 建立规范

订立严格的管理制度来规范员工的行为对每个企业都是必要的。企业可以对各个岗位做详细的岗位职责描述，使每个员工都清楚自己应该干什么，向谁汇报，有什么权力，承担什么责任。当然这种限制不应过于严格，但一定要有。建立合理的规范，员工就会在其规定的范围内行事。当超越规定范围时，应要求员工在继续进行之前得到管理层的许可。

三、员工绩效管理

绩效考核通常也称为业绩考评或"考绩"，是针对企业中每个员工承担的工作，应用各种科学的定性和定量的方法，对员工行为的实际效果及其对企业的贡献或价值进行考核和评价。员工绩效管理是对在职员工工作效率、工作计划的督促，有利于员工养成做事有规划的好习惯。业绩考评的目的是通过考核提高每个个体的效率，最终实现企业的目标。

（一）必要性

绩效考核的必要性在于绩效考核本身是一种绩效控制的手段，通过对员工工作业绩的评定与认可，激励员工工作，使员工体验到工作成就感，增强斗志；同时，

绩效考核也是惩戒的依据之一，有效地惩戒也是提高工作效率和工作质量的有效手段。绩效考核和薪资管理也有着密切联系，考核结果将直接影响员工的报酬。目前很多企业都在实行绩效工资，就是通过绩效考核手段来进行的。绩效考核结果可以作为员工升迁、淘汰的重要标准。绩效考核也是企业管理决策的重要参考，通过考核结果可以发现员工的长处与不足，从而为企业培训工作提供方向。同时，考核结果也可以提供给企业中其他职能部门作为决策的参考。

(二) 原则和做法

在绩效考核的内容上，引入了注重工作团队合作精神的考核指标，在考核中，采用车间或小组对被考核部门的评分作为该部门所有人员该项目得分的办法，不仅对员工个人的绩效进行了考核，同时也对员工置身其中的工作团队绩效进行了考核，使员工绩效与团队绩效之间有机结合，确保员工的思想及行为与企业战略目标一致，对营造良好的团队精神产生了积极的影响。

(三) 选择合适的考核者

绩效考核本身往往比较复杂，牵涉到企业的方方面面，而且与被考核者的利益密切相关。因此，选择合适的考核者对于考核工作来说是至关重要的。实践证明，合适的人选可以为员工的业绩做出最真实、客观的评价。合适的人选包括五类人，即直接上级、同级同事、被考核者本人、直属下级和外界的考核专家或客户。

海尔成功的员工管理模式

海尔的全方位优化管理法（Overall Every Control and Dear，OEC）是企业现场管理与细节管理的成功典范，体现着源于西方的科学管理精髓。这种管理制度要求员工严格遵守制度，绝对服从管理。由于中西文化的差异，按照社会互动的交互主义心理原则，员工对OEC制度的遵守与贯彻，必须建立在管理方"以仁为本"的基础上。

海尔的OEC管理制度不是独立的，与体现儒家"以仁为本"价值观的其他做法结合在一起，保证了单调、枯燥、严格的OEC管理制度得以贯彻、保持。在海尔，体现"以仁为本"价值观的做法包括以下几个：

1. "三心换一心"与《排忧解难本》

张瑞敏喜欢引用的一句古语是："上下同欲者胜。"企业领导人必须在琢磨人、关心人上下功夫。海尔讲究"三心换一心"："解决疾苦要热心、批评错误要诚心、做思想工作要知心"，换来职工对企业的"铁心"。

（1）热心。海尔有一个运转体系，专门帮助员工及时解决生活上的实际困难。公司组织了自救自助形式的救援队，员工人手一册《排忧解难本》，如有困难，只要填一张卡或打一个电话，排忧解难小组会随时派人解决。

（2）诚心。10多年来，海尔的中层以上干部实行红、黄牌制度。在每个月的中层干部考评会上，都要评出绩效最好与最差的干部，最好的挂红牌（表扬），最差的挂黄牌（批评），并具体剖析情况，使受批评的干部清楚错在何处，明确努力方向。在海尔，人际关系是透明的，考核制度是公开的。

（3）知心。知心体现在建立多种制度，了解员工心里想什么，希望企业做什么。一是每半年一次的职工代表大会制度，让员工了解企业，充分发表意见，参与企业的民主管理、监督。涉及员工切身利益的重大决策要经过职代会讨论通过后方可实施。员工参加领导干部的考评，每次考评干部，员工在评委中所占比例不少于三分之一。二是各种形式的恳谈会制度。集团规定各事业部每月举行两次恳谈会，各公司、分厂和车间的恳谈会随时召开。员工与领导，开诚布公，畅所欲言。三是"心桥工程"。利用《海尔人》开辟"心桥工程"栏目，反映不愿在公开场合说的话。

海尔的"三心换一心"与《排忧解难本》的理念与做法，具有突出的东方儒家文化价值观的特征，是家文化的典型体现。

2. 羞耻文化与"6S大脚印"

"6S大脚印"是海尔在加强生产现场管理方面独创的一种方法。海尔生产车间，在开班前、班后会的地方，有两个大脚印，被称为"6S大脚印"。如果有谁违反了6S（整理、整顿、清扫、清洁、安全、素养）中的任意一条，下班开会的时候，就要站到大家面前的这两个脚印上，自我反省，负责人说明情况并教育批评。会议结束大家都走后，站6S的人在得到负责人的允许后方可离开。这种基于羞耻文化心理的管理制度通过负激励，有效地规范了员工的行为。

企业管理水平的提高，依赖于管理者与被管理者双方的表现与素质，除按照80/20法则抓干部素质之外，"6S大脚印"管理对规范员工的职业行为，提高员工素质，加强企业基础管理促进很大。这种管理方法之所以有效，是因为此制度建立在中国员工特有的文化心理之上。

分析：企业领导者的主要任务不是去发现人才，而是去建立一个可以出人才的机制，并维持这个机制健康持久地运行。这种人才机制应该给每个人相同的竞争机会，把静态变为动态，把相马变为赛马，充分挖掘每个人的潜质，并且每个层次的人才都应接受监督，压力与动力并存，方能适应市场的需要。

（来源：http://www.360doc.com/content/17/0117/10/2650383_622998192.shtml）

 活动与训练

管理者如何与下属沟通

一、目标

认识到员工管理是企业人力资源管理中的重要作用和意义，掌握管理者管理员工的方法或途径，能够于新创企业经营中理解和初步运用不同的员工管理方法。

二、过程和规则

步骤一：班级随机分组，每3~5人为一组，并推选出一名组长。

步骤二：请各组成员以"管理者如何与下属沟通"为题，先自己列出观点。

步骤三：将列出的个人观点与组内成员相互交流，讨论后形成统一的小组观点。

步骤四：列出小组观点，每组随机抽取一名代表上台讲述与下属沟通的方法。各小组组长和教师分别进行打分和评价，最终评价得分最高的小组为优胜组。

步骤五：教师总结和反思。

（建议采用对分课堂模式，时间：25分钟）

 思考与讨论

> 1. 在新创企业经营中，如何更好地进行员工管理？
> 2. 请通过实地调研新创企业，调查其员工管理的情况，分析研究并进行讨论和分享。

10.4 财务管理

名人名言

凡经营管理,成本分析,要追根究底,分析到最后一点。

——王永庆

1. 了解创建企业财务管理的必要性;
2. 理解新创企业财务报表分析中常用的分析方法;
3. 能根据企业自身需要进行财务管理体系的构建。

新创企业财务管理的不足

在我国,很多新创企业存在如下问题:

一是对现金管理不严,造成资金闲置或不足。有些中小企业认为现金越多越好,造成现金闲置,未参加生产周转;有些企业的资金使用缺少计划安排,过量购置不动产,以致无法应付经营急需的资金,陷入财务困境。

二是应收账款周转缓慢,造成资金回收困难。原因是没有建立严格的赊销政策,缺乏有力的催收措施,应收账款不能兑现或形成呆账。

三是存货控制薄弱,造成资金呆滞。很多中小企业月末存货占用资金往往超过其营业额的两倍以上,造成资金呆滞,周转失灵。

四是重钱不重物,资产流失浪费严重。不少中小企业的管理者,对原材料、半成品、固定资产等的管理不到位,出了问题无人追究,资产浪费严重。例如某公司的财务人员是某部级事业单位有关人员介绍的,论业务水平,充其量是一个公司出纳员的水平,因此没有优化现金管理的概念。加上公司领导对此没有充分的认识,使得现金管理无从谈起。由于公司是一个纯粹的销售公司,面对的客户主要以党政

工群机关为主,受客户财务预算计划的控制,公司应收账款周转缓慢,造成资金回收困难,严重影响到公司资金的合理有效运作。同时,财务部门不能及时进行成本核算,不能有效地提出严格的赊销政策,更缺乏有力的催收措施,导致应收账款不能兑现或形成呆账,更谈不上有效的存货管理与控制。

这些问题的存在,常导致新创企业财务管理和内部控制问题不断,严重影响企业的可持续运营。

分析:新创企业忽略财务管理,为其发展埋下定时炸弹,势必影响企业可持续健康发展。因此,规范财务管理,加强内部管理,是新创企业的必备良药。

对于创业者来说,形成良好的财务管理制度或体系是企业未来内部控制管理完善的基础。新创企业财务管理应注重核心资产的管理、融资资金的管理、应收账款的管理和财务管理制度的构建等,同时在成本管理、财务分析、财务控制和财务税收等方面加强财务管理体系建设。

一、企业财务管理

企业财务管理(Financial Management)是在一定的整体目标下,企业关于资产的购置(投资)、资本的融通(筹资)和经营中现金流量(营运资金),以及利润分配的管理。财务管理是企业管理的一部分,它是根据财经法规制度,按照财务管理的原则,组织企业财务活动,处理财务关系的一项经济管理工作。

(一)新创企业财务管理的目标

财务管理目标又称理财目标,是指企业进行财务活动所要达到的根本目的,它决定着企业财务管理的基本方向。财务管理目标也是企业经营目标在财务上的集中和概括,是企业一切理财活动的出发点和归宿,是评价企业理财活动是否合理的基本标准。有了明确合理的财务管理目标,财务管理工作才有明确的方向。因此,新创企业应根据自身的实际情况和市场经济体制对企业财务管理的要求,科学合理地选择、确定财务管理目标。

(二)新创企业财务管理常见的问题

企业管理者在财务管理活动中,重使用价值实物管理,轻价值综合管理,重生产成本管理,轻资金成本控制,重当期收益,轻风险控制,重事后分析,轻事前预防等,造成了企业财务管理无章、无序,给财务工作埋下了隐患。较为普遍的问题主要有以下几个方面:

1. 事前预算不力，事后分析不到位

很多企业管理者事前没有采集数据进行认真分析并编制预算，在事中执行过程中也没有对预算完成情况进行严格考核，事后评价和分析不到位，这些都是企业面临的重要问题。

2. 信息化程度不高，缺乏财务创新

在现代企业管理当中，很多企业财务管理模式受网络技术的限制，采用较分散的管理模式，电子化程度不高，财务信息上下级之间无法共享，监管信息反馈滞后，工作效率低下，没有开发出能适应电子商务环境的财务管理信息系统。

3. 财务架构不健全，组织机构设置不合理

大部分企业财务机构的设置是中间层次多、效率低下；还有部分企业管理者在财务机构设置方面不够科学，有的甚至未设置专门的财务机构。

4. 内控体系不完善，缺乏风险管理意识

部分企业财务运行不够规范，权责不到位，内部控制制度等基本财务管理制度不健全。部分企业缺乏风险管理和控制机制。

5. 费用管理不规范，资产管理散乱

在费用开支上，部分企业管理不严，未建立或未实行"一支笔"审批制度。在资产管理上，部分企业没有定期对资产进行盘点，资产实物与登记簿不符，实物管理和账务管理都有很多漏洞。

6. 成本核算粗放，成本控制不严

有的企业成本核算十分粗放，将各种产品成本笼统汇总核算，不利于加强成本控制；有的企业管理者只注重生产过程的成本控制，事前、事中控制能力较低，造成不必要的浪费。在财务管理当中应着重避免上述问题的出现。

在日常企业管理方面，只有加强财务管理，才会增加企业的竞争能力，提高企业抵抗市场风险的能力，扩大企业盈利。所以财务管理的有序和规范是新创企业可持续发展的前提。

二、新创企业财务管理体系的建立

处于初创与成长期的企业，规范有效的财务管理制度是确保企业健康发展的重要工具。新创企业应结合实际，建立健全财务管理制度。新创企业的财务管理体系

建设是一个逐步规范和完善的过程，要求在明晰产权的基础上，明确董事会、财务经理、一般财务人员各自的财务战略制定和实施中的地位与职责，并形成内部牵制以及责、权、利相结合的激励性制度安排。创业者作为企业法定代表人，是企业财务工作的第一责任人，因此，创业者要自觉地学习财务管理的相关基础知识。只有懂规则，懂专业知识，才能有效地进行财务管理和监督，避免因不懂规则而造成的不必要损失。

（一）成本管理

成本管理是指企业生产经营过程中各项成本核算、成本分析、成本决策和成本控制等一系列科学管理行为的总称。成本管理由成本规划、成本计算、成本控制和业绩评价四项内容组成。成本管理充分动员和组织企业全体人员，在保证产品质量的前提下，对企业生产经营过程的各个环节进行科学合理的管理，力求以最少生产耗费取得最大的生产成果。成本管理是企业管理的一个重要组成部分，它要求系统而全面、科学和合理，对于促进增产节支、加强经济核算、改进企业管理、提高企业整体管理水平具有重大意义。

（二）财务分析

财务分析是以会计核算和报表资料及其他相关资料为依据，采用一系列专门的分析技术和方法，对企业等经济组织过去和现在有关筹资活动、投资活动、经营活动、分配活动的盈利能力、营运能力、偿债能力和增长能力状况等进行分析与评价的经济管理活动。它为企业的投资者、债权人、经营者及其他关心企业的组织或个人了解企业过去、评价企业现状、预测企业未来做出正确决策提供准确的信息。

常见财务报表有：资产负债表、利润表、现金流量表及股东权益变动表与相关附注说明组成。下面就资产负债表、利润表、现金流量表三大基本报表做简要讲述。

1. 资产负债表

资产负债表是总括地反映会计主体在特定日期财务状况的报表，主要分析流动资产、长期投资、固定资产、无形资产等信息，其基本结构是：资产 = 负债 + 所有者权益。表10-1所示为某公司资产负债表。

资产负债表是反映公司某一特定日期（月末、年末）全部资产、负债和所有者权益情况的会计报表。不论公司处于怎样的状态，这个"资产 = 负债 + 所有者权益"会计平衡式永远是恒等的。左边反映的是公司所拥有的资源，右边反映的是公司的不同权利人对这些资源的要求。债权人对公司的全部资源有要求权，公司以全部资产对不同债权人承担偿付责任，偿付完全部的负债之后，余下的才是所有者权益，即公司的资产净额。

表 10-1　某公司资产负债表

编制单位：××公司　　　　　　　时间：2022-07-30　　　　　　　　单位：元

资产	行次	年初数	期末数	负债及所有者权益	行次	年初数	期末数
一、流动资产				三、流动负债			
货币资金	1	49790.00	56270.00	短期负债	22	9000.00	9000.00
应收账款	2	15000.00	15000.00	应付账款	25	8500.00	10500.00
坏账准备	3	2500.00	2500.00	应交税金	23	5250.00	5250.00
应收账款净额	4	12500.00	12500.00				
存货	5	5460.00	-1540.00				
流动资产合计	7	67750.00	67230.00	流动负债合计	28	22750.00	24750.00
二、固定资产	10			四、所有者权益			
固定资产原值	11	12500.00	22500.00	实收资本	29	50000.00	50000.00
累计折旧	12	-7500.00	-7500.00	盈余公积	30		
固定资产净值	15	5000.00	15000.00	未分配利润	31	0.00	7480.00
固定资产合计	18	5000.00	15000.00	所有者权益合计	35	50000.00	57480.00
资产合计	20	72750.00	82230.00	负债及所有者权益合计	40	72750.00	82230.00

新创企业可运用资产负债表的资料，分析出公司资产的分布状态、负债和所有者权益的构成情况，据以评价公司资金营运、财务结构是否正常、合理；分析公司的流动性或变现能力，以及长短期债务数量及偿债能力，评价公司承担风险的能力；利用该表，还有助于计算公司的获利能力，评价公司的经营绩效。

在分析资产负债表要素时应首先注意分析资产要素和负债要素，具体包括：

（1）流动资产分析。分析公司的现金、各种存款、短期投资、各种应收应付款项、存货等。流动资产比往年提高，说明公司的支付能力与变现能力增强。

（2）长期投资分析。分析一年期以上的投资，如公司控股、实施多元化经营等。长期投资的增加，表明公司的成长前景看好。

（3）固定资产分析。这是对实物形态资产进行的分析。资产负债表所列的各项固定资产数字，仅表示在持续经营的条件下，各固定资产尚未折旧、折耗的金额并预期于未来各期间陆续收回，因此，我们应该特别注意，折旧、损耗是否合理将直接影响到资产负债表、利润表和其他各种报表的准确性。很明显，少提折旧就会增加当期利润，而多提折旧则会减少当期利润，有些公司常常就此埋下伏笔。

（4）无形资产分析。主要分析商标权、著作权、土地使用权、非专利技术、商

誉、专利权等。商誉及其他无确指的无形资产一般不予列账,除非商誉是购入或合并时形成的。取得无形资产后,应登记入账并在规定期限内摊销完毕。

(5)流动负债分析。各项流动负债应按实际发生额记账,分析的关键在于要避免遗漏,所有的负债均应在资产负债表中反映出来。

(6)长期负债分析。包括长期借款、应付债券、长期应付款项等。由于长期负债的形态不同,因此,应注意分析、了解公司债权人的情况。

(7)股东权益分析。包括股本、资本公积、盈余公积和未分配利润4个方面。分析股东权益,主要是了解股东权益中投入资本的不同形态及股权结构,了解股东权益中各要素的优先清偿顺序等。看资产负债表时,要与利润表结合起来,主要涉及资本金利润和存货周转率,前者是反映盈利能力的指标,后者是反映营运能力的指标。

2. 利润表

利润表是反映企业在一定会计期间的经营成果的财务报表。利润表依据"收入-费用=利润"来编制,主要反映一定时期内公司的营业收入减去营业支出之后的净收益,如表10-2所示。

表10-2 某公司利润表

编制单位:××公司　　　　　　2023年度　　　　　　单位:元

项目	行次	上年数(略)	本年累计数
一、主营业务收入	1		500000
减:主营业务成本	4		300000
主营业务税金及附加	5		800
二、主营业务利润(亏损以"-"号填列)	10		199200
加:其他业务利润(亏损以"-"号填列)	11		
减:营业费用	14		8000
管理费用	15		63200
财务费用	16		16600
三、营业利润(亏损以"-"号填列)	18		111400
加:投资收益(损失以"-"号填列)	19		12600
补贴收入	22		
营业外收入	23		20000
减:营业外支出	25		7880
四、利润总额(亏损总额以"-"号填列)	27		136120
减:所得税	28		40959.60
五、净利润(净亏损以"-"号填列)	30		95160.40

通过利润表，可以对公司的经营业绩、管理的成功程度做出评估，从而评价投资者的投资价值和报酬。利润表包括两个方面：一是反映公司的收入及费用，说明公司在一定时期内的利润或亏损数额，据以分析公司的经济效益及盈利能力，评价公司的管理业绩；二是反映公司财务成果的来源，说明公司的各种利润来源在利润总额中占的比例，以及这些来源之间的相互关系。

分析利润表，主要从两方面入手：一是收入项目分析。公司通过销售产品、提供劳务取得各项营业收入，也可以将资源提供给他人使用，获取租金与利息等营业外收入。收入的增加，则意味着公司资产的增加或负债的减少。计入收入账的包括当期收讫的现金收入，应收票据或应收账款，以实际收到的金额或账面价值入账。二是费用项目分析。费用是收入的扣除，费用的确认、扣除正确与否直接关系到公司的盈利。所以分析费用项目时，应首先注意费用包含的内容是否适当，确认费用应贯彻权责发生制原则、历史成本原则、划分收益性支出与资本性支出的原则等；其次，要对成本费用的结构与变动趋势进行分析，分析各项费用占营业收入百分比，分析费用结构是否合理，对不合理的费用要查明原因，对费用的各个项目进行分析，同时与公司的财务情况说明书联系起来，看看各个项目的增减变动趋势，以此判定公司的管理水平和财务状况，预测公司的发展前景。

3. 现金流量表

现金流量表是反映公司现金流入与流出信息的报表。现金不仅指公司在财会部门保险柜里的现钞，还包括银行存款、短期证券投资、其他货币资金。现金流量表可以告诉我们公司经营活动、投资活动和筹资活动所产生的现金收支活动，以及现金流量净增加额，从而有助于我们分析公司的变现能力和支付能力，进而把握公司的生存能力、发展能力和适应市场变化的能力。

现金流量表如表10－3所示。

（1）企业的现金流量。

企业的现金流量具体可以分为以下5个方面：

①来自经营活动的现金流量。反映公司为开展正常业务而引起的现金流入量、流出量和净流量，如商品销售收入、出口退税等增加现金流入量，购买原材料、支付税款和人员工资增加现金流出量等。

②来自投资活动的现金流量。反映公司取得和处置证券投资、固定资产和无形资产等活动所引起的现金收支活动及结果，如变卖厂房取得现金收入、购入股票和债券等对外投资引起现金流出等。

③来自筹资活动的现金流量。这是指公司在筹集资金过程中所引起的现金收支活动及结果，如吸收股本、取得借款和归还借款等。

表 10-3　××公司 2022 年度现金流量表

编制单位：××公司

项目	行次	金额	项目	行次	金额
一、经营活动产生的现金流量	1		投资活动产生的现金流量净额	24	
销售商品、提供劳务收到的现金	2		三、筹资活动产生的现金流量	25	
收到的税费返还	3		吸收投资所收到的现金	26	
收到的其他与经营活动有关的现金	4		借款所收到的现金	27	
现金流入小计	5		收到的其他与筹资活动有关的现金	28	
购买商品、接受劳务支付的现金	6		现金流入小计	29	
支付给职工以及为职工支付的现金	7		偿还债务所支付的现金	30	
支付的各项税费	8		分配股利、利润或偿付利息所支付的现金	31	
支付的其他与经营活动有关的现金	9		支付的其他与筹资活动有关的现金	32	
现金流出小计	10		现金流出小计	33	
经营活动产生的现金流量净额	11		筹资活动产生的现金流量净额	34	
二、投资活动产生的现金流量	12		四、汇率变动对现金的影响	35	
收回投资所收到的现金	13		五、现金及现金等价物净增加额	36	
其中：出售子公司所收到的现金	14		六、补充资料	37	
取得投资收益所收到的现金	15		将净利润调节为经营活动的现金流量	38	
投资活动现金流入小计	16		净利润	39	
收到的其他与投资活动有关的现金	17		加：少数股东权益	40	
现金流入小计	18		减：未确认的投资报表	41	
取得子公司及其他营业单位支付的现金净额	19		加：计提的资产减值准备	42	
投资所支付的现金	20		固定资产折旧	43	
其中：购买子公司所支付的现金	21		无形资产推销	44	
支付的其他与投资活动有关的现金	22		长期待摊费用推销	45	
现金流出小计	23		待摊费用的减少（减：增加）	46	

④非常项目产生的现金流量。这是指非正常经济活动所引起的现金流量，如接受捐赠或捐赠他人、罚款现金收支等。

⑤不涉及现金收支的投资与筹资活动。这是一类非常重要的信息，虽然这些活动并不会引起本期的现金收支，但对未来的现金流量会产生重大的影响。这类活动主要反映在"补充资料"一栏里，如以对外投资偿还债务、以固定资产对外投资等。

(2) 新创企业的现金流量表的分析。

分析可从以下 3 个方面进行：

①现金净流量与短期偿债能力的变化。如果本期现金净流量增加，表明公司短期偿债能力增强，财务状况得到改善；反之，则表明公司财务状况比较困难。当然，并不是现金净流量越大越好，如果公司的现金净流量过大，表明公司未能有效利用这部分资金，其实是一种资源浪费。

②现金流入量的结构与公司的长期稳定。经营活动是公司的主营业务，这种活动提供的现金流量，可以不断用于投资，再生出新的现金来，来自主营业务的现金流量越多，表明公司发展的稳定性也就越强。公司的投资活动是为闲置资金寻找投资场所，筹资活动则是为经营活动筹集资金，这两种活动所发生的现金流量，都是辅助性的，是服务于主营业务的，这一部分的现金流量过大，表明公司财务缺乏稳定性。

③投资活动与筹资活动产生的现金流量与公司的未来发展。在分析投资活动时，要注意分析是对内投资还是对外投资。对内投资的现金流出量增加，意味着固定资产、无形资产等的增加，说明公司可能正在扩张，这样的公司成长性较好；如果对内投资的现金流量大幅增加，意味着公司正常的经营活动没有能够充分吸纳现有的资金，资金的利用效率有待提高；对外投资的现金流入量大幅增加，意味着公司现有的资金不能满足经营需要，从外部引入了资金；如果对外投资的现金流出量大幅增加，说明公司可能正在通过非主营业务活动来获取利润。

（三）财务控制

新创企业进行财务控制，主要是对企业的资金投入及收益过程和结果进行衡量与校正，目的是确保企业目标以及达到此目标所制订的财务计划得以实现。

财务控制是企业内部控制的一个重要组成部分，也是内部控制的核心，是内部控制在资金和价值方面的体现。财务控制必须确保企业经营的效率性和效果性、资产的安全性、经济信息和财务报告的可靠性。

新创企业实行良好的企业财务控制制度，有利于实现企业确定的经营方针和目标。财务控制是工作中实时监控的有效手段，也是企业评价标准，它有利于保护企业各项资产的安全和完整，防止资产流失，有利于保证企业业务经营信息和财务会计资料的真实性和完整性。

1. 不相容职务分离

根据财务控制的要求，单位在确定和完善组织结构的过程中，应当遵循不相容职务相分离的原则。所谓不相容职务分离，是指一个人不能兼任同一部门财务活动中的不同职务。单位的经济活动通常划分为五个步骤：授权、签发、核准、执行和

记录。如果上述每一步骤由相对独立的人员或部门实施，就能够保证不相容职务的分离，便于财务控制作用的发挥。

2. 授权批准控制

授权批准控制指对单位内部部门或职员处理经济业务的权限控制。单位内部某个部门或某个职员在处理经济业务时，必须经过授权批准才能进行，否则就无权审批。授权批准控制可以保证单位既定方针的执行，限制滥用职权。授权批准的基本要求是：首先，要明确一般授权与特定授权的界限和责任；其次，要明确每类经济业务的授权批准程序；最后，要建立必要的检查制度，以保证经授权后所处理的经济业务的工作质量。

3. 预算控制

预算控制是财务控制的一个重要方面，包括筹资、融资、采购、生产、销售、投资、管理等经营活动的全过程。其基本要求是：第一，所编制预算必须体现单位的经营管理目标，并明确责任；第二，预算在执行中，应当允许经过授权批准对预算进行调整，以便预算更加切合实际；第三，应当及时或定期反馈预算的执行情况。

4. 实物资产控制

实物资产控制主要包括限制接近控制和定期清查控制两种。限制接近控制是控制对实物资产及与其有关的文件的接触，如现金、银行存款、有价证券和存货等，除出纳人员和仓库保管人员外，其他人员则限制接触，以保证资产安全。

5. 定期清查控制

定期清查控制是指定期进行实物资产清查，保证实物资产实有数量与账面记录相符，如账实不符，应查明原因，及时处理。

6. 成本控制

成本控制分粗放型成本控制和集约型成本控制。粗放型成本控制是从原材料采购到产品的最终售出进行控制的方法，具体包括原材料采购成本控制、材料使用成本控制和产品销售成本控制三个方面；集约型成本控制，一是通过改善生产技术来降低成本，二是通过产品工艺的改善来降低成本。

（四）税务管理

新创企业应严格遵守国家税法，积极开展企业税务管理活动，即在不损害国家利益的前提下，充分利用税收法规所提供的包括减免税在内的一切优惠政策，达到少缴税或递延缴纳税款，从而降低税收成本，实现税收成本最小化的经营管理活动。

总结案例

我国中小企业财务管理存在的问题与对策

一、中小企业财务管理的现状与主要问题

我们知道，企业管理包括生产管理、营销管理和财务管理等多个方面，财务管理是整个管理体系的核心，企业的财务管理目标即是企业追求的目标。可见，只有以财务管理为中心，协调运作管理体系的各个方面，才能有效地强化企业管理，促进企业发展。目前，我国中小企业中有相当一部分忽视了财务管理的核心地位，管理思想僵化落后，使企业管理局限于生产经营型管理格局之中，企业财务管理和风险控制的作用没有得到充分发挥，主要存在以下几个方面的问题。一是内部控制不力，如领导专权约束力不够、财务控制不严、基础薄弱、成本管理松、财务管理粗劣、财会人员素质不高等。二是资金短缺、融资困难，主要表现在融资渠道不畅通、融资成本高、风险大、资信度相对较差，由此造成中小企业融资困难。三是由于受宏观经济环境变化和体制的影响，中小企业在加强财务管理方面遇到了阻碍。例如，政策的"歧视"使中小企业和大型企业不能公平竞争；地方政府行业管理部门大量的干预，使中小企业的财务管理目标短期化；财务管理受企业领导的影响过大。另外，金融市场的不完善也必然影响企业财务管理改革的深化等。

二、加强中小企业财务管理的对策建议

1. 改善中小企业金融服务

完善中小企业制度，健全治理机构。建立现代企业制度，提高自身素质是解决中小企业贷款难的重要途径。

2. 严格财务控制

针对企业财务控制薄弱的问题，广大中小企业应从以下几个方面入手：一是企业各职能部门应充分认识到资金的重要性，努力提高资金的运用效率。二是建立健全内部控制制度。中小企业应增大财产管理和财产记录方面的透明度，财务的管理、记录、检查、稽核应职责分明。这样可以保证企业内部的牵制性，提高企业信息的安全性，促进企业的健康发展。三是加强存货和应收账款的管理。尽可能压缩过时的库存物资，避免资金呆滞，确保存货资金的最佳结构。

3. 加强管理模式，提高管理素质

加强全员素质教育，从企业领导做起，不断提高全员法律意识，增强法制观念。只有依靠企业全员上下的共同努力，才有可能改善企业管理状况，搞好财务管理，提高企业的竞争实力。

4. 科学合理地进行投资决策

中小企业的投资应充分考虑市场需求的变化。第一，应以对内投资方式为主。

对内投资主要有以下几个方面：一是对新产品试制的投资；二是对技术设备更新改造的投资；三是对人力资源的投资。第二，分散资金投向，降低投资风险。中小企业在积累的资本达到一定的规模后，可以搞多元化经营，从而分散投资风险。第三，规范项目投资程序。当企业在资金、技术操作、管理能力等方面具备一定的实力之后，可以借鉴大型企业的普遍做法，规范项目的投资程序，实行投资监理，对投资活动的各个阶段做到精心设计和实施。

（来源：https://wenda.so.com/q/1534561769219156）

活动与训练

如何有效地进行新创企业财务管理

一、目标

认识到财务管理是企业的一项重要基础性工作。掌握财务管理内容，能够于新创企业经营中理解和初步运用有效的财务管理方法或手段。

二、过程和规则

步骤一：班级随机分组，每3～5人为一组，并推选出一名组长。

步骤二：请各组成员以"如何有效地进行新创企业财务管理"为题，列出个人观点。

步骤三：将列出的个人观点与组内成员相互交流，讨论后形成统一的小组观点。

步骤四：列出小组观点，每组随机抽取一名代表上台发表有效地进行新创企业财务管理的见解。各小组组长和教师分别进行打分和评价，最终评价得分最高的小组为优胜组。

步骤五：教师总结。

（建议采用对分课堂模式，时间：25分钟）

思考与讨论

1. 在新创企业经营中，如何更好地进行财务管理，为企业未来健康发展打下基础？

2. 请通过网络查询或实地调研，了解新创企业目前财务管理现状，并分别联系实际，提出问题及其对策，进行讨论和分享。

模块十一　成长企业管理

🌸 模块导读

企业在成长过程中，要塑造具有企业竞争力的产品，培养市场消费者对产品的认知度和认可度，品牌这一无形资产资源是不可缺少的。打造企业品牌是成长企业管理中的重要内容之一。

商标品牌是重要的经济资源，具有很强的产业发展辐射力。成功的企业都十分重视打造商标品牌，发达地区都把商标品牌建设作为推动经济高质量发展的重要途径。

企业成长是一个规模扩张和结构转换的互动过程，同样遵循生命周期的规律发展。企业内外环境的不确定性、生产经营活动的复杂性和企业能力的有限性，可能导致企业出现不同风险。管理者能够有效地应对和控制不确定性以及由此带来的风险和机遇，可以增进创造价值的能力。

企业在成长过程中，创新成果需要保护，如商标、专利等，而知识产权保护需要掌握与创业密切相关的法律，如商标法、专利法和合同法等。

企业在成长管理过程中，要积极发扬创业精神，遵守商业伦理道德，积极履行企业社会责任，加强商业伦理道德与社会责任建设，积极践行社会主义核心价值观。

本模块主要介绍企业品牌建设、风险控制、创新成果保护、成长管理与社会责任内容。

2021年世界五大知识产权局主要统计指标信息图（中文版）

"十四五"国家知识产权保护和运用规划

企业风险管理参考网站和视频资源

11.1 品牌建设

 **名人名言**

没有完美的产品，只有完美的营销角度。不做第一，就是唯一的品牌策略。

——张镌铭

 学习目标

1. 了解品牌建设在企业经营管理中的重要性；
2. 理解品牌建设的主线与方法；
3. 能根据企业需要开展品牌建设工作。

 导入案例

小企业的品牌建设之路

一个小农机厂，专门生产脱粒机、风米机、切草机等小农机。这个企业办了几十年了，如今年产值200万元不到。A公司就是做品牌、管理方面咨询的，于是给企业提供了一套关于品牌建设的思路，即宣传标准。小农机行业的特点是：企业规模都很小，缺乏质量管理体系，小农机结构简单，技术含量很低，往往没有售后服务，也没有专业的营销人才负责营销。

A公司针对行业包括企业的现状给出建议如下：第一，将现有的生产原料进行检验，制定标准。比如外壳铁皮厚度标准多少？防锈处理工艺怎样？电机采购参数多少？等等。将这些现有的原材料的参数记录下来，形成标准，以后的产品就是同一质量的了。这一套流程就是质量管理体系认证了。第二，建立售后服务体系。他们的主要部件就是电机，在电机上编个号，记录下来，这一台电机最终到了哪里，电脑一打开就能查到。本身产量也不高，这样的工作1200块钱找个人就能完成。有了这样的体系，就可以进行售后服务了。比如电机烧了，如果是电压的问题，那是顾客的责任；如果是质量问题，那为顾客就换一个。这就是售后服务。第三，找一个专业的营销人员去负责营销，钱款直接进银行账户，保证营销人员不会贪污挪用货款。同时指导当地经销商的广告宣传，宣传企业的标准和品牌。当别人缺乏标准的时候，让顾客知道企业的标准，顾客就会首选企业的产品。

很多小企业为什么发展壮大不了，建设不了品牌？很大的原因就是缺乏思路。

（来源：小企业的品牌建设之路 – 销售与营销论坛 – 世界经理人论坛 http://www.ceconlinebbs.com/FORUM_POST_900001_900005_1045085_0.HTM）

分析：小企业品牌建设受到各种因素制约，如何根据自身条件和环境，选择适合自己的企业品牌建设是成长企业面临的直接问题。这说明成长企业了解企业品牌建设的知识是十分必要的，可为品牌运营及管理企业打下良好基础。

好的品牌可以让消费者记得。当消费者想到某类产品的时候，脑袋里自然会冒出品牌的名字，品牌就会被即时联想到，增加了销售机会，于是可以让品牌的定价更高。品牌建设，就是要创造消费者价值（Customer Value），让消费者觉得购买你的产品，能创造个人价值。

一、品牌的概念和品牌建设

品牌建设是指品牌拥有者对品牌进行的规划、设计、宣传、管理的行为和努力。

品牌是一种无形资产，品牌就是知名度，有了知名度就具有凝聚力与扩散力，就有了发展的动力。企业品牌是城市经济的细胞，是带动城市经济的动力。企业品牌的建设，首先要以诚信为先，没有诚信的企业，品牌就无从谈起。其次，要以产品质量和产品特色为核心，培育消费者的信誉认知度，企业的产品才有市场占有率和经济效益。具体来说，品牌建设包括了品牌定位、品牌规划、品牌形象、品牌主张和品牌价值观等。

品牌建设的职责与工作内容主要为：制定以品牌核心价值为中心的品牌识别系统，然后以品牌识别系统统率和整合企业的一切价值活动（展现在消费者面前的是营销传播活动），同时优选高效的品牌化战略与品牌架构，不断推进品牌资产的增值并且最大限度地合理利用品牌资产。要高效创建强势大品牌，关键要围绕以下四条主线做好企业的品牌战略规划与管理工作。

（一）品牌识别

以品牌识别统率一切营销传播进行全面科学的品牌调研与诊断，充分研究市场环境、目标消费群与竞争者，为品牌战略决策提供翔实、准确的信息导向。在品牌调研与诊断的基础上，提炼高度差异化、清晰明确、易感知、有包容性和能触动感染消费者内心世界的品牌核心价值；规划以核心价值为中心的品牌识别系统，基本

识别与扩展识别是核心价值的具体化、生动化，使品牌识别与企业营销传播活动的对接具有可操作性。以品牌识别统率企业的营销传播活动，使每一次营销传播活动都演绎传达出品牌的核心价值、品牌的精神与追求，确保企业的每一份营销广告投入都为品牌做加法，都为提升品牌资产做累积。

(二) 优选品牌

品牌战略规划很重要的一项工作是规划科学合理的品牌化战略与品牌架构。在单一产品的格局下，营销传播活动都是围绕提升同一个品牌的资产而进行的，而产品种类增加后，就面临着很多难题，究竟是进行品牌延伸，新产品沿用原有品牌呢，还是采用一个新品牌？若新产品采用新品牌，那么原有品牌与新品牌之间的关系如何协调？企业总品牌与各产品品牌之间的关系又该如何协调？品牌化战略与品牌架构优选战略就是要解决这些问题。

如雀巢灵活地运用联合品牌战略，既有效地利用了雀巢这一可以信赖的总品牌获得消费者的初步信任，又用"宝路、美禄、美极"等品牌来张扬产品个性，节省了不少广告费；雀巢曾大力推广矿物质水的独立品牌"飘蓝"，但发现"飘蓝"推起来很吃力，成本居高不下，再加上矿物质水单用雀巢这个品牌消费者也能接受，于是就果断地砍掉"飘蓝"。如果不科学地分析市场与消费者，像愣头青一样还继续推"飘蓝"，也许几千万元、上亿元的费用就白白地流走了。

(三) 品牌延伸

创建强势大品牌的最终目的是持续获取较好的销售与利润。由于无形资产的重复利用是不用成本的，只要有科学的态度与高超的智慧来规划品牌延伸战略，就能通过理性的品牌延伸与扩张充分利用品牌资源这一无形资产，实现企业的跨越式发展。因此，品牌战略的重要内容之一就是对品牌延伸的下述各个环节进行科学和前瞻性规划：①提炼具有包容力的品牌核心价值，预埋品牌延伸的管线；②如何抓住时机进行品牌延伸扩张；③如何有效回避品牌延伸的风险；④延伸产品如何强化品牌的核心价值与主要联想并提升品牌资产到品牌延伸中；⑤如何成功推广新产品。

(四) 品牌资产

创建具有鲜明的核心价值与个性、丰富的品牌联想、高品牌知名度、高溢价能力、高品牌忠诚度和高价值感的强势大品牌，累积丰厚的品牌资产。

首先，要完整理解品牌资产的构成，透彻理解品牌资产各项指标，如知名度、品质认可度、品牌联想、溢价能力、品牌忠诚度的内涵及相互之间的关系。在此基础上，结合企业的实际，制定品牌建设所要达到的品牌资产目标，使企业的品牌创建工作有一个明确的方向,做到有的放矢并减少不必要的浪费。

其次,在品牌宪法的原则下,围绕品牌资产目标,创造性地策划低成本提升品牌资产的营销传播策略。同时,不断检核品牌资产提升目标的完成情况,调整下一步的品牌资产建设目标与策略。

二、企业品牌建设的步骤

企业品牌建设要经过规划阶段、建设阶段、形成阶段三个步骤。

(一)规划阶段

一个好的品牌规划,等于完成了一半品牌建设;一个坏的品牌规划,可以毁掉一个事业。规划时要根据品牌的要素提出很明确的目标,然后制定实现目标的措施。对于一个已经发展很多年的企业,还要先对这个企业的品牌进行诊断,找出品牌建设中的问题,总结出优势和缺陷。这是品牌建设的前期阶段,也是品牌建设的第一步。

(二)建设阶段

这个阶段很重要,其中最重要的一点,就是确立品牌的价值观。确立什么样的价值观,决定企业能够走多远。有相当多的企业根本没有明确、清晰而又积极的品牌价值观取向;更有一些企业,在品牌价值观取向上急功近利、唯利是图,抛弃企业对人类的关怀和对社会的责任。企业制定的品牌价值观取向应非常明晰:首先是为消费者创造价值,其次才是为股东创造利益。

(三)形成阶段

企业要根据市场和企业自身发展的变化,对品牌进行不断的自我维护和提升,使之达到一个新的高度,从而产生品牌影响力,直到能够进行品牌授权,真正形成一种资产。

这三个阶段,都不是靠投机和侥幸获得的,也不能够一蹴而就。

互联网时代下企业品牌建设绕不开的四个维度

互联网时代下,企业之间的竞争主要分为初级阶段的价格竞争、中级阶段的质量竞争以及高级阶段的品牌竞争。随着电子商务的发展,现阶段电子商务平台上的商品在价格与质量方面都趋于同化,各大平台之间的竞争已经演化成了品牌之战。

品牌形象在消费者购买行为中扮演的角色越来越重要。良好的品牌形象可以帮助企业以较低的成本获得高于行业平均水平的利润。对于消费者而言，企业的品牌是一种质量的保证，也是一种售后服务的象征。消费者在选择电商品牌时，实际上也是在选择电商品牌背后的质量、物流以及售后服务。在品牌建设方面，各大品牌主要从以下几个维度或者说领域入手：质量、物流、售后以及品牌形象。

1. 在质量把关方面，淘宝网进行了一次大规模的严厉"整治虚假交易行为专项行动"。活动虽然引发小卖家联合攻击天猫的闹剧，但在打击不诚信经营的行为方面确实卓有成效。同时，淘宝网将淘宝商城改版为天猫商城，大幅提高商家的入场标准，并与各大品牌合作建立官方旗舰店，以此保证商品质量。京东与当当等平台也都建立了自营体系，以此保证消费者可以购买到低价的正品行货。

2. 在物流方面，京东、当当、1号店、亚马逊等电商平台都建立了自己的物流体系，消费者可以根据自身情况自主选择收货时间。这一点解决了许多消费者对于网购物流的诸多困扰。

3. 在售后服务方面，目前绝大多数的电商平台都建立起了完善的退货与投诉机制。以京东为例，若商品没有因为买家或物流原因出现损坏或影响二次销售的情况，买家都可以在7天之内申请无条件退换货。这一规定很好地保障了消费者的权益，也使得电商平台的品牌美誉度有了一个质的提升。

4. 在品牌形象方面，各大电商平台纷纷启用了专属自己的形象标识系统。天猫商城从建立之初，就坚持以大红色为基调的页面排版以及黑色猫咪的形象示人。与之相对的，京东则以小狗的形象作为自己的代表，猫狗大战的意味可谓深刻。此外，还有一些电商平台借助营销方案的大规模投放，在消费者心目中建立起了自己的独特品牌形象。以聚美优品为例，"我为自己代言"这一营销方案帮助平台成功地在年轻都市白领心目中建立起了果敢、新潮、富于个性的品牌形象。

(来源：https://baijiahao.baidu.com/s?id=16100503727 28837299)

分析：品牌是形象，品牌是资产。互联网时代更加强调品牌价值。品牌塑造是一项系统工程，需要持续发展。

 活动与训练

成长企业如何进行品牌建设

一、目标

认识和理解品牌建设的重要性，能够初步根据不同类型情况的成长企业选择运用不同的品牌建设的方案或途径。

二、过程和规则

步骤一：班级随机分组，每3~5人为一组，并推选出一名组长。

步骤二：请各小组以"成长企业如何进行品牌建设"为题，假设自己是成长企业中的一员，交流讨论品牌建设策略。

步骤三：各小组代表上台发言，说明成长企业进行品牌建设的策略并阐明原因。

步骤四：各小组组长和教师分别进行打分和评价，最终评价得分最高的小组为优胜组。

步骤五：教师总结和反思。

（建议时间：15分钟）

思考与讨论

1. 成长企业为何要进行品牌建设？

2. 请通过网络查询，找到品牌建设的途径，并分别联系以下案例进行讨论和分享。

案例：作为农产品的中国绿茶一直未形成像工业产品那样的个性鲜明的强势品牌，也没有见到哪个品牌进行过市场策划、广告宣传以及品牌建设等营销运作。作为几个对绿茶感兴趣的年轻人，我们为此感到遗憾并希望能通过真正的市场运作、品牌建设来创建绿茶区域性以至全国性的强势品牌。我们的优势在于当地独特的自然条件所培育的高品质绿茶以及已形成规模的绿茶生产基地。我们的劣势在于资金的短缺。

请问针对绿茶的市场运作和品牌建设，如何进行总体规划，或者制定创新性的资源整合方案？

（来源：http://www.ceconlinebbs.com/FORUM_POST_900001_900003_188741_0.HTM）

11.2 风险控制

不要控制失败的风险，而应控制失败的成本。

——Robert A. Cooper

1. 了解企业风险及其控制；
2. 了解企业股权方面的法律风险、财务风险等的防范；
3. 能根据创业者自身需要初步风险控制对策。

某白酒品牌的危机管理

对于企业而言，危机一直存在。438元/瓶的某白酒，被检出塑化剂超标2.6倍，受此影响某白酒公司2012年11月×日起停牌。消息爆出后，仅仅一天时间，不仅该公司股票临时停牌，而且白酒板块也遭到重挫。这属于紧急危险性事件，处理不得当，往往事态发展较为严峻。特别是在当下消费者主导、传播工具便利及信息爆发的时代，更需要酒企重视及认真客观地对待。塑化剂事件影响巨大，当时全国范围内多个城市均下架了某白酒的相关产品。

分析：如果处理不当，危机对于一个企业而言是致命的伤害，对于企业的声誉和收益都影响很大。危机公共处理一般遵循八个原则：一是积极性原则；二是主动性原则；三是及时性原则；四是冷静性原则；五是真实性原则；六是责任性原则；七是善后性原则；八是灵活性原则。此外还有其他原则，如快捷性、诚意性、统一性、全员性、创新性。

成长企业在经营过程中，由于各种不确定性，随时会有风险。针对企业随时可能出现的风险，企业经营者应积极采用防范和控制措施。这些防范和控制措施，一般分为事前、事中和事后三种。

一、公司股权投资的法律风险与防范

股权投资主要有三种方式：一是直接出资设立；二是股权受让；三是参与增资扩股。

1. 直接出资设立中的两大法律风险：虚假出资和非货币出资

（1）虚假出资的法律风险：已出资股东也可能为其他股东的虚假出资行为"买单"。出借资金协助他人进行虚假出资的，也要承担连带责任。

防范措施：企业在对外投资时应加强对其他股东的资信调查；除自己足额出资外，还必须认真监督其他股东的出资情况。

（2）非货币出资的法律风险：出资财产的价值或权属存在瑕疵。

防范措施：注意出资协议的约定，如在出资协议中写明"投资方保证，所投入的高新技术投资是其独家拥有的技术成果，与之相关的各项财产权利是完全的、充分的并且没有任何瑕疵"，并约定投资方违反承诺的赔偿责任。

2. 股权受让中的法律风险

股权受让中的风险比较多，如转让的股权是否具有完全、合法的处分权，是否已履行法定程序、获得相关授权或者批准等。其中，容易被忽略的是标的公司的或有债务。或有债务不仅包括已经约定了条件或允诺了责任，待条件成熟时，就可能发生的或有债务，如担保债务，而且包括具有偶发性的，不可能在会计报表上有所记载的或有债务，如产品质量债务等。

（1）法律风险：标的公司存在未知的或有债务，如标的公司对外偿债，将影响受让股权的价值；"零对价"股权存在风险。《公司法》解释（三）规定，未尽出资义务的股东转让股权时，知道该未尽出资义务事由，仍受让股权的受让人应当与该股东承担连带责任。因此要注意"零对价"受让股权的风险。

（2）防范措施：有目的、有针对性地对标的公司的或有债务进行询问或调查；受让协议中列明出售方的保证清单，受让方通过保证清单确保自己获得预期的收购对象，确保所承担的责任等不利因素限于合同明确约定之部分，即锁定风险；协议预留部分股权受让款，在一定期间内，如承担了或有债务，则用预留的款项承担；通过司法救济请求损害赔偿，受让方可以出让方违反缔约过失责任或瑕疵担保义务为由提起诉讼，请求法院判令出让方赔偿其经济损失。

3. 参与增资扩股中的法律风险

（1）董事、高层管理人员未尽勤勉义务。《公司法》解释（三）规定，增资过程中股东未尽出资义务的，违反勤勉义务的董事、高层管理人员应当承担相应的责任。

（2）恶意摊薄小股东利益。增资扩股时应当尊重小股东的意见和利益，按照法定程序进行。在小股东反对的情况下，尽量通过借款等其他方式融资。有的国有企业高层管理人员擅自放弃国有企业参与增资的权利，让与自己具有关联关系的企业或个人进行增资，造成国有资产权益受损，可能构成犯罪。

防范措施：务必注意有关增资扩股的法律规定，严格按照法律规定进行增资扩股的操作。

4. 股权投资运营中的法律风险及防范

（1）参股而不控股的企业，其风险在于大股东一股独大。

防范措施：应通过积极行使知情权、异议股东请求公司回购权、股东代表诉讼等法定权利，维护自身合法权益。

（2）对于控股的企业，其风险在于内部人控制。

防范措施：应行使好选人用人权、监督权等股东权利，完善公司内部治理结构和激励奖惩机制。

（3）各持50%股权的企业，其风险在于公司僵局。

防范措施：应通过公司章程的约定，采用"金股"制度（赋予某一方在僵局时的决定权但不影响利润分配）、风险分类制度（参照分级基金中的一部分股权承担固定收益，另一部分承担风险收益）。

5. 股权投资退出的风险及防范

股权投资退出的路径主要包括股权转让、清算、改制、破产。

（1）法律风险：不履行清算义务，股东要承担民事责任。《公司法》解释（二）中对股东不履行清算义务做了明确规定。因负有清算义务的股东间系连带责任，故实际操作中，债权人倾向于把所有的股东都作为被告，故即使国有企业仅持有1%的股权，也可能会先承担100%的责任以及向其他股东追偿无着落的风险。

（2）防范措施：公司解散后，股东应积极履行清算义务，保管好公司的主要财产、账册和重要文件等。

二、合同管理的法律风险与防范

合同风险是企业法律风险的源头，大部分法律风险都是因为合同本身不完善或者合同履行过程出现了问题而产生的。因此。合同管理在企业管理中占有非常重要的地位，充分认识其在生产经营过程中的重要作用，防范合同管理过程中可能出现的法律风险，对企业健康发展、创造更大经济效益具有十分重要的意义。

(一) 合同管理中法律风险的具体表现

1. 识别无效合同

根据《民法典》规定，违背法律和行政法规的合同属于无效合同。与主体不符合法律规定方签订合同将导致合同无效。因主体不适合，导致合同无效后，合同所有条款中只有争议解决条款对双方当事人有约束力，其他条款均无效，双方订立合同的目的不能得以实现，造成人力物力的浪费，给企业带来经营风险。对于某些特殊行业，尤其是关系国计民生的行业，国家实行行业准入制度，不符合一定标准的自然人和其他主体不允许进入市场。如发包人与没有资质或者资质等级达不到要求的承包人签订建设工程施工合同，属无效合同。

再如，根据法律规定，招标投标是订立合同的基本方式。而在招标投标中有很多做法不符合法定程序：应当招标的工程而未招标；招标人泄露标的；投标人通过作弊、哄抬标价，致使定标困难或无法定标；招标人与个别投标人恶意串通、内定投标人；国家重点建设项目及大型建设项目公开招标，其议标单位少于三家。这些情况很可能会带来合同无效的法律风险。

2. 评估履约能力

履约能力即合同当事人履行合同的能力。履约能力既包括支付能力，也包括生产能力。合同当事人作为市场主体内部的风险和外部的风险都可能影响到其支付能力和生产能力。在签订合同之前对对方的履约能力做全面的调查，将对风险防范有很大帮助。调查的内容应当包括对方的企业性质、注册资金、银行的信用等级、项目审批、资金来源、生产能力、生产规模、技术力量和已有业绩等。要在经济往来过程中注意对方的履约能力，必要时可以自行也可以委托社会中介机构进行调查。

合同在履行过程中可能会因为某种因素发生主体的变更，从而使合同的权利义务转让给第三人。合同主体发生变更后，第三方的信用程度和履约能力对合同一方来说存在未知的风险。比如合同履行过程中的债权转让，转让人只需通知债务人即可，债务人对受让人的情况可能并不了解，此时受让人对债务人来说就是一个新的风险。某些合同在履行的过程中，内容不可避免会发生变化。合同条款的制定者不可能穷尽需要合同双方完成的每一项工作，已经约定的条款根据现实情况的变化可能会发生变化，原来的合同条款可能已经没有履行的必要。此时合同内容的变化对双方当事人来说就意味着风险的产生。

3. 预防合同欺诈

合同欺诈的主要表现形式有伪造虚假证件，对自己的真实身份和能力加以隐瞒，以及利用企业对新业务范围的信息缺乏，抓住急于获得经济利益的心理诱其上当。企业遭受合同欺诈后，应该利用有关合同无效的相关规定，积极维护自身的合法权益，要求返还财产。对于合同标的额大、影响恶劣的，可以请求公安司法机关处理。

4. 预防合同风险

政策变动带来的合同风险属于企业的外部法律风险。在我国，政策调整和变动的风险始终是影响企业经营的重要因素。国家政策变动包括金融政策变化、税收政策变化、产业政策变化等。因而，防范由政策变动带来的合同风险显得尤为重要。

（二）防范合同管理中法律风险的措施

1. 建立合同评审机制

在企业内部建立严格的合同评审机制，落实合同会签制度，做好合同风险的事先防范。这是防范合同管理中法律风险的制度保障。在合同评审体制中，最重要的就是合同会签制度，合同在签订之前，必须经过业务部门负责人签署意见。相关业务部门应当从自身的职责角度出发，对合同内容进行审核，将本部门的意见签署在合同会签单上，明确是否同意签订合同，合同内容还应该做什么样的修改。合同评审属于合同风险的事先防范，事先防范投入的成本远远低于事后救济，但起到的作用却不可估量。事先防范的投入和事后救济的投入是成反比的，事先防范的投入小，事后救济的投入就大；反之，事先防范的投入大，事后救济的投入就小。企业应重视发挥合同评审机制的作用，以小的投入获得大的收益。

2. 收集示范文本

收集与本行业有关的合同文本，对合同文本进行整理，形成符合本企业特点的示范文本。企业的性质不同，使用的合同种类也不相同。企业的主导产业所使用的合同是最重要的合同，是关系企业经济效益的重要合同，其他合同从性质和合同金额来讲，都是为主导产业服务的。企业应当针对自己的主要业务内容对这些经常使用的合同进行总结，一方面可以借鉴行业内其他企业的通行做法，另一方面可以总结自身在长期的经营管理过程中形成的合同实际履行的经验，并把经验书面化到合同中，建立本企业经常使用的示范文本。除此之外，企业还应当根据国家法律、行政法规，地方性法规和规章以及行业规范的更新变化，及时调整示范文本。

3. 提高企业员工法律水平

企业要针对本行业的特点对企业员工进行相应的法律培训，提高他们的法律素养，使他们在履行合同的过程中能够收集保管好相关证据资料，为诉讼需要的证据资料做好准备，保证合同顺利履行，防止诉讼发生。为此，企业要做好合同相对人的资信调查，建立信用等级评价、客户登记制度。

4. 利用担保保证合同全面履行

企业在合同签订和履行过程中，为保证合同严格履行，可以依据《担保法》的规定，依法设定担保的内容，明确合同三方的权利义务，用好合同担保制度，降低合同风险。具体而言，企业要求其他企业为合同履行提供担保，应审查对方的担保资格以及用来担保的财产权利状况，并在合同中明确担保责任条款，一旦对方违约，可依法追究担保责任，实现合同担保权利。企业如果是做担保人或为其他企业提供担保，要依法审慎设定，必要时可要求被担保人提供反担保，以减小合同担保风险。

利用保险制度转嫁合同风险。保险业有资金融通、经济补偿和辅助社会管理三大功能，企业可以利用其经济补偿功能转嫁合同风险，实现三方共赢。

5. 在企业内部建立完善的法律事务机构

建立和实行企业总法律顾问制度。企业法律风险防范制度的建立贯穿企业经营管理全过程，涉及企业各岗位和人员，应针对企业实际状况和个性化特征，从定制、预知、预警、预案及危机处理几个方面入手，搭建严密、简易可行的法律风险控制体系。该制度既涉及公司战略结构、日常决策、经营授权等高层事项，也涵盖对外合同、内部财务、岗位教育、员工管理、索赔处理等细致问题。建立法律风险防范体系是一个复杂且耗时较长的过程，需要企业与律师的共同努力与配合完成。

三、财务风险与防范

财务风险是指由于多种因素的作用，企业不能实现预期财务收益，从而产生损失的可能性。财务风险的存在，无疑会对企业生产经营产生重大影响。揭示企业财务风险的成因，并对其规避的措施和方法进行研究，具有十分重要的意义。

（一）企业财务风险的成因

1. 企业财务管理系统适应宏观环境的滞后性

成长中的企业财务管理系统，往往由于机构设置不尽合理，管理人员素质不高，

财务管理规章制度不健全，管理基础工作不完善等原因，缺乏对外部环境变化的适应能力和应变能力。具体表现在对外部环境的不利变化不能进行科学的预见，反应滞后，措施不力，由此产生财务风险。

2. 企业财务管理人员对财务风险的客观性认识不足

财务风险是客观存在的，只要有财务活动，就必然存在财务风险。在现实工作中，我国许多企业的财务管理人员缺乏风险意识，认为只要管好、用好资金，就不会产生财务风险。因此，风险意识淡薄是财务风险产生的重要原因之一。

3. 财务决策缺乏科学性导致决策失误

财务决策失误是产生财务风险的又一重要原因。避免财务决策失误的前提是财务决策的科学化。目前，我国企业的财务决策普遍存在着经验决策及主观决策现象，由此导致决策失误经常发生，从而产生财务风险。

4. 企业内部财务关系混乱

企业内部财务关系混乱是我国企业产生财务风险的又一重要原因，研究发现，企业内部各部门之间及企业与上级企业之间，在资金管理及使用、利益分配等方面存在权责不明、管理混乱的现象，造成资金使用效率低下，资金流失严重，资金的安全性、完整性无法得到保证。

（二）企业财务管理在不同阶段的财务风险

1. 企业资金结构不合理，负债资金比例过高

在我国，资金结构主要是指企业全部资金来源中权益资金与负债资金的比例关系。由于筹资决策失误等原因，我国企业资金结构不合理的现象普遍存在，具体表现在负债资金占全部资金的比例过高，很多企业资产负债率达到70%以上。资金结构的不合理导致企业财务负担沉重，偿付能力严重不足，由此产生财务风险。

2. 固定资产投资决策缺乏科学性导致投资失误

在固定资产投资决策过程中，由于企业对投资项目的可行性缺乏周密系统的分析和研究，加之决策所依据的经济信息不全面、不真实以及决策者决策能力低下等原因，投资决策失误频繁发生。决策失误使投资项目不能获得预期的收益，投资无法按期收回，为企业带来巨大的财务风险。

3. 对外投资决策失误，导致大量投资损失

企业对外投资包括有价证券投资、联营投资等。有价证券投资风险包括系统性

风险和非系统性风险。由于投资决策者对投资风险的认识不足，决策失误及盲目投资导致一些企业产生巨额投资损失，由此产生财务风险。

4. 企业赊销比重大，应收账款缺乏控制

由于我国市场基本上是买方市场，企业普遍存在产品滞销现象。一些企业为了增加销量，扩大市场占有率，大量采用赊销方式销售，导致企业应收账款大量增加。同时，由于企业在赊销过程中，对客户的信用等级了解不够，盲目赊销，造成应收账款失控，相当比例的应收账款长期无法收回，直至成为坏账。资产长期被债务人无偿占用，严重影响企业资产的流动性及安全性，由此产生财务风险。

5. 企业存货库存结构不合理，存货周转率不高

目前我国企业流动资产中，存货所占比重相对较大，且很多表现为超储积压存货。存货流动性差，一方面占用了企业大量资金，另一方面企业必须为保管这些存货支付大量的保管费用，导致企业费用上升，利润下降。企业还要因为长期存货而承担市价下跌所产生的存货跌价损失及保管不善造成的损失，由此产生财务风险。

（三）企业财务风险的规避

1. 规避企业财务风险的主要措施

规避财务风险以实现财务管理为目标，是企业财务管理的工作重点。规避企业财务风险，主要应抓好以下几项工作：

（1）认真分析财务管理的宏观环境及其变化情况，提高企业对财务管理环境变化的适应能力和应变能力。为防范财务风险，企业应对不断变化的财务管理宏观环境进行认真分析研究，把握其变化趋势及规律，制定多种应变措施，适时调整财务管理政策和改变管理方法；建立和完善财务管理系统，设置高效的财务管理机构，配备高素质财务管理人员，健全财务管理规章制度，强化财务管理的各项基础工作，使企业财务管理系统有效运行，以防范由于财务管理系统不适应环境变化而产生的财务风险。

（2）不断提高财务管理人员的风险意识。要使财务管理人员明白，财务风险存在于财务管理工作的各个环节，任何环节的工作失误都可能会给企业带来财务风险，财务管理人员必须将风险防范意识贯穿于财务管理工作的始终。

（3）提高财务决策的科学化水平，防止因决策失误而产生的财务风险。财务决策的正确与否直接关系到财务管理工作的成败，经验决策和主观决策会使决策失误的可能性大大增加。为防范财务风险，企业必须采用科学的决策方法。企业在决策过程中，应充分考虑影响决策的各种因素，尽量采用定量计算及分析方法，并运用科学的决策模型进行决策。对各种可行方案要认真进行分析评价，从中选择最优的

决策方案，切忌主观臆断。

（4）理顺企业内部财务关系，做到责、权、利相统一。为防范财务风险，企业必须理顺内部的各种财务关系。首先，要明确各部门在企业财务管理中的地位、作用及应承担的职责，并赋予其相应的权力，真正做到权责分明，各负其责。另外，在利益分配方面，应兼顾企业各方利益，以调动各方面参与企业财务管理的积极性，从而真正做到责、权、利相统一，使企业内部各种财务关系清晰明了。

四、人力资源管理的法律风险与防范

企业如何适应劳动法律法规的新调整，企业人力资源管理如何防范劳动关系的法律风险，是企业面临的一个重要和迫切的现实问题。任何违反法律法规的行为，都会给企业自身带来法律上的隐患和风险。因此，企业劳动用工中的法律风险值得企业高度关注。

（一）在制定企业规章制度上的法律风险

企业规章制度，是指用人单位依照法定程序制定的涉及员工切身利益并在本单位实施的书面的劳动规范，它既是企业内部的"法律"，也是处理劳动争议的重要依据。因此，用人单位应按照《中华人民共和国劳动合同法》（以下简称《劳动合同法》）关于规章制度制定程序的规定，对已有的规章制度进行调整，以使规章制度符合法律规定，并进行公示、培训，使之在用工管理中发挥应有的作用。

（二）在员工招聘中的法律风险

招聘是人力资源管理工作的第一个环节。这个环节的疏忽，不仅可能使企业承担更大的人力成本，而且可能给人力资源管理埋藏一系列的定时炸弹。有的企业在招聘员工时，未严格审查应聘者的健康状况，或招用与其他用人单位尚未解除或者终止劳动合同的劳动者，或未严格审查应聘者是否与原用人单位签订了保密协议、竞业限制等法律文件，这都存在着隐患。

（三）在劳动合同管理中的法律风险

有的企业沿袭传统的用工习惯，存在不与劳动者签订书面劳动合同、试用期过后再签正式劳动合同、未将劳动合同文本交付劳动者、劳动合同文本未载明法定必备条款等情形，这些行为都违反了法律关于订立劳动合同的规定，是企业面临的法律隐患。

《劳动合同法》对于劳动合同的解除做出了具体规定，加大了对用人单位违法解除劳动合同的惩罚力度。如，从事接触职业病危害作业的劳动者未进行离岗前职业健康检查，或者疑似职业病病人在诊断或者医学观察期间的，在本单位患职业病或者因工负伤并被确认丧失或者部分丧失劳动能力的，患病或者非因工负伤，在规定的医疗期内的，女职工在孕期、产期、哺乳期等期间，企业不得按照该法第四十条、第四十一条的规定解除劳动合同。

(四) 接受劳务派遣用工中的法律风险

劳务派遣的用工方式是近些年在我国出现的一种较新型的用工方式。2008年《劳动合同法》正式把劳务派遣作为一种用工方式确定下来，之后劳务派遣雨后春笋般发展起来了。目前，国有企业使用劳务派遣工的比例最大，其次是外资企业，机关事业单位也普遍使用劳务派遣工。2016年3月《劳务派遣暂行规定》正式施行，明确规定"用人单位使用的被派遣劳动者不得超过其用工总量的10%"，使企业用工风险增高，人力资源控制与优化要求增加，企业人力资源相关成本上升，日常处理大量员工入离职等事务的压力增大。企业通过灵活用工可以规避用工风险，降低用工成本。新规的出台意味着那些能够在合规背景下，解决企业弹性用工需求的服务将更受青睐，并将逐步取代传统派遣。

接受劳务派遣的企业在实践中，可能会面临的风险主要是：相关劳动关系主体的确定，临时性、辅助性或者替代性的工作岗位的界定，劳务派遣单位与用工单位规章制度的协调，工资的支付，被派遣员工侵害用工单位合法权益，被派遣员工的退回，劳务派遣单位与用工单位承担连带赔偿责任，因此，企业必须依法规范接受劳务派遣用工的管理工作。

(五) 其他人力资源管理中的法律风险

企业人力资源的管理，涉及企业众多领域。除上述法律风险外，以下企业人力资源管理的法律风险，如果不依法处理，企业还是要承担不利的法律后果。

1. 订立无固定期限劳动合同

《劳动合同法》第十四条规定：无固定期限劳动合同，是指用人单位与劳动者约定无确定终止时间的劳动合同。用人单位与劳动者协商一致，可以订立无固定期限劳动合同。同时，《劳动合同法》明确规定了用人单位违反上述规定不签订无固定期限劳动合同的法律责任。该法第八十二条规定：用人单位违反本法规定不与劳动者订立无固定期限劳动合同的，自应当订立无固定期限劳动合同之日起向劳动者每月支付两倍的工资。

2. 为劳动者提供专项培训

《劳动合同法》对企业为劳动者提供专项培训问题做了专门规定。值得关注的是，《劳动合同法》对劳动者违反服务期约定的违约金数额予以严格限制，即违约金

的数额不得超过用人单位提供的培训费用,用人单位要求劳动者支付的违约金不得超过服务期尚未履行部分所应分摊的培训费用。

3. 竞业限制与保密条款

《劳动合同法》针对竞业限制与保密条款问题,做出了具体规定,其主要内容如下:第一,用人单位与劳动者可以在劳动合同中约定保守用人单位的商业秘密和与知识产权相关的保密事项;第二,对负有保密义务的劳动者,用人单位应在竞业限制期限内按月给予劳动者经济补偿;第三,竞业限制的人员限于用人单位的高级管理人员、高级技术人员和其他负有保密义务的人员;第四,竞业限制的范围、地域、期限由用人单位与劳动者约定,竞业限制期限一般不得超过两年。

乐百氏与经销商矛盾升级　不愿专卖遭断货制裁

王先生从2004年做到乐百氏在佛山最大的经销商,但因为增加经营其他品牌而遭到乐百氏制裁,这个月与乐百氏彻底分手,王先生心中充满无奈。据了解,王先生的水店曾经把乐百氏桶装水做到每个月1万多桶的销量,使其成为整个佛山地区最大的经销商。这段辉煌经历让他至今记忆犹新。原来从事家电行业的他具有较超前的经营理念,从而意识到水店经营单一品牌的局限性,只有经营水超市才是发展壮大之道。

2005年,他提出要同时经营加林山等其他品牌的桶装水,被乐百氏非常强硬地拒绝了,并且马上将供应给他的产品每桶提价3角。2005年4月,王先生写了一封信给负责该片区的销售经理,向他阐述了经销商经营单一品牌难以发展壮大的道理,希望乐百氏可以理解并接受,并希望乐百氏不要太"名牌心态"。

2005年7月25日,乐百氏突然停了王先生的货,并发了书面通知,表示因为该经销商销量下降、违反特许经营及窜货等理由而停止经销权。

就这样过了两年,王先生最近又主动向乐百氏伸出橄榄枝,找了相关负责人3次,询问有没有机会再合作。在等待未果的情况下,本月,王先生彻底结束了对乐百氏的经销。

分析: 渠道与品牌驱动哪个更重要?品牌和渠道是企业获得成功的两个必备条件,但更多的购买行为是因为商品的使用价值,因此,卖东西的地方和人就变得非常重要了。这是否说明,在中国这个还不成熟和理性的市场上,渠道比品牌更重要?对于饮用水这个特殊的行业,究竟是品牌重要还是渠道重要?饮用水的品牌影响力是否很脆弱?对于消费者而言,品牌的确非常重要,因为品牌的影响力有时的确是无法抗拒的，一些成功品牌所带来的销售成就也是世人皆知的。但当我们惊呼这些"品牌魔力"的时候必须清醒地认识到：对于目前许多企业而言，品牌的影响能力是相当脆弱的。

在现实中，企业发展需要强大的外部动力，而渠道则是中国企业成长中最关键的外部动力。海尔、华为、国美等许多中国成功的企业都在证明，渠道驱动比品牌驱动更加重要。

（来源：风险管理案例分析_360问答 https://wenda.so.com/q/1378683408073872? src = 140&q = %E9%A3%8E%E9%99%A9%E6%8E%A7%E5%88%B6 + %E6%A1%88%E4%BE%8B）

活动与训练

成长企业如何做好风险防范

一、目标

认识和理解建立企业风险防范体系的重要性，能够初步根据不同类型风险情况，为成长企业选择运用不同的风险防范措施或方案。

二、过程和规则

步骤一：班级随机分组，每3~5人为一组，并推选出一名组长。

步骤二：请各小组以"成长企业如何做好风险防范"为题，假设自己是成长企业中的一员，根据团队情况，交流讨论如何做好风险防范措施。

步骤三：各小组代表上台发言，说明成长企业如何做好风险防范并阐明原因。

步骤四：各小组组长和教师分别进行打分和评价，最终评价得分最高的小组为优胜组。

步骤五：教师总结。

（建议时间：15分钟）

思考与讨论

1. 成长企业如何做好应对财务风险措施？
2. 请通过网络查询，找到企业运营过程中的常见风险，并分别联系当前社会上因风险防范不到位而创业失败的案例，进行讨论和分享。

11.3 创新成果保护

名人名言

世界未来的竞争，就是知识产权的竞争。

——温家宝

 学习目标

1. 了解相关知识产权及相关法律保护知识；
2. 了解商标、专利、著作权的法律保护；
3. 能根据相关知识产权知识和法律保护企业权益。

 导入案例

上市前遭遇商标案件

北京某科技有限公司在赴美首次公开募股之际，接到了法院的传票。法院受理了一起普通的注册商标侵权案件。据称，被告理由是其侵犯了原告注册的45类第"11312563"号某商标。该商标由杭州某软件有限公司申请，申请日期为2012年8月6日，专用权期限为2014年1月7日至2024年1月6日，其适用的商品/服务列表包括4502社交陪伴、4505交友服务/婚姻介绍/计划和安排婚礼服务、4503服装出租等。根据当时商标局网站的资料显示，北京某科技有限公司已经注册商标超过60个，涵盖科技应用、地理等多个范围，涉及第9类可下载软件、第35类广告、第38类信息传送等，但并没有涉及45类的商标。而这家来自杭州的公司于2012年在第45类涉及婚介、交友的列别进行了商标注册。显然是北京某科技有限公司当时的疏忽造成了这次失误。

在企业初创期，尤其涉及实体行业的情况下，对于代理商的控制也要严格，不能因为代理商的出货量而转让商标权，更要小心部分代理商在其区域内抢注权利人的商标。一旦发生这种情况，企业要提早进行异议或无效该商标，否则后续随着公

司的发展会造成更大的麻烦。

分析：商标知识产权的保护是企业发展过程中必须引起重视的，企业应在管理中学会运用相关法律保护好企业的知识产权，包括商标、专利和著作权等，为企业的长期发展保驾护航。

知识产权是指人类智力劳动产生的劳动成果所有权。它是依照各国法律赋予符合条件的著作者、发明者或成果拥有者在一定期限内享有的独占权利。一般认为，它包括版权（著作权）和工业产权。通常知识产权包括商标、专利和著作权。商标、专利在我国由国家知识产权局管理，著作权归属国家版权局管理。

很多成长企业很容易忽略知识产权的保护，自己的核心技术、公司商标一不小心就变成了别人的"专利"。面对竞争对手侵犯知识产权时，企业应及时采取法律措施，保障自己的合法权益。

一、企业商标的注册及管理

（一）商标的概念

商标是用来区别一个经营者的品牌或服务和其他经营者的商品或服务的标记。它是商品的生产者、经营者在其生产、制造、加工、拣选或者经销的商品上，或者服务的提供者在其提供的服务上采用的，用于区别商品或服务来源的，包括文字、图形、字母、数字、三维标志、颜色组合和声音等，以及上述要素的组合。它具有显著特征的标志，是现代经济的产物。

《中华人民共和国商标法》（以下简称《商标法》）规定，经商标局核准注册的商标，包括商品商标、服务商标和集体商标、证明商标。商标注册人享有商标专用权，受法律保护，如果是驰名商标，将会获得跨类别的商标专用权法律保护。

根据《商标法》（2013年修正），任何能够将自然人、法人或者其他组织的商品与他人的商品区别开的标志，包括文字、图形、字母、数字、三维标志、颜色组合和声音等，以及上述要素的组合，均可以作为商标申请注册。

在标注商标时应在其右上角加注"®"，这是"注册商标"的标记，意思是该商标已在国家商标局进行注册申请并已经商标局审查通过，成为注册商标。圆圈里的R是英文Register注册的开头字母。

注册商标的特点：具有排他性、独占性、唯一性等特点。注册商标属于注册商标所有人独占，受法律保护，任何企业或个人未经注册商标所有权人许可或授权，均不可自行使用，否则将承担侵权责任。

企业使用的商标必须按照法律程序进行注册。若商标不经过注册，商标使用人对该商标就不享有商标专用权,这样商标就不能起到标示商品来源的作用,也会使消费者混淆对商品的认知。此外,未注册商标还有一个严重的弊端,即一旦他人抢先注册该商标,就享有了该商标的专用权,该商标的最先使用人反而不能再使用该商标。根据我国《商标法》,商标专用权的原始取得只有通过商标注册取得,而申请商标注册,又采用申请在先原则。原则上,对一个未注册商标来讲,谁先申请注册,该商标的专用权就授予谁。有律师认为,未注册商标还有一个致命后果,就是未注册商标有可能与在相同或类似商品上已注册的商标相同或者近似,从而发生侵权行为。侵权行为一旦发生,则由侵权人承担侵权的法律后果。为了防止被抢注,企业需要提前将企业名称、品牌名、LOGO、App图标、产品等重要信息注册为商标。商标注册时按照保护的领域或产业不同,施行分类别注册的原则:按照《商品分类表》,商标分类包括45个大类,涉及10000多个商品和服务项目。对于创业者来说,初期可将重点限定在产品或服务所在行业或领域中。

(二)商标的申请

商标申请注册流程分商标查询和申请注册两步:第一步是商标查询,即根据客户提交的商标及商标使用的商品或服务给予专业查询,依据查询的结果,给予客户需申报商标注册可行性分析及建议,最大限度地降低商标被驳回的风险。第二步即申请注册。

1. 商标申请的途径

目前,商标申请的途径主要有两种:一种途径是申请人自行前往商标局商标注册大厅办理,另一种途径是申请人委托商标代理机构进行代办。自行申请和委托申请两者比较而言,自行办理只需支付必要的规定费用,但是需要耗费申请人较多时间和精力;委托办理节约申请人的时间和精力,但需收取一定的委托办理费用。

2. 商标申请的资料

以企业名义进行商标申请的自然人和法人,均须提交以下资料:

(1)加盖申请人公章的商标申请书一份,商标图样6张。这里需要特别注意的是,商标的图样一定要清晰,而且符合相关规格,比如尺寸和颜色。另外,如果申请注册的商标是人物头像,还须提供经过公证的肖像权人同意将此肖像作为商标注册的证明文件。

(2)申请人主体资格证明文件(营业执照等)的原件及复印件。若非申请人本人办理,还须提供经办人的身份证及复印件。如果委托商标代理机构办理的,则还须提供除申请人主体资格证明文件(营业执照等)的原件及复印件、经办人的身份证及复印件以外的一份商标代理委托书。

3. 商标申请书填写注意事项

（1）商标申请的相关资料，必须是打印版。特别提醒，对于手写的商标申请书资料，商标局是不予受理的。

（2）商标申请人的名称和地址必须严格按照主体资格证明文件填写。如果主体资格证明文件中的地址省去了申请人所在省、市名称的，必须加上。

（3）商标申请人的名义公章必须与主体资格证明文件上所登记的企业名称完全一致。

（4）商标申请书递交后不得改动，递交前请仔细检查。如果填写错误需更改，则需要提交《更正商标申请/注册事项申请书》并交纳相关费用。此外，申请人、商品或服务项目、商标图样是不可以更换的。

需要注意的是，申请人在商标申请前最好登陆商标局网站查询该商标状态，看想申请的商标是否已经被注册或者是否有相似商标，再根据查询的商标结果提交申请书。因为一个商标从申请到核准注册的周期为一到两年，如果商标申请被驳回，损失费用是小，重新申请的时间是大，新的商标又要花上一到两年的时间，所以申请商标时一定要注意相关事项。

二、企业著作权及管理

（一）著作权的概念

著作权亦称版权，版权最初的含义是 Copyright（版权），也就是复制权。著作权是指作者对其创作的文学、艺术和科学技术作品所享有的专有权利。著作权是公民、法人依法享有的一种民事权利，属于无形财产权。

1. 著作权的主体

（1）作者；

（2）其他依照《中华人民共和国著作权法》（以下简称《著作权法》）享有著作权的公民、法人或者其他组织。

2. 著作权的客体

著作权的客体是作品，是指文学、艺术和科学领域内具有独创性并能以某种有形形式复制的智力成果。

作品包括：①文字作品；②口述作品；③音乐、戏剧、曲艺、舞蹈、杂技艺术作品；④美术、建筑作品；⑤摄影作品；⑥电影作品和以类似摄制电影的方法创作的作品；⑦工程设计图、产品设计图、地图、示意图等图形作品和模型作品；⑧计

算机软件；⑨法律、行政法规规定的其他作品。

作品要具有以下特征：一是必须是一种智力创作成果；二是应当具有独创性；三是必须具有可复制性。

3. 著作权的保护原则

我国的《著作权法》采用自动保护原则。作品一经产生，不论整体还是局部，只要具备了作品的属性即产生著作权，既不要求登记，也不要求发表，也无须在复制物上加注著作权标记。

4. 著作权的保护期限

作品的作者是公民的，保护期限至作者死亡之后第50年的12月31日；作品的作者是法人、其他组织的，保护期限到作者首次发表后第50年的12月31日。但是作者的署名权、修改权、保护作品完整权的保护期不受限制。

（二）著作权登记的意义

1. 税收减免的重要依据

财政部、国家税务总局《关于贯彻落实〈中共中央、国务院关于加强技术创新，发展高科技，实现产业化的决定〉有关税收问题的通知》规定：对经过国家版权局注册登记，在销售时一并转让著作权、所有权的计算机软件征收营业税，不征收增值税。

2. 作为法律重点保护的依据

《国务院关于印发鼓励软件产业和集成电路产业发展若干政策的通知》第三十二条规定：国务院著作权行政管理部门要规范和加强软件著作权登记制度，鼓励软件著作权登记，并依据国家法律对已经登记的软件予以重点保护。比如：软件版权受到侵权时，对于软件著作权登记证书司法机关可不必经过审查，直接作为有力证据使用，此外也是国家著作权管理机关惩处侵犯软件版权行为的执法依据。

3. 作为技术出资入股

《关于以高新技术成果出资入股若干问题的规定》规定：计算机软件可以作为高新技术出资入股，而且作价的比例可以突破公司法20%的限制达到35%。甚至有的地方政府规定：可以100%的软件技术作为出资入股，但是都要求首先必须取得软件著作权登记。

4. 作为申请科技成果的依据

科学技术部关于印发《科技成果登记办法》的通知第八条规定：办理科技成果登记应当提交《科技成果登记表》及下列材料：应用技术成果；相关的评价证明（鉴定证书或者鉴定报告、科技计划项目验收报告、行业准入证明、新产品证书等）和研制报告；或者知识产权证明（专利证书、植物品种权证书、软件登记证书等）和用户证明。这里的软件登记证书指的是软件著作权的登记证书和软件产品登记证书，其他部委也有类似规定。

5. 企业破产后的有形收益

在法律上，著作权被视为无形资产，企业的无形资产不随企业的破产而消失。在企业破产后，无形资产（著作权）的生命力和价值仍然存在，该无形资产（著作权）可以在转让和拍卖中获得有形资金。

（三）著作权登记的程序

著作权登记包括《著作权法》第三条所列的作品，如文字作品、口述作品、音乐、戏剧、曲艺、舞蹈、杂技艺术作品、美术、建筑作品、摄影作品等。

1. 版权登记流程和材料

流程为：提交作品—版权委托书—提交（营业执照复印件、身份证复印件）—交费—受理—审查—证书（大约30个工作日）。

需要的材料为：

（1）作品登记表（一式两份）。
（2）作品登记申请书。
（3）版权代理委托书。
（4）权利保证书。
（5）作品创作说明书。
（6）法人作品：①营业执照复印件②法定代表人身份证复印件。非法人单位：身份证复印件。
（7）登记作品复印件、权利归属证明（或协议书）。
（8）美术作品登记应提交155mm×115mm作品复印件一式二份。
（9）计算机软件登记材料：计算机软件著作权登记申请表、计算机软件著作权转让、专有许可合同登记申请表、计算机软件著作权变更或补充登记申请表。

2. 作品登记

作品登记不是获得著作权的必要手续，即可登记也可以不登记，并不影响作者或著作权人依法取得著作权。但登记作品有助于解决著作权纠纷，能作为解决著作权纠纷的证据。作品登记可到各省、自治区、直辖市版权局登记，国家版权局负责外国和港澳台地区的作者或其著作权人的作品登记。

3. 登记方式

可选择个人到版权局登记或者委托相关的代理机构办理登记。

4. 作者条件

作者必须具有创作能力，进行了创作活动且有了创作出的作品。

5. 受版权保护的作品

（1）文字作品：小说、散文、杂文、诗歌、剧本、学术论文、著作、期刊、教材、书信、日记、报纸、广告词。并非所有以文字作品形式出现的作品都是文字作品，如书法作品，它是美术作品的一种。

（2）口述作品：即兴的演说、授课、法庭辩论等以口头、语言形式表现的作品。

（3）音乐作品：歌曲、交响乐等能够演唱或者演奏的带词或不带词的作品。

（4）戏剧作品：话剧、歌剧、地方戏等为舞台演出而创作的作品，如剧本（戏曲剧本、话剧剧本、歌剧剧本、舞剧剧本）。

（5）曲艺作品：相声、单弦、评书、笑话、快板书、山东快书、京韵大鼓、京东大鼓、西河大鼓、河南坠子等形式的说唱脚本。

（6）舞蹈作品：指舞蹈动作的设计和程序的编排，可以用文字或者其他特定方式记录下来，如用舞谱的形式表现舞蹈作品。

（7）杂技艺术作品：为车技、口技、顶碗、走钢丝、耍狮子、魔术等表演创作的剧本。

（8）美术作品：指绘画、书法、雕塑等以线条、色彩或者其他方式构成的具有审美意义的平面或者立体的造型艺术作品。

（9）建筑作品：建筑物的设计图纸或者是以建筑物为核心的绘画、摄影等。

（10）摄影作品：客观记录物体形象的图片。

（11）电影作品和以类似摄制电影的方法创作的作品：电影作品（有声、无声）、电视作品、录像作品等。

（12）图形作品：工程设计图、产品设计图、地图、线路图、解剖图。

（13）模型作品：一定比例制成的立体作品。

（14）计算机软件：计算机程序和有关文档。

（15）民间文学艺术作品：神话故事、民间寓言、民间传说、民间戏曲、民歌、民谣、民间音乐、民间舞蹈、民间造型艺术及民间建筑艺术等。

三、企业专利及管理

(一) 专利的概念

专利是专利权的简称,它是国家(在我国,由国家市场监督管理总局管理的国家知识产权局具体负责)按专利法的规定授予申请人在一定时间内对其公开的发明创造成果所享有的独占、使用和处分的权利。

专利权是指发明创造人或其权利受让人对特定的发明创造在一定期限内依法享有的独占实施权。经国家专利局核准的技术为"专利技术",受法律保护。专利权是一种财产权,是运用法律保护手段"跑马圈地"、独占现有市场、抢占潜在市场的有力武器。

专利从根本上说,属于一种商业手段。除技术性之外,还有很多其他用途。比如企业通过产品或者拥有的专利来提升形象,可以向银行抵押专利来获得贷款,可以使用专利来提升企业的无形资产,甚至还可以通过专利来限制竞争对手,给自己的产品一定的溢价空间。如果企业的技术是独创的,别人不具备的,就应该申请专利保护。获得了专利权后,企业就可以建立竞争的壁垒。

1. 专利的分类

专利主要有发明专利、实用新型专利、外观设计专利三类。

(1) 发明专利。对产品、方法或者其改进所提出的新的技术方案。例如:电灯从无到有;电灯原本用钨丝发光,改进后采用其他材质发光。

(2) 实用新型专利。对产品的形状、构造或者其结合所提出的适于实用的新的技术方案。例如:在电灯结构上稍微改进,延长发光时间。

(3) 外观设计专利。对产品的形状、图案或者其结合以及色彩与形状、图案的结合所做出的富有美感并适于工业应用的新设计。例如:将电灯从圆形改为方形,或在表面画上图案。

2. 专利的特点

专利具有以下三个方面的特点:

(1) 独占性。独占性,也叫排他性、专有性,是专利权最重要的法律特征之一。独占性是指任何单位和个人未经专利权人许可,不得以生产、经营为目的制造、使用、许诺销售、销售及进口其专利产品,或者使用其专利方法以及使用、许诺销售、销售及进口依照该专利方法获得的产品。独占性还指同样的发明创造在一国范围内,只被授予一项专利权。

（2）地域性。地域性是指一个国家或地区依其专利法而授予的专利权，仅在其法律管辖的范围内有效，对其他国家没有任何约束力，外国对其专利权不承担保护的义务。如果一项发明创造只在我国取得专利权，那么专利权人只在我国享有独占权或专有权。如果有人在其他国家和地区生产、使用、许诺销售、销售、进口该专利产品，则不属于侵权行为。除非加入国际条约及双边协定另有规定之外，任何国家都不承认其他国家或者国际性知识产权机构所授予的专利权。所以企业对于确有技术含量的产品、方法，应在有市场前景的国家和地区同时申请专利。

（3）时间性。时间性是指专利权人对其发明创造所拥有的专有权只在规定的时间内有效，期限届满后，专利权人对其发明创造就不再享有制造、使用、销售等独占权。这时原来受法律保护的发明创造就成为社会的公共财富，任何人都有权使用。对专利权的期限，各国专利法都有明确的规定，对发明专利权的保护期限至申请之日起计算，一般 10～20 年不等；对实用新型和外观设计专利的期限，大部分国家规定为 5～10 年。《中华人民共和国专利法》第四十二条规定："发明专利权的期限为 20 年，实用新型和外观设计专利的期限为 10 年，均自申请之日起计算。"基于专利权的这一特征，在专利许可和专利技术贸易时应特别关注专利的有效性问题。

（二）专利的申请

我国专利申请的一般流程如下：

1. 确定申请类型

（1）发明专利。包括产品形状、构造、生产工艺、配方，保护 20 年。

（2）实用新型专利。包括产品形状、构造或两者的结合，保护 10 年。

（3）外观设计专利。包括产品形状、图案或色彩与它们的结合，保护 10 年。

2. 专利申请文件的填写和撰写

专利申请文件的填写和撰写有特定的要求，申请人可以自行填写或撰写，也可以委托专利代理机构代为办理。不同类型的专利要求撰写的文件内容要求不同：

（1）申请发明专利的，申请文件应当包括：发明专利请求书，权利要求书，说明书（必要时有附图），说明书摘要（必要时有摘要附图），各一式两份。

（2）申请实用新型专利的，申请文件应当包括：实用新型请求书，权利要求书，说明书，说明书附图，说明书摘要，摘要附图，各一式两份。

（3）申请外观设计专利的，申请文件应当包括：外观设计请求书，外观设计图片或照片，各一式两份。要求保护色彩的，应当提交彩色和黑白的图片或照片各一份。注意一件申请中，提交图片的，两份均应是图片；提交照片的，两份均应是照片，不得将图片、照片混用。如果对图片或照片需要说明的，应当提交外观设计简要说明一式两份。

申请文件的各部分应按以下顺序排列：专利请求书、说明书摘要、摘要附图、权利要求书、说明书、说明书附图、其他文件。外观设计应按专利请求书、图片或照片、简要说明、其他文件排列。

专利申请书都有固定的格式，在国家知识产权局的官网上，可以找到申请专利相关的表格，直接下载填写；也可以在中国专利电子申请网注册一个账号，在线申请专利，不用考虑格式的问题，而且以后国家知识产权局下发的通知书都可以在线阅读、下载以及缴纳相关费用，非常方便和快捷。

3. 递交专利文件

专利申请的提交形式有电子文件形式和书面形式。

（1）申请人以电子文件形式申请专利的，应当事先办理电子申请用户注册手续，通过专利局专利电子申请系统向专利局提交申请文件及其他文件。

（2）申请人以书面形式申请专利的，可以将申请文件及其他文件当面交到专利局的受理窗口或寄交至国家知识产权局专利局受理处（以下简称专利局受理处），也可以当面交到设在地方知识产权局的专利代办处的受理窗口或寄交至国家知识产权局专利局×××代办处。

查询专利局代办处信息可登录 http://www.sipo.gov.cn/zldbc/。

4. 专利申请的受理

专利局受理处或各专利局代办处收到专利申请后，对符合受理条件的申请，将确定申请日，给予申请号，发出受理通知书。

"欧柏莱"商标无效宣告案例

"欧柏莱"商标由上海宝杰光学眼镜有限公司于2012年9月7日提出注册申请，2014年12月21日获准注册。2016年10月20日，该商标被资生堂丽源化妆品有限公司提出无效宣告请求。丽源化妆品公司称"欧珀莱"商标系由其独创的中文商标，通过长期使用和宣传已在"化妆品"商品上达到为相关公众所熟知的程度，"欧柏莱"商标的申请注册是对其驰名商标的抄袭模仿，易误导公众并淡化申请人的合法权益。同时，上海宝杰除申请争议商标外，还申请注册了包括"真功夫""万科""欧莱雅""阿里斯顿ARISTON""左丹妮""资生堂"等与知名商标相同或近似的商标，该行为具有主观恶意，明显属于以不正当手段取得注册的情形。

商标评审委员会经审理认为,"欧柏莱"商标申请注册前,"欧珀莱"化妆品销售额在同行业中名列前茅,且丽源化妆品公司通过杂志、户外广告等多种形式对引证商标及其产品进行广泛宣传,建立了较高知名度,故可以认定"欧珀莱"商标在"化妆品"商品上已为相关公众所熟知。同时,争议商标"欧柏莱"与引证商标"欧珀莱"相比较,仅有一字之差,两商标在文字构成、呼叫等方面相近,且争议商标核定使用的"眼镜链"等商品与引证商标赖以知名的"化妆品"均为时尚消费品,在销售渠道、消费对象等方面具有较大的关联性,故"欧柏莱"商标在上述商品上注册使用易误导公众,致使丽源化妆品公司的利益可能受到损害。上海宝杰申请注册争议商标,具有不正当利用他人商标营利的目的。该类恶意注册行为扰乱了正常的商标注册管理秩序,有损于公平竞争的市场秩序,争议商标的注册和使用构成《商标法》第四十四条第一款所指"以其他不正当手段"取得注册的情形。综上,争议商标依法应予以无效宣告。

分析:企业在发展过程中,对专利、商标等方面都要有知识产权保护意识。尤其是已建立较高知名度商标更要有意识进行维护,给予较高水平的保护,以防止他人恶意借助知名商标、专利进行侵权,尤其是知名度高、独创性强、为大众熟知的知识产权,更应该做好产权保护措施。

(来源:国家知识产权局商标局 中国商标网 http://sbj.cnipa.gov.cn/sbj/alpx/201806/t20180620_855.html)

活动与训练

成长企业如何做好知识产权保护

一、目标

认识和理解建立知识产权保护意识和体系的重要性,能够初步根据不同类型知识产权情况的成长企业选择运用不同的法律保护措施或方案。

二、过程和规则

步骤一:班级随机分组,每3~5人为一组,并推选出一名组长。

步骤二:请各小组以"成长企业如何做好知识产权保护"为题,假设自己是成长企业中的一员,交流讨论如何做好知识产权保护。各小组代表上台发言,说明成长企业如何做好知识产权保护并阐明原因。各小组组长和教师分别进行打分和评价,最终评价得分最高的小组为优胜组。

步骤三:教师总结。

(建议时间:15分钟)

思考与讨论

1. 成长企业做好知识产权保护工作的重要性有哪些?

2. 请通过网络查询,找到企业运营过程中经常发生的知识产权案件,并分别联系当前社会上出现因企业知识产权管理薄弱且不到位而影响企业经营发展或失败的案例,进行讨论和分享。

11.4 成长管理与社会责任

 **名人名言**

越是在这样的时代,越要学会用口碑的力量。口碑的力量慢一点,但是它持久,而且是指数性放大的。

——徐正

 学习目标

1. 了解商业伦理对企业经营的影响;
2. 了解企业社会责任对企业发展的影响;
3. 理解企业经营中应遵守商业伦理和履行企业社会责任。

 **导入案例**

老板,你对企业承担责任了吗?

"老板,你对企业承担了责任了吗?"这个问句,确实让一些老板惊讶:"我做老板的还用你来问这句话?"不管老板们怎么说,"企业是实行资本运行的社会经济组织",这是不可否定的。

一些企业,只对"钱"负责而没有承担社会责任,只管自我企业的"赚钱"而不管社会责任。如不对环境负责,让污染环境的事由社会来承担,由政府来买单。像这样的企业,社会法律与老百姓是不会让它生存下去的。

企业必须对我们的国家负责。有的老板对我说:"老师,我办企业没有要国家一分钱,又创造了就业机会,我要对国家负什么责任?"这是这些老板没有理解企业特性的主要原因。其实很简单,不管什么性质的企业,所生产的产品或所提供的服务,都要对国家负责。如,你生产外贸产品,你的产品出国就代表着中国制造。若你生产伪劣产品,会不会对"中国"这两个字产生负面影响?有的服务娱乐企业、软件开发企业,为了企业自身利益而不考虑国家与民族的利益,提供或生产不利于青少年身心健康的产品,社会在呼吁,可是他们照样我行我素。

企业必须对员工的生存与发展负责。这一点,很多老板没有认识到。老板们只要求员工对企业负责:认真工作,对企业要有忠诚度。但他们忘记了企业要对员工负责这码事。我问一些老板:员工在上下班的路上出现了安全事故,企业要不要负责?有的老板回答我:那是他们自己的事。我问一些老板:员工在公司的食堂出现安全事故,如摔了一跤,企业要不要负责?有的老板也这么回答:那是他自己的事。其实企业的大门一开,企业就要对员工的安全负责。若一个老板能认识到这一点:企业必须对员工的安全负责,对员工的生存与发展负责,那么这个老板一定能够成为中国最优秀的企业家之一。

企业必须对价值链上的所有利益相关者负责。上市企业若只考虑股东的钱如何进账而建假账,那么迟早会被投资者抛弃。

(来源:老板,你对企业承担责任了吗? – 领导力论坛 – 世界经理人论坛 http://www.ceconlinebbs.com/FORUM_POST_900001_900055_884587_0.HTM)

分析:企业社会责任被列为评价全球最受称誉的公司的重要指标。企业应该关注员工、顾客、环境、社会、合作伙伴、股东等各方的需求和权益,并为之提供创新科技和人性化的产品或服务,不断改善和提升生活,为人类创造和谐、美好的环境。

一、商业伦理和信用系统的建设

(一) 商业伦理的概念

商业伦理,字面上的理解就是商业交往中的规则。伦,人与人之间的关系;理,道理、规则。既然是规则,就一定是建立在社会普遍认为合理的规则之上,合乎社会价值观,符合法律规定与公众道德标准。

商业伦理是商业活动中的伦理关系及其规律,其核心内容是商业主体应该遵守的商业行为原则和规范、应当树立的优良商业精神等商业道德问题,是作为企业经营过程中的道德领域的一种价值观念而存在,也是企业建立自身企业文化、树立企业良好公众形象的一个标尺。一旦商业伦理意识有所改变,最终就会对商业环境、社会环境产生相应的影响,这种影响可以向好的方向前进,也可以向坏的一面发展。

(二) 我国的商业伦理的现状

目前我国的商业伦理现状如何?从企业虚假广告盛行,生产不安全或有损健康的产品，制售假冒他人商标，不讲信誉、损害竞争对手的利益，损害职工的健康，甚至进行财务欺诈、偷税漏税、商业贿赂等各类源源不断的新闻事件中，不难看出在市场经济高速发展的环境下，商业伦理没有与经济发展的速度形成正比，反而在不断滑坡。企业经营者的道德水平不断沦丧，从注水肉到黑心馒头，从三聚氰胺到塑化剂，一次次地挑战着公众的底限；企业内部工作人员的职业道德缺失，从黑单到泄露公司商业秘密，从虚报或假报账目到大量吃回扣，一次次地考验着企业的制度。

（三）信用系统是商业伦理的基础

企业界不少管理者已经认识到商业伦理建设的重要性，可付诸实践的却很少。这里面有一部分属于"只说不做"型管理者，然而更多的是伦理道德准则的复杂和缺乏可操作性，让管理者无所适从。为此，目前中国社会急需建立一套具有较强操作性的商业伦理核查机制——信用系统。通过信用系统强大的记载功能，让商业伦理的效用得以彻底发挥，最终让全社会的道德水准逐步回升。

信用系统实际上就是监督体制的建立，它的重点在于信息平台的建立。信息的记载、管理和应用就是建立这个平台的三步曲。

1. 信息记载

信息记载实际上是信息和情报收集的过程，通过计算机系统记录，以便未来从数据库中心方便地查询各种需要的数据和信息。但如果收集的信息存在虚假或错误，将会直接导致决策失误，后果不堪设想。因此，政府和企业需要避免主观和片面性，确保信息的准确和客观。在这个问题上，政府和企业可以借鉴目前商业公司普遍采用的"神秘顾客检测"来解决这个问题。

2. 信息管理

信息管理实际上是对信息进行分析和研究。没有分析和研究，记载下来的信息仅仅是一堆无用的数据，会造成资源的浪费。对收集的信息要及时进行整理、分析、总结，并定期更新，不断循环往复，信息的价值才能够得到体现。在信用系统中，对收集上来的信息进行分析和研究，根据分析结果评估企业或者个人的信用状况，并进行分级，最终形成一套连贯且严密的信用机制。

3. 信息应用

信息应用实际上是在信息分析的基础上，对分析结果加以应用。根据对相关企业和个人信息的收集、分析和研究，实现信息的联动性，这是发挥信息应用价值的最佳方法。

(四) 加强企业内部商业伦理的建设

信用体系的建立并不是一朝一夕就可以完成的事情，它需要一个长期积累和不断完善的过程，至少需要二三十年甚至几代人的努力。那么在目前商业环境恶劣，商业伦理严重缺失，信用体系尚未完全建立的大环境下，企业必然会因此承受相应的风险。对于企业这个小环境，在如此情况下又该如何让商业伦理发挥效用，如何管控可能遭遇的风险呢？

1. 增强企业管理者及员工的商业伦理意识

真正精明的企业管理者都懂得"信誉至上"的道理，他们的经营理念几乎很少与利润挂钩，而是更为全面地看待商业伦理，将其看作一种全面指导行为的价值观念，而不仅仅是制约不道德行为的规则和纪律，同时要将商业伦理的意识灌输给每位员工。如摩托罗拉公司把"诚信为本和公正"作为自己的核心理念，要求企业的每个员工和经理人"保持高尚的操守，对人永远尊重"。

2. 建立完善的企业内部数据记载机制

建立完善的企业内部数据记载机制，对记载数据进行科学管理并合理利用，使其对企业内部的商业伦理形成一种监督体系。

3. 加强企业内部的风险管控，建立企业自有的风险管理体系

企业对外经营、商业合作以及内部管理中面临的各种风险，追其根源，均来自"人"，因此企业的内部风险管控也就是人力资源风险管控。企业需要建立并完善内部人力资源风险防范体系和危机处理机制，控制内部人力资源风险，从而保障企业商业安全。

企业风险管理体系的建立，通常需要在事前防范、事中控制和事后危机处理三个方面开展。

（1）培养事前风险防范的意识。建立事前防范保障机制，并建立相应的监督体制，以确保这种意识落实到现实的管理过程中。设立对应聘人员和重要岗位待聘人员的资质审核程序，全面、深入核实其背景资料。比如应聘人员是否有对企业隐瞒的、档案材料中无记载的重要背景信息，是否有犯罪前科，是否有吸毒、赌博和其他不良嗜好，是否加入非法组织，是否是国外间谍或竞争企业的商业间谍。

（2）建立事中预防监控机制。事中预防监控是事前防范的延伸。企业内部，要对在职人员，特别是重要岗位员工进行公开的定期、不定期培训和考核；加强对员工个人职业素养的培训与提高，完善新员工的培训机制和对在职员工的考核机制。企业外部，可聘请专业机构对重点岗位员工的尽职状况进行定期了解。

（3）建立事后危机处理机制。企业内部要设立专门的危机管理部门，并不断健全和完善部门制度；企业外部，可聘请专业机构了解在职人员、离职人员的职业去向，将风险防患于未然。

我国已经初步形成了社会主义的法律体系，但是商业伦理体系仍然存在诸多急需解决的问题。在此现状下，应"法制"与"德治"并举，社会的大环境大力建设信用体系，企业在自身小环境内加强人力资源风险管控，是让商业回归道德的最好途径，也是企业实现高效能风险管控的基础。

二、企业社会责任

企业社会责任（Corporate Social Responsibility，简称CSR）是指企业在创造利润、对股东和员工承担法律责任的同时，还要承担对消费者、社区和环境的责任。企业社会责任要求企业必须超越把利润作为唯一目标的传统理念，强调要在生产过程中对人的价值的关注，强调对环境、消费者和社会的贡献。

结合实际，我国目前企业主要的社会责任体现在以下几个方面：

（一）明礼诚信

由于种种原因造成的诚信缺失正在破坏着社会主义市场经济的正常运营，企业的不守信，造成假冒商品随时可见，消费者因此而造成的损失每年在2500亿～2700亿元，占GDP比重的3%～3.5%。很多企业因商品造假的干扰和打假难度过大，难以为继，岌岌可危。为了维护市场的秩序，保障人民群众的利益，企业必须承担起明礼诚信、确保产品货真价实的社会责任。

（二）科学发展

企业的任务是发展和盈利，并担负着增加税收和国家发展的使命。企业必须承担起发展的责任，搞好经济发展，要以发展为中心，以发展为前提，不断扩大企业规模，扩大纳税份额，完成纳税任务，为国家发展做出贡献。但是这个发展观必须是科学的，任何企业都不能只顾眼前，不顾长远，也不能只顾局部，不顾全局，更不能只顾自身而不顾友邻。所以无论哪个企业，都要高度重视在"五个统筹"的科学发展观指导下的发展。

（三）可持续发展

我国是一个人均资源特别紧缺的国家，企业的发展一定要与节约资源相适应。企业不能顾此失彼，不顾全局。作为企业家，一定要站在全局立场上，坚持可持续发展，高度关注节约资源，并要下决心改变经济增长方式，发展循环经济，调整产业结构，尤其要响应中央号召，实施"走出去"的战略，用好两种资源和两个市场，以保证经济的运行安全。这样，我们的发展才能持续，再翻两番的目标才能实现。

（四）保护环境

随着全球和我国的经济发展，环境日益恶化，特别是大气、水、海洋的污染日益严重，野生动植物的生存面临危机，森林与矿产过度开采，给人类的生存和发展带来了很大威胁，环境问题成了经济发展的瓶颈。为了人类的生存和经济持续发展，企业一定要担当起保护环境、维护自然和谐的重任。

（五）医疗卫生、公共教育与文化建设

医疗卫生、公共教育与文化建设，对一个国家的发展极为重要，特别是公共教育，对一个国家消除贫困、走向富强就更具有不可低估的作用。医疗卫生工作不仅影响全民族的身体健康，也影响社会劳动力资源的供应保障。文化建设则可以通过休闲娱乐，陶冶人的情操，提高人的素质。我们的国家，由于前一个时期对这些方面投入较少，欠债较多，所以存在的问题比较严重。而公共产品和文化事业的发展固然是国家的责任，但在国家对这些方面的扶植困难、财力不足的情况下，企业应当分出一些财力和精力担当起发展医疗卫生、公共教育与文化建设的责任。

（六）发展慈善事业

虽然我国的经济取得了巨大发展，但是作为一个近14亿人口的大国还存在很多困难，特别是农村的困难就更为严重，还有一些穷人需要扶贫济困。这些责任固然需要政府去努力，但也需要企业为国分忧，参与社会的扶贫济困工作。为了社会的发展，也是为企业自身的发展，企业应该重视扶贫济困，更好地承担起扶贫济困的责任。

（七）保护员工健康

人力资源是社会的宝贵财富，也是企业发展的支撑力量。保护企业员工的生命、健康，确保职工的工作与收入待遇，不仅关系到企业的持续健康发展，而且也关系到社会的发展与稳定。为了应对国际上对企业社会责任标准的要求，也为了使中央关于"以人为本"和构建和谐社会的目标落到实处，企业必须承担起保护员工生命、健康和确保职工待遇的责任。企业要遵纪守法，爱护企业的员工，搞好劳动保护，不断提高员工工资水平，保证按时发放。企业要多与员工沟通，多为员工着想。

（八）发展科技

当前，就总的情况看，我国企业的经济效益是较差的，资源投入产出率也十分低。为解决效益低下问题，企业必须重视科技创新，通过科技创新，降低煤、电、

油、运的消耗，进一步提高企业效益。改革开放以来，我国为了尽快改变技术落后状况，实行了"拿来主义"，使经济发展走了捷径。时至今日，我们的"引进风"依然越刮越大，越刮越严重，很多工厂几乎都成了外国生产线的博览会，而对引进技术的消化吸收却没有引起注意。因此，企业要高度重视引进技术的消化吸收和科技研发，加大资金与人员的投入，努力做到以企业为主体的创新。

企业社会责任只是捐款吗？

在世界经理人智胜未来深圳论坛上，业界先锋、资深专家、杰出企业管理者和外贸出口企业代表一起，共同探讨中国企业的未来发展与竞争优势。在智慧分享环节，参会企业代表向台上的优秀外贸企业家提出自己的困惑和问题。

深圳市领航菲翔电子科技有限公司张郡恬提问：企业社会责任应该如何做到？难道只是捐款吗？

深圳市博奕方略咨询有限公司董事长王肖回答：企业社会责任分为四个层次。

第一，经济责任。一个企业必须有能力创造利润。一个企业无法盈利，无法为地方纳税，无法给员工增加福利，更谈不上对消费者负责，这是最基本的经济责任。一定要想办法，包括提升产品竞争力，改善企业管理，一定要盈利。

第二，法律责任。对基本的法律要遵守，对法律责任都不遵守，企业很容易倒闭，这很有可能。

第三，要公平竞争、公平广告。

第四，公益慈善。

另外，了解一下企业社会责任，对企业的经营管理一定有帮助。如果在企业社会责任上犯错，对企业的影响可能是非常致命的。

分析：一个负责任的企业老板首先应该对自己的员工负责。做老板是给员工打工，员工跟着你干了几年之后在工资、能力等各方面都应该有成长，如果五年之内员工没有任何成长，那这个老板就是不负责任，害了他的员工。

（来源：http://www.ceconlinebbs.com/FORUM_POST_900001_900003_1133119_0.HTM）

如何履行企业社会责任

一、目标

认识和理解履行企业社会责任的重要性和必要性。

二、过程和规则

步骤一：班级随机分组，每3~5人为一组，并推选出一名组长。

步骤二：请各小组以"如何履行企业社会责任"为题，假设自己现在是成长企业中的一员，交流讨论如何履行企业社会责任。各小组推举代表上台发言，说明如何履行企业社会责任并阐明原因。各小组组长和教师分别进行打分和评价，最终评价得分最高的小组为优胜组。

步骤三：教师总结和反思。

（建议时间：15分钟）

思考与讨论

1. 成长企业做好商业伦理和履行企业社会责任的重要性有哪些？

2. 请通过网络查询，找到企业运营过程中经常发生的商业伦理或履行企业社会责任的相关新闻或事件，分别联系当前社会上出现的因企业遵守商业伦理和履行企业社会责任而经营发展蒸蒸日上的案例，进行讨论和分享。

参 考 文 献

［1］张玉利，薛红志，陈赛松，等．创业管理［M］．北京：机械工业出版社，2018．
［2］贺尊．创业学概论［M］．北京：中国人民大学出版社，2015．
［3］王天力，周立华．创业学［M］．北京：清华大学出版社，2016．
［4］苏世彬．创业管理［M］．北京：高等教育出版社，2019．
［5］http://www.baidu.com．
［6］http://www.sohu.com．

后　　记

在作者、编辑和教材专家的辛勤努力下,"高等职业教育公共基础课创新系列教材"中的《创新创业教育》(以下简称"本教材")一书终于得以面世。

本教材由周恢(北京生产力促进中心)、钟晓红(江西环境工程职业学院)担任主编,翟娟(湖北交通职业技术学院)、孔震(北京信息职业技术学院)、孙佳莹(吉林铁道职业技术学院)、肖飞(唐山工业职业技术学院)担任副主编。谭贻群(江西环境工程职业学院)、夏爱玲(广州华夏职业学院)、田奕(唐山工业职业技术学院)、崔晨秋(唐山工业职业技术学院)、牛月冬(唐山工业职业技术学院)、陈伟(广州工商学院)担任编委。苗银凤(《中国培训》杂志编辑部)负责本教材的统稿工作,并提供了许多专业资料、制作了电子课件和教学资源。

本教材的编写得到了教育部职业技术教育中心研究所王文槿教授、天津职业技术师范大学张元教授的悉心指导,北京理工大学出版社的编辑们为本书的出版做了大量的工作,在此一并感谢。

编　者